社会工作作为专业力量参与脱贫攻坚，
将专业队伍、专业方法、专业力量运用到脱贫攻坚的工作中，
发挥了不可替代的专业优势和人才优势，
提升了反贫困工作的专业性。

国家出版基金项目
NATIONAL PUBLICATION FOUNDATION

大国攻坚·反贫困社会工作丛书
丛书主编　向德平

妇女反贫困社会工作

张翠娥　杜云素　著

華東理工大學出版社
EAST CHINA UNIVERSITY OF SCIENCE AND TECHNOLOGY PRESS
·上海·

图书在版编目(CIP)数据

妇女反贫困社会工作 / 张翠娥，杜云素著. — 上海：华东理工大学出版社，2021.12(2024.12 重印)
(大国攻坚·反贫困社会工作丛书 / 向德平主编)
ISBN 978-7-5628-6733-3

Ⅰ.①妇… Ⅱ.①张… ②杜… Ⅲ.①妇女—贫困问题—研究—中国 Ⅳ.①F124.7

中国版本图书馆 CIP 数据核字(2021)第 276831 号

内容提要

本书综合运用社会性别理论、生命历程理论和时空社会学理论，基于实证调查与社会工作实务，探讨妇女反贫困的社会工作行动。本书以贫困妇女为调查研究对象，从纵向的生命历程与横向的社会空间两个维度，深入分析妇女贫困与反贫困的特点和难点。同时，将贫困妇女作为社会工作的服务对象，系统梳理妇女反贫困社会工作的主要模式，分类呈现针对不同生命周期农村妇女的反贫困社会工作实例，总结分析妇女反贫困社会工作实践中存在的主要问题。本书可作为反贫困社会工作和妇女社会工作实务工作者的参考书，也可作为对贫困问题尤其是妇女贫困问题感兴趣的读者的阅读学习资料。

策划编辑 / 刘　军
责任编辑 / 秦静良
装帧设计 / 王　翔
出版发行 / 华东理工大学出版社有限公司
地址：上海市梅陇路 130 号，200237
电话：021-64250306
网址：www.ecustpress.cn
邮箱：zongbianban@ecustpress.cn
印　　刷 / 上海中华商务联合印刷有限公司
开　　本 / 710 mm×1000 mm　1/16
印　　张 / 17.75
字　　数 / 196 千字
版　　次 / 2021 年 12 月第 1 版
印　　次 / 2024 年 12 月第 2 次
定　　价 / 89.00 元

编委会名单

丛书总序

我国以脱贫攻坚为标志的国家级重大反贫困行动，于2020年年底取得了预期成果，绝对贫困总体上被消除。脱贫攻坚可以说是中国乃至世界反贫困史上的一件大事，值得书写一笔。社会工作作为一种专业力量参与其中，并发挥了重要作用，其实践和经验值得总结。由向德平教授主编的“大国攻坚·反贫困社会工作丛书”在这方面做了开创性的工作，值得我们称赞。

一、社会工作参与反贫困是一项重大的专业实践

（一）反贫困是社会工作的一项核心任务

社会工作自产生之日起，就与反贫困结下了不解之缘。不是社会工作“贪恋”反贫困，而是贫困给贫困群体带来了巨大的痛苦。社会工作作为一种以帮助困难群体缓解困难、追求社会公正与社会进步为己任的专业，理应把反贫困的责任放在自己的肩上。在世界社会工作反贫困历史上，发达国家的社会工作参与反贫困基本上是通过实施社会救助和社会慈善的方式进行的，并形成了社会工作的著名模式。第二次世界大战以后，发展中国家的反贫困主要面向农村展开，经济开发、社区发展成为其主要模式，20世纪50年代联合国倡导的社区发展原则正是社会工作参与反贫困所应遵循的。20世纪80年代以后出现的发展型社会工作，一方面与发展中国家的政府、社会工作者、发展工作者的实践有关，另一方面也受产生于发达国家的社会投资

等理论的影响。这些实践取得了一定的成绩，也为后来发展中国家的反贫困提供了借鉴和参照。

我国作为经济社会政策和发展项目的反贫困工作是从20世纪80年代中期开始的，最初是经济开发，接着是扶贫攻坚，主要是发展经济，由政府部门、国有大中型企业和贫困农户承担主要责任。2015年，我国开始实施脱贫攻坚工程，中央明确要求形成由专项扶贫、行业扶贫和社会扶贫互为补充的大扶贫格局，做到扶贫开发与经济社会发展相互促进，不但注重产业脱贫，而且加强教育等多层面脱贫；要求坚持群众主体，激发内生动力，注重扶贫扶智，增强贫困人口自我发展的能力，同时实施扶贫志愿者行动计划和社会工作专业人才服务贫困地区计划。这样，社会工作力量作为脱贫攻坚的有机组成部分，有了“特殊”的实践机会，也能够更有针对性地参与反贫困行动。2017年，《民政部 财政部 国务院扶贫办关于支持社会工作专业力量参与脱贫攻坚的指导意见》（以下简称《意见》）要求中国社会工作教育协会发挥推动作用，进行教育扶贫。同时，我国开始实施社会工作服务机构“牵手计划”，从发达地区选择专业性强的社会工作服务机构，与贫困地区社会工作服务机构等进行结对。社会工作教育界积极响应政府部门的号召，组织、动员和支持各社会工作院系参与这一具有历史意义的反贫困行动。各类群体参与脱贫攻坚成为中国社会工作重建以来，规模最大、时间较长、有组织、有目标要求的集体性行动。

（二）社会工作参与脱贫攻坚取得了积极成果

按照民政部等部门的《意见》，中国社会工作教育协会参与脱贫攻坚是教育扶贫，其主要任务如下：高校社会工作专业院系要与贫困地区合作建立社会工作专业培训、教师实践和学生实习实训基地，帮助贫困地区培养社会工作专业人才；高校社会工作专业教师到贫困地区开展专业督导，引导社会工作专业在校生到贫困地区进行社会实践；支持鼓励社会工作专业毕业生到贫困地区就业。在中国社会工作教育协会的组织动员下，各社会工作院系秉持专业精神、发挥主观能动性，组织师生、链接资源、深入贫困地区，开展了多项服务，较好地完成了《意见》提出的任务，并尽己所能地为贫困地区的居民做贡献，在脱贫攻坚中取得了不少开创性成果。社会工作教育界支持了贫困地区的脱贫工作，促进了贫困地区社会工作人才和专业力量的发展，也获得了参与反贫困的直接经验，使我们感受到了当地干部群众和派驻的扶贫干部在反贫困中表现出来的坚韧不拔的精神。同时，参与脱贫攻坚也成为各社会工作院系坚持理论联系实际、开展实践教学、在实践中培养学生、在比较中进行研究的重要场域，因而参与者的收获是丰硕的。

对于参与脱贫攻坚，中国社会工作教育协会领导班子给予了高度重视，设计行动计划、动员组织力量，推动了整个工作向前发展。中国社会工作教育协会还建立了反贫困社会工作专业委员会，在贯彻落实协会的总体部署、推动整个活动发展方面发挥了积极作用。作为反贫困社会工作专业委员会的负责人，向德平教授和他主持的反贫困研究机构积极配合、主动工作，有力地推动了中国社会工作教育协会工作的开展。

二、社会工作界参与反贫困是理论与实践比较、互动和提升的过程

（一）社会工作教育界参与反贫困是理论与服务实践的互动过程

社会工作教育界参与反贫困的特点是，一批批具有深厚社会工作理论

与知识积累的高校教师和研究生、高年级本科生开展实践活动，这同时也是他们走出课堂和校门开展社会工作服务的过程。在一定意义上，它是理论指导实践的过程，也是实践检验书本知识和理论的过程。反贫困工作是在自然环境复杂、文化传统多样的贫困地区展开的，社会文化因素深深地影响着反贫困行动的开展。在上述经济、政治、社会、文化背景下开展的反贫困，必然比书本上介绍的复杂得多。社会工作界参与反贫困，必然会遇到上述复杂因素的影响，会遇到许多亟待解决的“中国式”问题。这是一个不断比较、选择、实践和反思的过程。对社会工作教育界来说，这是一系列挑战，也是在克服困难中不断成长的过程。

（二）书写经验是反贫困理论和实践成果的延伸

社会工作者的基本品格是奉献和共享发展成果，同时社会工作教育界又有改进教育、传播知识、贡献社会的责任。从这个角度来说，将参与反贫困的经验和思考写出来，是十分有意义的事情。向德平教授主编的这套书正是此种努力的体现。该丛书组织了国内社会工作界 20 多位专家学者，基于社会工作实践，总结反贫困的相关模式和经验，生产社会工作知识，价值显而易见。

该丛书以实践为基础，兼顾了反贫困知识和实践的完整性。它是多视角、全方位和具有整体性的。其主要视角包括社区为本视角、抗逆力视角、内生动力视角、资产建设视角、金融服务视角、可行能力建设视角、赋权视角、贫困治理视角、心理弹性和生涯辅导视角等。它关注的服务对象主要包括儿童、老年、妇女、残疾人及西部农村中的弱势群体。该丛书既介绍既有的社会工作理论，也介绍中国特色的社会工作实践。基于本土实践，它介绍了社会工作参与反贫困模式的多样化和经验的多元化，反映了中国反贫困的经验及社会工作参与反贫困的机制，阐明了专业社会工作是如何发挥专业优势、实现服务效能的。

该丛书也是系列教材，体现了从理论到实践、从实践到知识的转化过程。这里包含了对反贫困知识和理论的选择，包括在实践中对社会工作知识的运用和反思，也包括基于实践的知识建构，还包括不同类型和不同层次的建议。该丛书内容丰富，有借鉴、有创新，可指导实践，也为反贫困研究提供了参考框架，是反贫困领域的学术力作，是社会工作本土化的重要成果。

三、在乡村振兴中更好地运用和发展社会工作参与反贫困的经验

到2020年年底，我国在总体上消灭了绝对贫困，但是相对贫困还会长期存在。中国共产党第十九届中央委员会第五次全体会议提出“实现巩固拓展脱贫攻坚成果同乡村振兴有效衔接”，我国巩固脱贫成果和反贫困的任务依然是十分繁重的。在走向乡村振兴、实现共同富裕的进程中，已经取得的反贫困经验在一定程度上依然有效，这与相对贫困现象在地域、群体、经济状况、社会生态和文化上的连续性密切相关。当然，相对贫困也有自身的特点，贫困群体有了以往反贫困的经验，有了相对好的经济基础和社会生活条件，他们摆脱贫困的内在动力和能力也有所增强。但是我们也要看到，在新的国际国内形势下，面对不断加剧的市场化竞争，相对贫困群体的生存压力不会减少，反贫困的发展性要求会更加突出。我国已经进入社会主义现代化建设的新阶段，要贯彻新的发展理念，构建以国内大循环为主体、国内国

际双循环相互促进的新发展格局，其中乡村全面振兴、遏制返贫现象发生、实现共同富裕任务艰巨。在这种背景下，社会工作者在参与脱贫攻坚中获得的经验仍然有重要的参考价值。我们也期待社会工作者群体在参与乡村振兴和解决相对贫困问题方面取得新的成果。

把论文写在祖国大地上，中国社会工作教育界以自己的实际行动在认真践行。

王思斌
北京大学社会学系

主 编 序

打赢脱贫攻坚战，是实现中华民族伟大复兴的底线要求，是贫困地区与全国一起全面建成小康社会的关键之举，是实现国家长治久安的重要保障。

我国扶贫开发进入精准扶贫、精准脱贫的新阶段。精准扶贫战略贵在精准，精准与专业具有同构性，只有调动专业的力量参与精准扶贫，才能进一步提升精准识别、精准帮扶、精准管理的精准度，才能更专业地解决贫困人口在脱贫过程中的个性问题与发展问题。社会工作参与脱贫攻坚具有重要的意义，在反贫困工作中扮演着重要的角色。

社会工作作为专业力量参与脱贫攻坚，将专业队伍、专业方法、专业力量运用到脱贫攻坚的工作中，发挥了不可替代的专业优势和人才优势，提升了反贫困工作的专业性。事实上，社会工作起源于贫民救济或慈善事业，其发展的历史就是人们与贫困做斗争的历史。社会工作的专业方法、理念正是人们在与贫困及相关社会问题做斗争的实践中逐步形成和发展起来的，因此，社会工作参与脱贫攻坚具有深厚的历史基础和重大的现实意义。社会工作参与脱贫攻坚是社会扶贫的重要组成部分。作为精准扶贫的专业力量，社会工作通过需求评估，精准识别贫困人口及其致贫原因；通过资源整合，动员与协调各方扶贫力量和扶贫资源；通过提升扶贫对象的能力，激发和提升扶贫对象的内生动力和可行能力。社会工作参与脱贫攻坚，有助于提高反贫困工作的精准性和可持续性，实现由"输血型"扶贫向"造血型"扶贫、救助型扶贫向发展型扶贫的转变。

党中央、国务院十分重视社会工作专业人才服务贫困地区的工作,《中共中央 国务院关于打赢脱贫攻坚战的决定》(中发〔2015〕34号)、《中华人民共和国国民经济和社会发展第十三个五年规划纲要》和《国务院关于印发“十三五”脱贫攻坚规划的通知》(国发〔2016〕64号)对实施社会工作专业人才服务贫困地区计划、支持专业社会工作和志愿服务力量参与脱贫攻坚提出了明确的要求。为贯彻落实党中央、国务院的决策部署,支持社会工作专业力量参与脱贫攻坚工作,《民政部 财政部 国务院扶贫办关于支持社会工作专业力量参与脱贫攻坚的指导意见》发布,民政部办公厅、国务院扶贫办综合司出台了《社会工作教育对口扶贫计划实施方案》。

为落实《民政部 财政部 国务院扶贫办关于支持社会工作专业力量参与脱贫攻坚的指导意见》的精神,贯彻实施民政部、国务院扶贫办联合制定的《社会工作教育对口扶贫计划实施方案》,深入推进教育扶贫工作,全国社会工作专业学位研究生教育指导委员会和中国社会工作教育协会积极实施“社会工作教育对口扶贫计划”,组织全国200多所高校参与社会工作教育对口扶贫工作。在反贫困社会工作实践中,社会工作教育和实践工作者积极探索,积累了较丰富的实务经验,总结了一批典型案例,产出了一系列理论成果。本丛书是中国社会工作参与反贫困成果的系统呈现。

2019年3月16日,中国社会工作教育协会反贫困社会工作专业委员会与华东理工大学出版社在武汉举行“大国攻坚·反贫困社会工作丛书”启动仪式。来自十几所高校的20余名作者代表参加了会议。会议研讨、确定了本套丛书的写作框架和主要内容。

本丛书是在全国社会工作专业学位研究生教育指导委员会、中国社会工作教育协会的指导下，由中国社会工作教育协会反贫困社会工作专业委员会具体组织完成的。王思斌教授、阮曾媛琪教授、谢立中教授、蔡禾教授、关信平教授、马凤芝教授、彭华民教授全力支持反贫困社会工作专业委员会的工作，指导本丛书的编写。

中国社会工作教育协会前任会长徐永祥教授高度重视本丛书的编写工作，为丛书的编写和出版提供了巨大的支持。本丛书寄托了全体社会工作同仁对徐永祥教授的深沉怀念！

感谢所有关心、支持本丛书的专家和同仁！

向德平
华中科技大学社会学系

目　录

CONTENTS

第一章　导论　*1*

第一节　研究背景　*1*

一、世界范围的贫困女性化　*1*

二、反贫困行动的性别敏感日益增强　*2*

三、反贫困社会工作发展日趋成熟　*5*

第二节　文献回顾　*7*

一、妇女反贫困研究　*7*

二、反贫困社会工作研究　*13*

三、妇女反贫困社会工作研究　*16*

四、研究特点与不足　*19*

第三节　研究设计　*21*

一、研究内容与思路　*21*

二、理论依据　*23*

三、基本概念　*26*

四、研究方法　*26*

第二章　生命历程视角下的妇女反贫困 *29*

第一节　生命历程中的妇女贫困 *29*

一、分析框架 *29*

二、生命故事 *31*

第二节　生命历程的比较分析 *47*

一、生命历程的共性 *47*

二、生命历程的差异 *49*

第三节　妇女反贫困的时间特征 *51*

一、妇女反贫困的阶段性任务 *51*

二、妇女反贫困的阶段重点 *56*

第三章　社会空间视角下的妇女反贫困 *60*

第一节　妇女贫困的空间生产逻辑 *60*

一、空间与贫困的生产 *60*

二、空间与妇女贫困的生产 *69*

三、中国妇女贫困的空间生产逻辑 *72*

第二节　妇女贫困的空间分布特征 *76*

一、贫困地区总体分布和减贫效果 *77*

二、妇女贫困的城乡差异分析 *79*

三、妇女贫困的地区差异分析 89
第三节 妇女反贫困的区域任务 95
一、农村地区是妇女反贫困的重点地区 95
二、西部贫困地区是妇女反贫困的难点 98

第四章 妇女反贫困社会工作的典型模式 103

第一节 生态系统模式 103
一、生态系统模式概述 103
二、生态系统理论视角下妇女贫困的原因 106
三、妇女反贫困的生态系统模式 112
第二节 社区发展模式 122
一、社区发展模式概述 122
二、社区发展理论视角下妇女贫困的原因 129
三、妇女反贫困的社区发展模式 131
第三节 女性主义模式 137
一、女性主义模式概述 137
二、女性主义理论视角下妇女贫困的原因 145
三、妇女反贫困的女性主义模式 148
第四节 赋权模式 155
一、赋权模式概述 155
二、赋权理论视角下妇女贫困的原因 158

三、妇女反贫困的赋权模式 161

第五节 对模式的比较与反思 171

一、对模式的比较 171

二、对模式的反思 175

第五章 妇女反贫困社会工作的实践探索 180

第一节 妇女反贫困社会工作的实践案例 180

一、未成年女童反贫困 181

二、成年妇女反贫困 198

三、老年妇女反贫困 229

第二节 妇女反贫困实践的反思 239

一、实践特征 239

二、本土化实践的挑战 243

第六章 新时代呼唤妇女反贫困社会工作新行动 247

第一节 新时代妇女反贫困社会工作面临新挑战 247

一、妇女贫困问题出现新变化 247

二、妇女反贫困社会工作亟须本土化 248

第二节 新时代对妇女反贫困社会工作提出了新期待 250

一、提升反贫困政策的性别敏感 250

二、形塑更平等的性别文化 *251*

三、增强女性主体意识 *253*

主要参考文献 *256*

后记 *261*

第一章　导　论

第一节　研究背景

一、世界范围的贫困女性化

20 世纪 60 年代以来，妇女贫困问题日益凸显。1978 年，美国社会学家帕尔斯（Pearce）第一个提出了贫困女性化（feminization of poverty）的概念。此后，妇女贫困问题逐渐受到政界与学界的重视并发展成为当前世界各国广泛关注的重要问题之一。

中国自 20 世纪 80 年代以来，随着城镇化的推进，从农村向城市流动的青壮年劳动力数量日益增多，留守在农村从事农业劳动的以中青年妇女与老年人为主，农业劳动力的女性化、老龄化趋势日益明显。1982 年至 2010 年全国人口普查数据显示，女性在农业劳动力中所占的比重在近 30 年间一直呈现上升趋势，从 1982 年的 46.24%上升到 1990 年的 47.48%、2000 年的 48.57%、2010 年的 49.22%。① 更新的调查显示，“男工女耕”已经成为农村

① 蔡弘、黄鹂：《何谓“农业女性化”：讨论与反思》，《农林经济管理学报》2017 年第 5 期。

家庭劳动力性别分工的一个新特点。耿小娟、柳建平对甘肃省贫困村的调查发现，女性主导的农业家庭即农业女性化的家庭占比达到50.44％，远大于男性主导的农业家庭（10.36％），另有39.2％的农业家庭是男女共同主导的。他们认为，这是综合考虑家庭规模、家庭资源等条件后对家庭劳动力进行合理配置和理性选择的结果。[①] 然而，蔡弘指出，农业劳动力的女性化虽然使农村妇女成为农村社会发展的主力军，却并没有提升农村女性的经济地位，也没有改变男女不平等的社会文化环境，甚至使得女性进一步被“边缘化”。[②]

农业女性化趋势与传统扶贫开发中对于性别的敏感缺乏相互交织，导致妇女贫困问题进一步凸显，这是当前中国反贫困研究与实践面临的一个新问题。一方面，日益彰显的贫困女性化现象客观上要求学界重视对妇女贫困问题的研究；另一方面，女性在世界发展话语中的地位上升也使得关于妇女贫困问题的研究越来越受到政府的重视。正如丹麦经济学家博斯拉普（Boserup）在《妇女在经济发展中的角色》中指出的，没有女性的参与，发展中国家不可能获得真正的经济增长。如果忽视了女性在反贫困实践中的参与，那么该实践无疑是无法取得成功的。而这也正是本书研究妇女反贫困社会工作行动的宏观社会经济背景。

二、反贫困行动的性别敏感度日益提升

女性贫困化问题的提出，不仅使学界逐渐关注反贫困研究中的性别盲

① 耿小娟、柳建平：《贫困地区的农户农业女性化——基于甘肃省14个贫困村调查数据的研究》，《人口与经济》2020年第3期。

② 蔡弘：《农业女性化研究：回顾与展望》，《山东农业大学学报（社会科学版）》2019年第3期。

区，而且客观上推动了反贫困实践中性别敏感理论与方法的引入。尽管社会性别视角被引入反贫困研究与实践的时间并不长，但已经充分显示出其重要性和紧迫性。与扶贫相关的国际组织都深刻认识到，性别平等与贫困治理之间存在着紧密联系，两性平等是减贫的重要组成部分。为此，联合国开发计划署将《人类发展报告(1995)》的主题确定为“男女平等的革命”。此报告明确指出，必须将男女平等作为一个神圣的基本原则，要求“识别在法律上、经济上、政治上、文化上阻挠实施男女平等的障碍，并且通过综合的政治革新和强大的行动去加以摈除”。同时，此报告特别强调，要将妇女作为改革的主体和受益者，应在妇女能力上进行投资并赋予权能，以便让她们行使自己的抉择权，这不仅对妇女本身是有价值的，而且对经济的增长和社会的全面发展也有贡献。①

1995 年，在中国北京召开的第四次世界妇女大会对中国妇女反贫困的研究与实践具有十分重要的意义。在《1995 年联合国第四次世界妇女大会行动纲领》中，贫困被列为 12 个重大关切领域中的第一个。这充分说明妇女贫困是妇女发展面临的重要问题之一，消除妇女贫困是提高妇女地位、促进两性平等的重要内容。此后，社会性别与发展的有关概念和理论被迅速地引介到国内，一些国际组织也进入我国开始探索妇女发展与实践的问题，思考如何将社会性别视角纳入妇女发展项目的设置、实施与评估中。如何促进妇女发展，改变性别不平等的社会现状，这不仅是一个学术问题，而且也是一个实践问题。

---

① 转引自李慧英：《换一种眼光看世界：社会性别观念的反思与重塑》，中国言实出版社，2000，第 222 页。

中国政府在扶贫实践中逐渐关注到贫困的性别差异问题，对妇女贫困问题日益重视。1994 年，国务院制定和发布的《国家八七扶贫攻坚计划（1994—2000 年）》明确提出，妇联组织要设计实施一些“适合妇女特点的扶贫项目”。此后，妇联组织一直致力于推动妇女反贫困工作。1995 年，国务院制定和发布的《中国妇女发展纲要（1995—2000 年）》不仅将妇女反贫困列入妇女发展的各项指标体系之中，而且明确提出要加强国家级的妇女发展综合统计，建立妇女数据库，增设性别统计指标；要将性别的统计指标纳入国家统计制度和各有关部门的常规统计与统计调查之中。2009 年，财政部、人力资源社会保障部、中国人民银行和中华全国妇女联合会联合下发了《关于完善小额担保贷款财政贴息政策推动妇女创业就业工作的通知》（财金〔2009〕72 号），以“扶小、扶弱、扶农”为基本原则，为贫困妇女的创业、就业提供资金支持。2001 年，国务院颁布了《中国妇女发展纲要（2011—2020 年）》，明确提出了降低妇女贫困程度的目标任务和策略措施，要求“加大对贫困妇女的扶持力度；制定有利于贫困妇女的扶贫措施，保障贫困妇女的资源供给；帮助、支持农村贫困妇女实施扶贫项目；小额担保贷款等项目资金向城乡贫困妇女倾斜”。从农村反贫困来看，2001 年，国务院发布的《中国农村扶贫开发纲要（2001—2010 年）》对妇女贫困问题仍然没有予以足够的重视，文本中并无专门针对妇女扶贫的条款。但《中国农村扶贫开发纲要（2011—2020 年）》在推动妇女反贫困方面有了质的提升，不仅明确将妇女作为扶贫的重点群体，同时要求同等条件下优先安排、加大支持力度，而且特别提出要推动贫困家庭的妇女积极参与全国妇女“双学双比”活动，要求关注留守妇女的贫困问题。

由上可见，自 20 世纪 90 年代以来，中国政府扶贫政策的性别敏感度逐渐提升。但是，如黄承伟所指出的，整体上中国的扶贫开发政策与实践一直是欠缺性别敏感度的。从纵向上来看，我国扶贫开发在不同阶段对解决贫困问题的认识基本相同，即认为只有整体经济发展了，才能真正解决妇女贫困问题。实践中，我国传统的扶贫模式通常将扶贫开发促进发展等同于以经济发展为核心来带动贫困人口其他方面的发展，误以为妇女等特殊群体的贫困问题会随着整体经济的发展自然得到解决，因而重视程度不够。尽管政府政策体现了性别敏感的意识，认识到贫困妇女是扶贫的关键，但在真正落实的过程中常常逐层递减，到达基层时可能会成为有名无实的口号，并没有真正受到重视。因此，不仅在部分精准扶贫中以农户为单位的识别与帮扶策略欠缺社会性别敏感度，难以解决妇女贫困问题，而且那些旨在帮扶贫困妇女的农村小额信贷，在既有的社会性别权力格局中，对妇女生活状况的改善也是非常有限的。①

扶贫实践中的性别盲区迫切要求我们增强扶贫开发中的社会性别敏感度，这不仅是中国扶贫开发政策调整中必须考虑的一个重要方面，而且是反贫困社会工作行动的重要目标之一，也是本研究的实践背景。

三、反贫困社会工作发展日趋成熟

无论是从专业起源、历史发展来看，还是从价值理念来看，社会工作与扶贫或者说反贫困之间都存在着非常紧密的联系。扶贫济困是社会工作的起点，社会工作发展的历史从某种意义上来说就是一部与贫困进行不懈斗

① 黄承伟：《与中国农村减贫同行》，华中科技大学出版社，2016，第 222—223 页。

争的历史。事实上，社会工作及其专业方法都是人们在与贫困和由贫困而产生的各种社会问题进行斗争的实践过程中逐步形成和发展完善的。①

近年来，随着我国脱贫攻坚的深入推进，进一步动员社会力量尤其是促进社会工作专业人才参与扶贫的重要性日益凸显。2014 年 11 月，《国务院办公厅关于进一步动员社会各方面力量参与扶贫开发的意见》指出，“广泛动员全社会力量共同参与扶贫开发，是我国扶贫开发事业的成功经验，是中国特色扶贫开发道路的重要特征”，要“创新完善人人皆愿为、人人皆可为、人人皆能为的社会扶贫参与机制，形成政府、市场、社会协同推进的大扶贫格局”。之后，《中共中央 国务院关于打赢脱贫攻坚战的决定》与国务院印发的《“十三五”脱贫攻坚规划》分别提出了实施“社会工作专业人才服务贫困地区计划”“制定出台支持专业社会工作和志愿服务力量参与脱贫攻坚专项政策”的要求。据此，2017 年 6 月 27 日《民政部 财政部 国务院扶贫办关于支持社会工作专业力量参与脱贫攻坚的指导意见》正式出台。这一文件在我国反贫困社会工作的发展中具有重要意义，意味着社会工作专业力量参与脱贫攻坚在我国获得了制度上的合法性和政策上的顶层支持。

社会工作属于一种舶来品，在国外反贫困的长期实践中已经形成了较为丰富的理论与方法。通过这几年的探索，适应中国国情、凝聚中国智慧的各种反贫困社会工作模式也在不断地形成与发展。反贫困社会工作的探索为妇女反贫困社会工作研究与实践的中国化提供了理论支撑和实务借鉴。

---

① 向德平、姚霞：《社会工作介入我国反贫困实践的空间与途径》，《教学与研究》2009 年第 6 期。

以此为基础，推动妇女反贫困社会工作本土化的研究，是本研究的学科背景与研究目的。

第二节 文献回顾

一、妇女反贫困研究

妇女反贫困研究是一个针对特定对象的研究领域，因而它是建立在对贫困与反贫困一般研究的基础上的。关于贫困与反贫困的研究涉及经济学、社会学、人类学、管理学、心理学等众多学科，研究历史悠久、成果丰硕，笔者这里不再进行归纳和总结。我们关注的是，尽管贫困与反贫困研究越来越受重视，成果不断涌现，但贫困与性别的关系问题长期以来得到的重视是不够的，贫困与反贫困研究的性别敏感度不足。就国内的研究与实践来看，有关贫困与反贫困中的性别差异问题在 1995 年“北京世界妇女大会”后才逐渐受到关注。总体来说，26 年来，学界研究主要集中在性别不平等与贫困的关系、贫困对不同性别影响的差异性、反贫困政策施行中的性别含义和扶贫政策影响的性别差异等方面。以下我们主要围绕中国妇女反贫困问题，从妇女贫困现状与特点、妇女致贫原因、妇女反贫困路径三个方面进行有针对性的综述。

第一，妇女贫困的现状与特点分析。此主题的研究范围较为广泛，成果众多。就地域特征来看，对贫困妇女的实证调查涉及了城市与农村，东部、中部、西部不同区域，集中连片贫困地区与一般地区等不同的地域类型；就类型特征来看，既有研究主要集中探讨了以下八类妇女群体，即女性户主单亲家庭、流动妇女与留守妇女、下岗失业女工、女性艾滋病感染者、老年妇女、失地女农民、受灾妇女、少数民族妇女等的贫困问题；就测量方法来看，越来越多的妇女反贫困研究与实践采用了多维贫困的测量方法。

女性户主的贫困问题一直是妇女贫困问题争议的焦点。在国外，20世纪80年代和90年代早期对妇女贫困问题的研究激增，且观点较为一致，即女性户主家庭是最贫困的。在大多数发展中国家，这一类型家庭的数量呈上升趋势。据统计，1986年美国34%的女性户主家庭处于贫困当中，有孩子的女性户主家庭贫困比例更是高达54%。60岁及以上的老年女性有六分之一身处贫困之中，其比例是老年男性贫困率的两倍。这种情况在此后不仅没有好转，反而更为恶化。因此，美国贫困女性化主要体现在急剧增多的女性户主单亲家庭中，这类家庭的贫困不是由性别单一因素导致的，是受综合因素影响的结果：一是单亲母亲大多需要单独抚养子女，难以从子女的父亲那里得到足够的抚养费；二是美国女性的工资收入远低于男性，且美国式的家庭观念使得她们很难获得原生家庭的经济支持；三是当时日益紧缩的社会福利政策使她们难以获得来自社会的支持。① 对此，一些学者提出了疑问，指出在一般情况下，女性户主家庭并不一定比男性户主家庭更易于陷入贫困。② 有学者比较分析了十个发展中国家的数据，发现只有两个国家的数据明确显示，女性户主家庭确实遭遇更多的贫困问题，不同国家之间女性户主家庭的贫困状况表现出了较大的

---

① 武汉大学、中国国际扶贫中心：《中国反贫困发展报告(2016)——社会组织参与扶贫专题》，华中科技大学出版社，2016，第235页。

② Marcoux A., "The feminization of poverty: Claims, facts, and data needs," *Population and Development Review* 24, no. 1 (1998): 131 - 139.

差异性。[①] 对此，张颖莉、游士兵利用中国健康与营养调查（CHNS）数据，将女性户主细分为法理女性户主家庭和事实女性户主家庭两类，对女性户主家庭与资产持有、风险应对和贫困脆弱性之间的关系进行了探讨。研究发现，女性户主家庭持有的资产比男性户主家庭持有的资产要少，更容易遭受风险的冲击；从长期来看，女性户主在面临冲击时更容易选择加剧贫困的风险应对方式。研究还指出，相对于事实女性户主家庭来说，法理女性户主家庭更为脆弱。[②]

从贫困妇女在不同生命周期的差异性来看，老年妇女因致贫因素的累积性更容易陷入贫困。研究显示，老年妇女的贫困并不是妇女在老年阶段这一时期的表征，而是其早年生活中诸如受教育程度、婚姻状态、工作状况、家庭分工等各种不平等因素累积到老年阶段所形成的集中表现。[③] 张子杨、杨慧运用“1990—2010 年中国妇女社会地位调查数据和分层 APC 模型”，对老年人收入的性别差异进行了分析。该研究指出，20 年来我国老年人收入大幅提高，从性别视角来看，呈现出男高女低的特征，且年龄越大，其收入的性别差距也越大。由此可见，老年妇女在收入方面兼具性别与年龄的双重弱势。[④] 王宇、陶涛基于“2016 年中国老年社会追踪调查”（Chinese Longitudinal Aging

① Quisumbing A. R, Haddad L. and Pena C. , “Are women over represented among the poor? An analysis of poverty in 10 developing countries,” *Journal of Development Economic* 66, no. 1 (2001): 225 - 269.

② 张颖莉、游士兵：《贫困脆弱性是否更加女性化？——基于 CHNS 九省区 2009 年和 2011 年两轮农村样本数据》，《妇女研究论丛》2018 年第 4 期。

③ Choudhury S. and Leonesio M. V. , “Life-cycle aspects of poverty among older women,” *Social security bulletin* 60, no. 2 (1997): 17 - 36.

④ 张子杨、杨慧：《老年妇女收入双重劣势研究——以 1926—1950 年出生队列为例》，《人口与发展》2019 年第 5 期。

Social Survey，CLASS)的数据对老年妇女的贫困状况进行了描述。他们运用 Alkire-Foster 多维贫困测量法，将老年贫困分为老有所养、老有所依、老有所安、老有所乐四个维度，将各个维度对应的指标与国家关于老年人或妇女的政策和法律法规相匹配，由此识别出我国农村老年妇女在非收入层面的多维贫困现状，主要表现为医疗服务不足、卫生条件简陋、互联网生活匮乏等。此研究还发现，年龄与学历等个人因素是造成农村老年妇女多维贫困的重要因素，收入水平、同吃同住家庭成员的数量等与老年妇女陷入非收入多维贫困密切相关。①

少数民族妇女的贫困问题在反贫困工作中也日益受到关注。虽然很多研究都涉及了少数民族的贫困妇女，但大多停留在将少数民族贫困妇女作为研究对象，揭示妇女贫困或者贫困问题，而对少数民族妇女贫困的特殊性研究不够深入。例如，李小云等通过对西南一个少数民族贫困村的妇女贫困问题进行调查发现，妇女直接经济收入的提高对改变其家庭的多维贫困具有积极作用，但妇女创收的直接福利效益更多地流向家庭和被男性所支配，妇女收入的提高并未明显改变原有的贫困性别结构。② 又如，罗彦莲从社会性别视角出发，通过对西北农村回族妇女反贫困问题的调查研究，详细描述了回族妇女的科技文化素质、实用技术素质、传统文化素质及其生存现状，探讨了当地反贫困的制约因素，并从发展教育、转移劳动力与实施反贫

① 王宇、陶涛：《"非收入"多维贫困的识别与影响因素探析——基于 CLASS 数据对农村老年妇女样本的考察》，《云南民族大学学报(哲学社会科学版)》2019 年第 6 期。

② 李小云等：《"妇女贫困"路径的减贫溢出与赋权异化——一个少数民族妇女扶贫实践的发展学观察》，《妇女研究论丛》2019 年第 2 期。

困项目三个方面进行了回族妇女反贫困的路径探索。[①] 其针对回族妇女反贫困的研究，未能揭示出这一民族或者说以这一民族为代表的少数民族妇女在贫困与反贫困问题上的独特性。

第二，贫困妇女致贫原因分析。虽然有关贫困原因的研究成果很多，但针对贫困妇女致贫原因的研究成果并不多，且多为浅尝辄止。总体来看，学者们对妇女致贫原因的研究在两个方面的认识较为一致：其一，导致妇女贫困的原因是多元的；其二，性别是造成妇女贫困的重要因素。但学者们在对导致妇女贫困的主要原因的认识上各执一词。这不仅与他们所调研的贫困妇女所处的地域特征有关，也与他们所运用的理论视角有关，还与他们所关注的贫困妇女是特殊类型的贫困妇女，如单亲贫困母亲、留守妇女等有关。例如，王婧对广州市贫困妇女进行调查分析后指出，由于城市贫困妇女长期以来处于社会文化边缘，其贫困的根源在于传统思想观念对女性的性别文化塑造，直接原因则在于现代社会中女性的发展资源不足、发展机会欠缺和社会分工的性别不平等。[②] 闫坤等基于对绵阳县（现绵阳市）农村妇女的研究指出，妇女贫困的根本原因是制度保障的缺乏，直接原因主要包括土地权的丧失、疾病、受教育程度低、劳动技能差、无报酬劳动比例大等。[③] 程玲基于可行能力视角分析指出，农村妇女贫困的根源在于可行能力的不

① 罗彦莲：《社会性别视阈内的西北农村回族妇女反贫困问题》，宁夏人民出版社，2015，第102—176页。

② 王婧：《边缘与困境中的女性——妇女贫困问题的社会与文化分析》，《妇女研究论》2003年12月30日。

③ 闫坤、于树一、刘新波：《论引入性别因素的精准扶贫——以绵阳特困县为例》，《华中师范大学学报（人文社会科学版）》2016年第6期。

足与缺失。①

第三,妇女反贫困的路径分析。齐顾波、李小云运用摩塞(Moser)的性别需求分析框架,分析了中国扶贫实践中妇女的性别需求变化。他们的研究认为,妇女的现实性别需求与战略性别需求之间存在着两种可能的关系:一是妇女现实性别需求的满足到一定程度可以自然带来战略性别需求的满足;二是妇女现实性别需求的满足只能在一定程度上缓解妇女面临的不平等问题,并不能从根本上改变妇女的从属地位。② 由此可见,在进行妇女反贫困的路径选择时,政策制定者既要重视妇女的战略性别需求,又要满足妇女的现实性别需求。在政策层面上,吴国宝基于实地调查,对具有不同性别敏感度的小额贷款政策实施情况进行比较后发现,当进行妇女反贫困服务负责的机构并非政府和项目管理办公室,而是非官方组织(NGO)或者妇联时,贷款的还款率相对较高;相比于男女混合群体来说,当小额信贷项目的借贷者全部是女性时,其还款率相对更高。③ 由此可见,要促进妇女的反贫困必须从政策层面上进行更好的设计。具体如何在扶贫政策与行动中融入社会性别视角,林志斌提出对妇女贫困问题的分析应从收入贫困、时间贫困和资产贫困等多个角度展开,可从实行分性别预算、建设性别平等国家机构、加强分性别统计等方面切入。④ 李卓、左停分析了当前精准扶贫政策后

① 程玲:《可行能力视角下农村妇女的反贫困政策调适》,《吉林大学社会科学学报》2019 年第 5 期。

② 齐顾波、李小云:《扶贫实践中妇女性别需求变化的研究》,《妇女研究论丛》2000 年第 4 期。

③ 吴国宝:《扶贫模式研究——中国小额信贷扶贫研究》,中国经济出版社,2001,第 37—55 页。

④ 林志斌:《中国妇女与反贫困的回顾与展望》,《妇女研究论丛》2005 年第 4 期。

指出，精准扶贫策略虽实现了以“家”“户”为单位的精准帮扶，但对家庭内部的性别不平等的关注依然不足。基于此，我们应该更加关注女性的人文贫困，改善家庭内部的结构性贫困；瞄准贫困妇女的发展需求，制定具有针对性的精准帮扶政策；重视妇女发展的主体地位，保障深度贫困地区妇女发展的权益。① 针对不同类型的贫困妇女，学者们也提出了一些更有针对性的建议。如美国老年贫困妇女，考虑社会保障制度的缴费制度对老年妇女的生活不利，一些研究人员建议强化社会保障制度的再分配效应，建立针对特殊困难妇女群体的社会福利制度，推行寡妇津贴、遗属保险等。② 此外，还有研究对妇女反贫困的成效予以关注，如向德平、程玲在分析连片特困地区贫困妇女的反贫困路径及其影响因素的基础上，评估了现行扶持政策对贫困妇女的实施效果，指出其在经济发展、权利实现和身心健康层面都产生了积极的政策效果。③

二、反贫困社会工作研究

在西方国家，反贫困或者说贫困救助一直以来都是社会工作者关注的重要议题，也是社会工作实务的重要服务内容。④ 我国社会工作发展起步较迟，对社会工作的研究历史较短，尽管近年来对社会工作参与反贫困的研究

① 李卓、左停：《深度贫困地区妇女反贫困的逻辑路径探析——基于社会性别视角的分析》，《山西农业大学学报(社会科学版)》2018 年第 8 期。

② Choudhury S. and Leonesio M. V., “Life-cycle aspects of poverty among older women,” *Social security bulletin* 60, no. 2 (1997): 17 - 36.

③ 向德平、程玲：《巾帼脱贫：农村贫困妇女扶持政策评估及建议》，社会科学文献出版社，2015，第 127—149 页。

④ Reeser L. C. and Epstein I., “Social Workers' Attitudes toward Poverty and Social Action: 1968 - 1984,” *The Social Service Review* 61 (1987): 610 - 622.

数量增长很快,但仍旧没有成熟。总体来说,反贫困社会工作的研究主要集中于社会工作在反贫困中的角色与作用、反贫困社会工作的主要模式等。

一是关于社会工作在反贫困中的角色与作用研究。关于社会工作在反贫困中的角色,孙莹指出,由于中国城市贫困问题主要与社会结构变迁有关,因此社会工作的着力点在于改变城市贫困者所处的社会环境,其角色主要有利益维护者与需求的评估者、使能者与倡导者、服务提供者等。① 陈涛指出,从最新实践来看,社会工作在扶贫中主要扮演着社会资本的构建者、能力建设者、克服社会排斥和促进社会包容的协作者三种社会角色。② 学者们对社会工作在反贫困中的作用也给予了充分肯定。王思斌不仅致力于推动高校社会工作参与精准扶贫工作,而且从助人自助的核心价值观、注重资源整合的方法等方面分析了社会工作参与精准扶贫的优势,充分肯定了社会工作在反贫困中的积极作用。③ 李迎生指出,以扶贫济困为本,遵循个别化、差异化原则的专业社会工作介入精准扶贫是对政府传统扶贫方式的革新和有效补充。④ 向德平认为,社会工作的加入将为脱贫攻坚注入新的活力。⑤ 但较为遗憾的是,大多数对社会工作在反贫困中的角色与作用的分析都是基于理论做出的判断,较少有来自实证研究结果的证明。

二是关于反贫困社会工作的主要模式研究。国外在反贫困社会工作方面

---

① 孙莹:《社会工作者在我国城市反贫困中的使命和角色》,《华东理工大学学报(社会科学版)》2005 年第 1 期。

② 马晓晗:《社会工作在扶贫开发中的角色与作用》,《中国社会报》2016 年 3 月 4 日。

③ 王思斌:《精准扶贫的社会工作参与——兼论实践型精准扶贫》,《社会工作》2016 年第 6 期。

④ 李迎生:《社会工作助人精准扶贫:功能定位与实践探索》,《学海》2016 年第 4 期。

⑤ 向德平:《社会工作为新阶段脱贫攻坚注入新活力》,《中国社会工作》2017 年第 34 期。

进行了较长时间的探索，已经形成了较为丰富的工作模式，国内学者对反贫困社会工作的模式也进行了一定的理论研究与实务探索。其中，徐永祥指出，社会工作的社会策划模式对中国农村扶贫发展具有积极的作用。① 张和清等以云南省一个贫困山村——绿寨——的发展实践为个案，提出了基于优势视角的农村社会工作实践模式，其特征是以能力建设和资产建立为核心，注重运用社会工作的专业方法发掘社区和居民的能力，增加其资产，促使社区和居民成长为农村发展的真正主体。② 张和清等对广东绿耕社会工作发展中心开展的农村社会工作研究，也涉及反贫困社会工作的模式探讨。③ 吴世友等则关注城市的反贫困问题，以上海市的低保家庭为服务对象，介绍了如何发展和设计一项资产为本的社会工作干预研究和服务，呈现了资产为本的反贫困社会工作模式。④ 此外，还有大量针对不同贫困群体开展社会工作服务的实务研究，如李昺伟等以“大爱之行——全国贫困人群社工服务及能力建设项目”为研究对象，围绕对各类贫困人群开展的社会工作服务进行了研究⑤；蒋国河以江西万载、四川理县等地开展的反贫困社会工作实践为案例，对农村反贫困社会工作的本土化实践进行理论反思⑥；等等。这些研究虽然没

① 徐永祥：《社区发展论》，华东理工大学出版社，2001，第 26 页。

② 张和清、杨锡聪、古学斌：《优势视角下的农村社会工作——以能力建设和资产建立为核心的农村社会工作实践模式》，《社会学研究》2008 年第 6 期。

③ 张和清、杨锡聪：《社区为本的整合社会工作实践：理论、实务与绿耕经验》，社会科学文献出版社，2016，第 32 页。

④ 吴世友、朱眉华、苑玮烨：《资产为本的干预项目与社会工作实务研究设计——基于上海市 G 机构的一项扶贫项目的试验性研究》，《社会建设》2016 年第 3 期。

⑤ 李昺伟等：《中国贫困人群的社工服务：“大爱之行”项目研究》，社会科学文献出版社，2016，第 31—50 页。

⑥ 蒋国河：《社会工作与农村反贫困：本土化实践与理论反思》，中国社会出版社，2017，第 114—131 页。

有提出一个新的反贫困社会工作服务模式，但较好地呈现了反贫困社会工作服务的过程，总结了经验并指出了我国现有理论和实务中存在的问题。

三、妇女反贫困社会工作研究

作为社会工作起源的英国济贫运动，其服务者和受助者从一开始起大多为女性，因此社会工作的发展不仅与反贫困问题紧密相关，也与性别问题密切相连。如同一些学者所指出的，社会工作具有女性特质。这种女性特质，除了服务者和受助者双方呈现出女性化特征外，还蕴含着社会工作服务本身所包含的细致、温暖、照顾、关爱、包容等女性化的特质。值得注意的是，这虽然是基于当时社会性别分工的现实状况，现在看来有着性别标签化的嫌疑，但它依然体现了当今社会工作“助—受”双方的性别特征。王斌的研究进一步指出，女性特质与社会工作之间的契合性是社会建构的，父权制的社会设置将女性与具有照顾性的工作在文化上相关联，由此使社会工作呈现出女性的特质。但值得注意的是，在利益分配上，女性情感劳动应有的价值被忽略了，这使她们可能面临着情感耗竭的危机。① 事实上，在社会工作究竟是由女性主导还是女性占多数但由男性主导这个问题上，学者们的意见虽然存在着分歧，但社会工作者以女性为主体是一个不容否认的客观现实。这一方面凸显了女性社会工作者因身处性别弱势而对弱势群体问题有更强的敏感性，另一方面也体现了女性社会工作者在致力于帮扶弱势群体的社会工作行动中有更高的参与性。

---

① 王斌：《女性社会工作者与情感劳动：一个新议题》，《妇女研究论丛》2014 年第 4 期。

国内学者对妇女反贫困社会工作的研究并不多,因为这需要社会工作研究、反贫困研究和社会性别研究三者的结合。或者说,妇女反贫困社会工作研究需要以这三者为研究基础。这三者中,即使是整体发展最早、成果最为丰富的反贫困研究,也是以经济学为核心的。社会工作属于新兴学科,在发展过程中与反贫困紧密相连,但无论是作为一个专业、学科,还是作为一种职业,它在国内的发展虽然比较迅速却远未成熟。社会工作反贫困实践较多,与之相关的研究成果却较少。而国内关于社会性别的研究在20世纪90年代后才逐渐兴起。三者共同决定了我国已有的妇女反贫困社会工作研究的局限性。但可喜的是,近年来这一领域颇受重视,已经产生了一些较有影响力的成果。

在针对不同类型贫困妇女的社会工作介入研究上,人们较为关注的是贫困单亲妇女群体。王笃强基于对贫困单亲妇女的深度访谈,对生命历程、角色与生存心态观点进行深入分析,指出贫困单亲妇女在生存心态上其实与一般人无异,那些强加在她们身上的诸如依赖、欺骗等污名,使人易于忽略她们作为行动者的优势潜能和理性,而所谓贫穷文化只不过是对时间积累过程中生存心态的反映。在此基础上,王笃强指出,社会工作者在介入时应关注贫困单亲妇女生命历程中的重大事件,以复原力为中心,通过开展社会工作服务,强化环境保护因子,致力于创造一个能够充分激发她们优势的社会环境,从而实现助人自助。①

社会工作机构开展的反贫困项目也成为反贫困社会工作研究的热点,其中不乏与贫困妇女相关的项目。例如,蒋国河等以江西省某村妇女互助

① 王笃强:《贫困单亲妇女就业阻碍的产生机制:生命历程、角色与生存心态的诠释模型》,《中国社会工作研究》2015年第1期。

储金会项目为研究对象，探讨了发展性社会工作的反贫困实践效果。研究发现，发展性社会工作在反贫困实践过程中表现出独特的作用，而且这种作用是可持续的。研究显示，如果以自我发展和自我赋能为导向，注重对农民合作组织和合作经济项目的培育与赋能，形成发展的内生动力，扶贫项目就能获得可持续发展。此外，注重发展本土化的社会工作者队伍，创新项目运作模式，重视项目化、本土化和参与式的发展，以降低项目运作和服务成本，对面临诸多约束的反贫困社会工作的发展至关重要。也有研究指出了其中存在的不足：一是社会工作在农村扶贫开发体系中的定位被忽视；二是社区合作经济的治理机制有待完善；三是在为贫困个案直接提供服务上存在不足。[①] 但是，令人遗憾的是，这一类研究多致力于揭示一般性规律。如蒋国河等所开展的研究尽管选择了妇女互助储金会项目这一极具性别特色的个案，但他们在分析发展性社会工作的反贫困实践效果的过程中，基本上没有关注到这个组织及其项目所具有的性别特征，因而属于缺乏一定性别敏感度的妇女反贫困社会工作探索。与此同时，也有不少关于妇女社会工作的探索，虽然与广义的反贫困即社会发展相关，但对贫困问题与贫困妇女的关注很少。例如，闫红红、张和清综合运用优势视角、社区组织与社区参与的理论，通过对一个妇女社会工作项目的考察，提出专业社会工作要发挥妇联的作用，以"妇女之家"为载体，通过开展广场舞和社区公共服务，将农村妇女组织起来，使她们参与社区公共事务。[②]

① 蒋国河、平卫英、孙萍：《发展性社会工作视角下的农村反贫困实践——W县Y村妇女互助储金会的案例分析》，《江西财经大学学报》2018年第6期。

② 闫红红、张和清：《优势视角下农村妇女组织与社区参与的实践探索——以广东省M村妇女社会工作项目为例》，《妇女研究论丛》2019年第2期。

杨团认为，包括妇女反贫困社会工作在内的反贫困实务领域所面临的挑战，主要来自两个方面：一是由于资金短缺，难以培育好的、具有推广价值的项目。近年来，政府开始推行购买社会工作服务，但其设置的服务项目大多属于"短平快"的类型，资金数额小，项目周期短，无法为社会组织运用专业理念和方法推进脱贫提供足够的资金支持，因而难以形成体现专业性、具有可复制可推广潜力的综合类扶贫项目。二是专业人才短缺，难以为项目实践提供原动力。20 世纪 90 年代，第一批参与妇女/社会性别与发展国际合作项目的专业人才多来源于学界，现大多已退出一线服务领域，但新生代的专业人才还没有真正成长起来，因此在扶贫实践中不仅缺少具有政策影响力的重量级专家，更缺少在社区有实施行动研究能力的学者兼行动者和为贫困人群提供服务的一线工作者。① 近年来，社会工作机构不断增多，社会工作者队伍不断壮大，这在一定程度上推动了反贫困工作的专业性发展。但作为一个新兴专业，社会工作的发展还很不成熟，因此很难满足反贫困工作专业性的需求。在这样的大背景下，妇女反贫困社会工作的理论与实务研究无疑更是任重道远。

四、研究特点与不足

综上所述，已有研究对妇女反贫困经历了从被忽视到被重视的过程，聚焦于妇女反贫困的研究成果在数量上不断增长、内容上日益深入，但从社会工作的角度介入妇女反贫困的情况来看，其实践行动日益丰富，而理论研究依然较为匮乏。

事实上，如学者们已经指出的，我国农村的反贫困行动主要采用的是政

① 杨团：《中国慈善发展报告(2017)》，社会科学文献出版社，2017，第 204—205 页。

府主导下的干部包村包点、工作队驻村帮扶等举措，像社会工作者这样的专业力量参与进来的本来就不多。① 从扶贫实践来看，从贫困识别到最后的脱贫评估，都显示出性别敏感度不高。尽管绝大多数反贫困项目都纳入了妇女群体，但是专门针对女性的项目却微乎其微。即使在那些已经关注到性别差异的社会工作反贫困项目中，也是如此。

学者们已经逐步认识到，贫困女性化的概念是建立在西方社会特征与社会性别秩序基础上的，如果将其置于中国场域中，不进行仔细辨析，明确其文化背景与制度特征，就很有可能产生各种问题甚至使有关研究走向歧途。② 因此，我们应该注意以下几个方面：首先，我们要关注贫困女性化概念的生成背景和指向对象，既要考虑妇女个人的需求，又不能将中国贫困家庭中的妇女作为完全脱离家庭的独立个体。其次，我们不能忽视社会文化与制度环境的影响，要重视对导致女性社会资本和能力不足的社会结构性要素进行分析，不能将女性的贫困归因于女性本身。最后，我们应重视妇女反贫困的家庭环境与男性力量，不能仅通过女性增权来改变妇女贫困，而要考虑两性参与，考虑家庭资源的支持。

据此，本研究聚焦妇女反贫困社会工作，关注贫困妇女的基本特征，通过分析妇女贫困在纵向上（生命历程的不同阶段）和横向上（社会空间的分布上）的特点，明确其反贫困的主要需求，剖析妇女反贫困的基本任务与工作重点。在此基础上，本研究梳理和借鉴国内外妇女反贫困社会工作的主

① 蒋国河、平卫英、孙萍：《发展性社会工作视角下的农村反贫困实践——W县Y村妇女互助储金会的案例分析》，《江西财经大学学报》2018年第6期。
② 武汉大学、中国国际扶贫中心：《中国反贫困发展报告（2016）——社会组织参与扶贫专题》，华中科技大学出版社，2016，第238页。

要模式，结合中国农村妇女反贫困社会工作的实务案例，尝试分析妇女反贫困社会工作的方法特征和本土化挑战。

第三节 研 究 设 计

一、研究内容与思路

（一）研究内容

本书从需求和行动两个维度展开对妇女反贫困社会工作行动的研究，具体包括以下四个方面的内容。

1. 贫困妇女的生命历程

这是从个体视角和纵向视角来比较分析妇女贫困的特点与反贫困需求的。首先，运用生命历程的理论视角，依据妇女在出生时是否贫困和当前是否贫困来建立贫困妇女的分类框架；其次，通过贫困妇女生命故事的描述，呈现不同类型贫困妇女在成长过程中遭遇贫困的情况及其受贫困影响的人生历程；再次，比较不同类型贫困妇女的生命历程，揭示其共性特征与差异性特征；最后，基于不同类型贫困妇女生命历程的特点，探讨妇女反贫困的时间特征，指出不同阶段妇女反贫困的基本任务和重点工作。

2. 贫困妇女的空间分布

这是从群体视角和横向视角来比较分析妇女贫困的特点与反贫困的需求。首先，依据社会空间的理论视角，探讨妇女贫困的空间生产逻辑；其次，通过对既有统计数据的分析，描述贫困妇女在社会空间分布上的特征，主要包括城乡分布和东、中、西部区域分布等；最后，基于贫困妇女的社会空间分布状况，探讨妇女反贫困的空间特征，着重分析农村地区和西部贫困地区妇女反贫困的基本任务与策略。

3. 妇女反贫困社会工作的主要理论与实务模式

这是对妇女反贫困社会工作实践的理论基础的分析。通过文献梳理，归纳当前妇女反贫困社会工作的典型理论与实务模式，介绍不同模式的基本假设、目标、原则、程序与技巧；再从反贫困的主体、对象、理念、方法等维度对不同模式进行比较，分析其对中国妇女反贫困社会工作的启示。

4. 妇女反贫困社会工作的实践行动

这是对妇女反贫困社会工作行动的实践分析。通过典型案例，描述妇女反贫困社会工作的具体实践过程；在此基础上，结合国内妇女反贫困社会工作研究的成果与实践展示，分析当前妇女反贫困社会工作在方法上呈现的基本特点及其在本土化过程中所面临的挑战。

（二）研究思路

本书综合运用社会性别理论、生命历程理论和时空社会学理论，从需求分析和行动分析两个方面展开对妇女反贫困社会工作的研究。

1. 关于妇女反贫困社会工作的需求分析

本书认为：一方面，基于助人自助的社会工作专业理念，我们必须充分重视贫困妇女的主体经验，应给予妇女自我定义贫困、解释贫困成因、理解反贫困的话语权力；另一方面，基于“人在环境”中的社会工作专业共识，我们必须关注贫困妇女所处的家庭、社区、区域等一系列嵌套环境。基于此，本研究将妇女贫困问题置于纵向的个人生命历程和横向的群体社会空间分布中加以理解，以定性与定量相结合的方法呈现贫困妇女的生活状况与生存环境。简言之，以纵向视角描述妇女个体的贫困经历，以此作为理解妇女贫困需求的基础；以横向视角揭示贫困妇女群体的空间分布，以此作为社会工作开展妇女反贫困实践的依据。

2. 关于妇女反贫困社会工作的行动分析

本研究认为：一方面，我们需要通过系统梳理，了解中国妇女反贫困社会工作行动有哪些典型的理论与实务模式可供借鉴和参考，以此作为实践研究的基础和依据；另一方面，我们应结合在农村进行妇女反贫困社会工作的实务案例，呈现中国本土情境中妇女反贫困社会工作行动的具体过程和方法技巧，明确其基本特征，指出其存在的主要问题。

具体来说，研究思路与框架如图 1－1 所示。

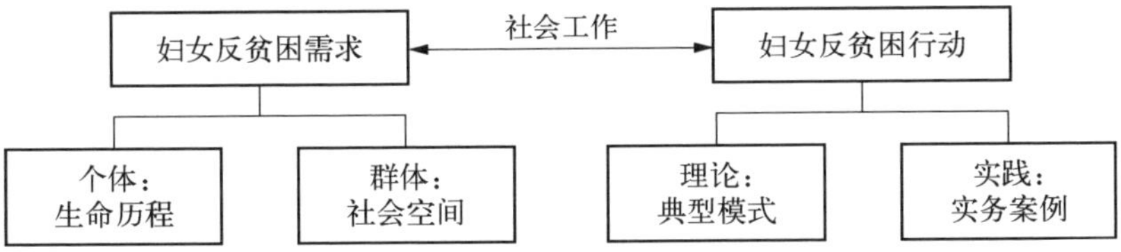

图 1－1　研究思路与框架

二、理论依据

妇女反贫困社会工作具有鲜明的性别特色，因此社会性别理论的运用贯穿于本研究始终。为了深入理解妇女贫困问题，我们同时还运用了生命历程理论和时空社会学理论。

（一）社会性别理论

从社会性别理论视角来看，贫困既是一个经济问题，又是一个社会问题和性别问题。社会性别(gender)是与生理性别(sex)相对应的一个概念,它是社会建构的和后天习得的。

运用社会性别理论来思考妇女反贫困,要求以“有性人”取代“无性人”来重新认识贫困问题:不仅要重视贫困妇女的感知、表达和经验,改变由男性主导、忽视女性声音、忽略女性参与来解决贫困问题的状况,而且要强调在进行社会发展研究和制定国家经济社会发展规划时纳入女性视角,将女性作为反贫困的主体,重视其扮演的主动参与者的角色,而非仅将其视作被动受惠者。

(二)生命历程理论

生命历程理论由美国学者埃尔德(Elder)于 20 世纪 60 年代至 70 年代首创。该理论强调受社会变迁影响的一系列生活事件随着时间的推移在个体的生活中出现的先后顺序与转换过程,以及这一过程对个体以后生活的影响。埃尔德提出了生命历程范式的四个基本概念与原则,以此奠定了生命历程理论的基础。具体来说:一是时间与空间,即个体的生活轨迹植根于其所经历的社会历史时期与所处的地域空间;二是相互依存的生命,即个体并非独立存在,其生活被镶嵌于具体的社会关系中,因而与他人的生命事件相关;三是生命的时机,即生命事件对个体的影响取决于该事件在其生命历程中发生的时间,发生时间甚至比事件本身更为重要;四是个体能动性,即个体并非完全被结构所决定,而是即便受到各种约束,仍能通过有目标的行动来选择性地塑造自己的生命历程。①

---

① Elder G. H. Jr., Johnson M. K. and Crosnoe R., "The Emergence and Development of Life Course Theory," In J. T. Mortimer and M. J. Shanahan (Eds.), *Handbook of the Life Course* (New York: Springer, 2003), pp. 3 - 22.

该理论视角关注个体的生活、结构和社会变化之间的相互作用，不仅构建微观的行动者与宏观的社会之间的联结，而且致力于揭示在个人生命之外的社会中形塑个人的力量以及个人在这些力量作用下的调适与建构，因此它既有助于我们通过妇女的所作所为、所见所闻、所思所感来认识贫困和贫困对她们人生的影响，又有助于我们探讨如何针对不同生命阶段的妇女在贫困上的不同特点与需求，更好地开展反贫困社会工作，促进女性的发展，从而推动两性平等。

（三）时空社会学理论

景天魁指出，社会时空是构建社会理论的核心范畴，是理解现代社会的重要视角和方法。[①] 时空社会学理论是以时间、空间和社会为基本要素构建的。其中的时间包括自然时间与社会时间两类。自然时间如物理时间、日历时间和钟表时间等，社会时间如结构时间、事件时间和心理时间等。空间也可以被分为两类，即自然空间和社会空间。自然空间如地理空间、物理空间等，社会空间如权力空间、行为空间、心理空间、信息空间和关系空间等。

事实上，所有社会现象的变化都包含着纵向与横向两个向度的变化。纵向的变化是指社会现象在时间上的演化特征，具体表现为速度、动态和变迁。横向的变化是指社会现象在空间上的特征，具体表现为伸缩性、结构性、扩展性等变化。[②] 时空社会学理论视角融合了纵向变化和横向变化，有助于我们将贫困妇女看作一个群体，从整体上呈现妇女贫困作为一种社会问题所具有的时空特征。本研究尤其关注当前贫困妇女的社会空间分布状

① 景天魁等：《时空社会学：理论和方法》，北京师范大学出版社，2012，第 2 页。
② 顾金土：《社会时空分析的类型、范例及特点》，《人文杂志》2013 年第 7 期。

况，这不仅有助于我们从整体上把握妇女反贫困社会工作服务的重点区域，提升妇女反贫困社会工作服务的成效，而且有助于我们精准地把握服务对象的需求，为贫困妇女提供更有针对性的服务方案。

三、基本概念

（一）贫困及其相关概念

“贫困”一词是随着社会的发展和人们对贫困认识的深化而不断扩展的。从社会工作的视角来看，贫困不仅意味着经济收入不足，还意味着健康、自由、教育、社会支持、发展所需的资源与机会等方面的缺乏。因此，本研究主要采用福利经济学家森(Sen)对贫困的界定，即贫困不仅表现在收入方面，还包括教育、健康、住房等多方面的缺乏。简言之，本研究所探讨的妇女反贫困社会工作，是社会工作对多维贫困的一种介入，而且所关注的不仅包含绝对贫困，还包括相对贫困。

（二）妇女与贫困妇女

妇女一般是指成年女性。为了满足研究的需要，我们在本研究中将妇女与女性等同，包括各个年龄段的女性人口。因此，贫困妇女泛指所有处于贫困状态中的女性个体。

四、研究方法

无论是从作为研究内容的社会工作行动还是从作为研究对象的贫困妇女来看，我们对妇女反贫困社会工作行动研究都难以采用定量研究的方法。而质性研究方法兼具“解释性”和“批判性”的特点，因而更符合本研究的需要。由此，本书以质性研究方法为主、定量研究方法为辅来展开，具体来说，主要运用个案深访、文献法与参与式观察法来收集资料，运用案例分析、比较分析、统计分析等方法进行资料的分析。

（一）资料收集方法

个案深访主要针对贫困妇女。本研究先后收集了来自东、中、西部地区的20余位贫困妇女的典型案例。个案深访以对话的方式展开：社会工作者让贫困妇女讲述自己的故事、发出自己的声音，以此了解妇女受贫困影响人生经历的特点，进而分析其反贫困的需求。

文献法主要用于以下三个方面：一是收集国内外有关妇女反贫困社会工作的主要文献，包括社会工作介入贫困妇女的典型案例，以梳理妇女反贫困社会工作的主要模式。二是运用全国与部分地区的贫困人口统计数据，对贫困妇女的空间分布特点进行分析。三是收集武汉市阳光社会工作服务中心关于妇女反贫困社会工作的文献资料，包括调查研究报告、项目设计、活动记录、督导记录、项目评估、新闻报道等。我们遴选了三个实务案例作为典型个案，分类呈现针对不同生命阶段的农村贫困妇女开展的社会工作实务的过程与成效。

此外，本研究还采用了观察法进行资料的收集。作为武汉市阳光社会工作服务中心的督导教师、社会工作专业学生毕业论文与教学实习的指导教师，作者对社会工作机构开展社会调查的过程和社会工作实务项目的设计、实施与评估过程进行了参与观察。

（二）资料分析方法

本研究遵循学术惯例，对调查对象与调查地点均进行了匿名化处理。

1. 案例分析法

本书运用典型案例分析法，基于个案口述史，充分呈现受访者的生命故事，同时运用社会性别视角剖析其生命历程，明确妇女贫困的特点和扶贫的需求。

2. 比较分析法

比较分析法是本研究在进行资料分析时所采用的最重要的方法。具体来说，结合研究的目的，在进行性别比较分析时着重注意以下两个方面：

第一，本书进行横向的空间比较和纵向的时间比较。在性别分析中，我们同时进行时空比较，以此明确贫困妇女的地理分布与人群特征。

第二，在比较中，我们既重视求同法，也重视求异法，力求通过比较，同中求异、异中求同，更客观全面地揭示不同类型妇女贫困与反贫困的特点，以此探寻社会工作介入妇女反贫困的方法与技巧。

3. 统计分析法

统计分析法也是本研究所使用的重要分析方法，主要是将性别比较和区域比较相结合，基于既有的统计数据，对贫困妇女的社会空间分布情况进行比较分析。

第二章　生命历程视角下的妇女反贫困

第一节　生命历程中的妇女贫困

一般来说，妇女的生命历程可以分为五个时期，即女婴幼儿期、女童期、青年妇女、中年妇女和老年妇女。不同生命阶段的贫困风险对妇女的影响具有不同的特点。通过了解贫困妇女的生命历程，我们可以更全面地了解贫困的生成及其对贫困妇女的一般性和独特性影响，明确贫困妇女的现实处境与真实需求，理解妇女反贫困的基本思路与日常行动，寻找能够帮助其摆脱贫困的有效方法。

一、分析框架

明确贫困妇女缘何贫困无疑是研究的起点，是妇女反贫困社会工作实践与研究需要解决的第一个问题。通过对贫困妇女生命历程的梳理，我们发现妇女陷入贫困或者说成为贫困妇女大体上来说有两种类型：一种是生而贫困，目前仍然处在贫困当中；另一种则是出生时并不贫困后来陷入贫困的。学术界一般称生而贫困为贫困的代际传递。18 周岁以前生活于贫困家庭中的女性被归入贫困人口的基本上都属于生而贫困的类型。对于她们缘何贫困的追问，只能回到其原生家庭中去探索。因此，我们没有描述这一类型的贫困妇女的生命历程，而是将其融入另外两种类型中。在生而贫困的女性中，其后期也贫困的妇女固然是我们需要特别关注的群体，但成年后摆脱贫困的妇女也被纳入了我们的研究范围，她们是反贫困研究中特别值得深入挖掘、具有重要研究意义的一种类型。

从生命历程的视角来看，我们在贫困妇女生命历程中，尤其要关注两个重要的时间点，即出生时与当前。为了增强可操作性，我们将这两个时间点转化为更易识别、测量的两个阶段，即童年时与精准扶贫以来。依据童年时家庭是否贫困与精准扶贫以来家庭是否贫困，我们将妇女贫困分为四种类型，如表 2－1 所示。

表 2－1　妇女贫困分类

贫困类型		当前贫困与否	
		是	否
出生时贫困与否	是	类型Ⅰ：长期贫困	类型Ⅱ：早期贫困
	否	类型Ⅲ：后期贫困	类型Ⅳ：临时贫困

需要说明的是，这一分类框架从理论上看并不是非常严密的。一是童年与精准扶贫以来只是一个人人生历程中的两个阶段。这两个阶段都处于贫困状态的女性，在其他人生阶段的状况也可能有很大的不同，但她们遭受贫困的影响无疑是很深的。二是只关注这两个阶段，可能会忽略其他阶段

中的贫困，因而我们将这一类女性纳入临时贫困。但对老年妇女来说，如果她们被归入此类，并不意味着她们的贫困时间一定是短暂的，只是她们正好在这两个人生阶段上都不属于贫困群体。三是严格来说，类型Ⅳ中有一些女性可能与贫困无关。但是，女性在社会中处于相对弱势地位，更容易受贫困的影响。而从多维贫困和相对贫困的视角来看，她们遭遇某一维度的贫困或者相对贫困的概率很大。我们采用这种分类方法，主要是因为我们并不打算将所有女性都纳入此分析框架中，主要关注的是曾经遭受贫困的女性。因此，那些有生以来从未受到贫困影响的女性并不是我们关注的对象。而长期受贫困影响的女性，则基本上可以被纳入我们的分类框架之中。

据此，我们依托多个课题对东、中、西部贫困妇女进行调查，尤其是依托武汉市阳光社会工作服务中心在湖北省多个社工站点进行调查，在四种类型中各至少选择了一个案例，尝试通过受访者的讲述，呈现她们的生命故事，借此去探索女性对贫困的认知及贫困对女性的影响。

二、生命故事①

（一）类型Ⅰ：长期贫困

1. 阿红的故事

2015 年，我们访问阿红时，她流着眼泪向我们讲了她的人生故事。回顾阿红多年来的生活状况，她的贫困是从出生开始的，一直持续到现在。

阿红 1943 年出生于湖北农村，父母均以种田为生。因为家境贫寒，她 9 岁时才开始上学。阿红读到小学三年级时，父亲因病去世了，当时家庭的经

① 注：以下案例中的人名均为化名。

济来源实在无法维系全家人的生活开支，她只能辍学回家。尽管年纪小，阿红却要帮家里干些力所能及的家务和农活儿。阿红非常想读书，但她知道自己的家庭情况，她难以再返回学校去学习。于是从 1959 年到 1962 年，她白天干农活儿，晚上读夜校，希望能够多学一些知识。

1965 年，22 岁的阿红经人介绍，与邻村的一个男青年结婚了，之后生育了一儿一女。婚后的日子依然很艰苦，但阿红说在那个物资匮乏的年代，农村人的生活普遍艰难。不幸的是，1972 年阿红的丈夫由于脑出血突然去世。公公婆婆只有这一个儿子，失去了儿子后他们难以接受这个事实，就迁怒于阿红。阿红也觉得自己命不好，无人可求助。她的娘家本来就生活困难，无法给她提供任何帮助，她只能独自一人将两个孩子拉扯大。但一个人的能力总是有限的，家里的经济收入较少，两个孩子初中都没有读完就辍学了。她回想过去很后悔，觉得那个时候“自己也没有精力，心理压力大，有时候脾气也不好”，对两个孩子的照顾少，有时候也觉得是孩子拖累了自己，因此与孩子们的关系并不亲密。阿红的儿子于 1985 年结婚，女儿于 1986 年出嫁，这个时候她觉得孩子们都已经成家立业，自己的任务也算完成了，但没想到自己与儿媳之间的关系越来越紧张，生活处境日益艰难。

1987 年，阿红又嫁给了邻村的大吴。再婚之后，阿红才发现大吴的家庭经济条件也特别不好：兄弟姐妹五人，大吴排行老四，他家里只有一间房子，因此一直娶不到媳妇。但阿红觉得至少自己有了一个依靠，因此并没有太在意大吴的家境。两人婚后以种田为生，他们只有一两亩田地，勉强够温饱。两个人都没有什么手艺，除种田外基本上没有其他收入，家庭经济一直困难。2007 年，大吴生病去世，家里穷得连安葬费都拿不出来，还是大吴的兄弟姐妹凑了一点儿钱，为大吴办了一个非常简单的葬礼。但让阿红感到很难受的是，亲友随的份子钱还剩余几百块钱，即使看到阿红生活如此困苦，大吴的兄弟姐妹也没有留给阿红一点儿生活费，他们将剩余的几百块也分掉了。

大吴去世后，阿红不仅持续贫困，而且再次陷入孤身的状态，日子过得更为艰难。因她改嫁了，两个子女都不愿意认她，既不愿意让她回去一起生活，也不愿意给她任何经济支持。阿红也表示，自己不好意思也不想找子女索要生活费。在她看来，自己改嫁了就相当于抛弃了原来的家庭。2013 年，县民政局考虑到她的现实困难，为她办理了“五保户”。依靠“五保”救助，阿红的生活慢慢有了一些改善。阿红表示，现在除了烧柴不要钱外，其他的都要钱，但自己已经没有劳动能力了，因此生活开支只能依赖政府的救助。

阿红在调查员的协助下计算了她 2014 年的日常开支，收入来源主要包括养老金和低保金。每月的养老金有 180 元、低保金有 300 元，一年下来合计有 5 760 元。必要的开支主要是米、面、水电、日常生活支出和医药费等，基本开支情况如下：米每月 60 元，面每月 96 元，水费每月 40 元，电费每月 20 元，饼干每月 15 元，鸡蛋每月 24 元，洗漱用品每月 10 元；衣物每年 200 元，医药费每年 600 元。这还没有列入油盐酱醋等调料，更没有列入肉菜等开支。由此可见，阿红现有的开支主要是解决基本生存问题，但哪怕只是这些最基本的开支，扣除花销后收入也所剩无几了。

当被问及对扶贫有什么需求时，阿红表示，希望政府能够帮忙安装自来水管。自己年纪大了，这两年来已经没有力气每天去邻居家提水，吃用都特别不方便。另外，自己住的房子是一座老房子，已经 35 年了，还是一座危房，存在着安全隐患。她希望政府帮她重新盖一间小房子，或者把房子检修一下，只要平时居住没有危险就行。

2. 阿英的故事

1968 年，阿英出生于湖北农村的一个贫困家庭。2016 年，我们调查时她刚刚满 48 岁。与阿红不同，阿英正处于壮年。

在阿英 8 岁时，她的父亲就因胃癌去世了，母亲在她 11 岁时也不幸因病去世。父母的过早离世，不仅给阿英的心理造成了巨大创伤，也使其家庭生活陷入困境。生活上，阿英主要由大姐和二哥照顾，但由于同时需要照顾的还有一个妹妹和一个弟弟，他们都没有劳动能力，所以日子过得特别艰难。阿英没念过什么书，日常缺乏营养，有时候生了病也得不到及时救治，所以她年轻时身体就不太好。

阿英于 1990 年结婚，丈夫也是一位农民，丈夫家中兄弟姐妹五人，他排行老五。由于兄弟姐妹多，家庭收入有限，所以他们读书最多的也只是读到初中。

阿英婚后生育了两个女儿。在农村，没有儿子的家庭有时候会被村里人议论，但因为身体不好，阿英没有再生育。结婚后，丈夫就独自前往广州打工了，一直到 2010 年才回到家里，以打零工为生。阿英身体状况不佳，所以从 1992 年起就将自己家的责任田交给别人耕种，自己有时也到外地打工。阿英没什么文化，找不到什么好工作，很难赚到钱。她感受到自己没有读过书的苦，所以十分重视对女儿们的教育，希望她们多读书。在 1997 年小女儿要上中学时，她就决定回家照顾女儿，以便女儿能更安心地学习。从 1997 年到 2012 年，她一直在女儿读书的县城陪读，2010 年大女儿高中毕业，2012 年小女儿高中毕业。大女儿没有考上大学，结婚后定居在武汉；小女儿 2016 年大学毕业后也在武汉工作。

当前，丈夫有活儿干时每天能有 100 多元的收入，但这些收入基本上都用于看病了。2003 年，阿英的丈夫被检查出患有食道瘤。2013 年，她因感冒引发哮喘，一直没有得到根治。2014 年，阿英因哮喘住院七八次，医药费花掉 80 000 多元，住院费用报销的部分不到 20 000 元，其余的部分都是找亲戚朋友借的。2015 年，阿英又因萎缩性胃炎、食道瘤、过敏性哮喘和肺气肿而住院 4 次。当时小女儿还在上大学，家里确实特别困难，因此她家被确定为贫困户。

阿英家的月收入来源包括丈夫打零工挣的 2 600 元、小女儿的纯收入 1 500 元，合计 4 100 元。她家的月支出情况如下：米 135 元，面 30 元，油 60 元，水 8 元，菜 200 元，电话费 60 元，洗漱品 50 元，药费 1 500 元。另外，全年电费 70 元、人情开支大约 2 000 元。由收支情况可见，阿英在接受调查时的家庭收入水平不高，但收入总体上大于支出。在家庭支出中，药费支出所占比例较大，可见医疗费依然是阿英一家最主要的家庭负担。值得欣慰的是，阿英的小女儿已经大学毕业并参加工作了，这是整个家庭经济状况改善的重要转折点。

在对家庭贫困原因的剖析中，阿英认为主要是因为自己患有慢性病，尤其是哮喘，导致家庭开支过大。对于脱贫，阿英表示，自己“不想要贫困户的名头”，觉得不好听，宁愿不要这 200 多元的补助。但是，她希望区一级医院的医疗条件能够得到改善，不要动不动就转到武汉去看病。尽管现在两个女儿都在武汉，但是转出去看病不仅手续麻烦，开支也明显增加了。她还希望国家能够简化慢性病看病、住院的程序，提高报销比例。尽管身体不好，阿英还是希望通过家人的共同努力来增加收入，早日脱贫。她说丈夫学过电工，只是社会关系少，找不到活儿，希望政府能够对经济困难的家庭给予就业支持，“只有家里人有工作，自己有收入，才是最靠得住的”。

3. 小玲的故事

小玲的案例是一个特殊的个案，她是我们在对贫困户进行逐户摸排时认识的。经询问，小玲愿意与我们交流。与此同时，小玲的父母也接受了我们的访谈。因此，小玲的故事是一个以小玲为主的家庭故事。

专门介绍这一背景，是因为33岁的小玲尽管心智正常，但她是一个残障人士，而且其残疾是在年幼时形成的，因而残疾对小玲的影响将伴随她的一生。

我们初次见到小玲时，她一个人安静地躺在床上，向我们歉意地微笑着说：“对不起，我身体不太好，没法起来。”小玲因身体一侧瘫痪，无法行走，不得不常年卧床。她或许担心会吓着我们，开始接受访谈时，她一直侧着脸，直到后来熟悉了，她才露出整张脸——说话或微笑时就会显露出自己无法控制一侧的脸部肌肉，以至于看起来让人有点儿害怕。

小玲的父亲出生于1947年，有木匠手艺，早年主要帮人盖房子、做家具，当时赚的钱全部要交给公社，然后折成工分。小玲的母亲1950年生于一个工人家庭，1961年小学毕业。1962年，小玲的外公带着她母亲回到了乡下，后来一直在农村劳动。小玲的父母于1972年结婚，他们的儿子1974年出生，大女儿1978年出生，1980年二女儿出生。小玲出生于1982年，是家里最小的孩子。

1978 年，小玲的奶奶去世了。鉴于家里当时的情况，在第三个孩子即小玲的二姐出生后，小玲的父母本来打算不再要孩子了，但由于小玲母亲身体不适，不能使用避孕措施，而且怀孕后也不能用打胎药，最后不得已将第四个孩子即小玲生了下来。小玲出生四五个月时，脚还不能站立，当时母亲忙于农事没有在意；当她六七个月的时候，家人带着她去附近的小医院检查，医生说她不能站立是营养不良造成的。母亲认为，家里穷，孩子多，平时确实很少让小玲吃有营养的东西。小玲 4 岁的时候还不能正常走路，母亲这才着急了，带着她到县里的医院去就诊。因为听村里人说小玲可能是小儿麻痹症，当时小儿麻痹症是可以免费治疗的，所以就想去检查一下。结果医生诊断为小儿脑性瘫痪。由于她只是小脑出现了问题，大脑并没有问题，因此小玲智力正常，能够与人正常交流。此后，小玲在家人的帮助下艰难地学习走路，但直到 10 岁的时候，她的情况还是没有好转。家人带着小玲到武汉的大医院就医，医生检查后说，小玲需要立即动手术才能康复，但手术的风险还是比较大的，手术之后有三种可能：一是手术很成功，小玲的身体能够康复，以后可以正常生活；二是手术不成功，可能会导致小玲永久性全身瘫痪；三是手术失败，下不了手术台患者即死亡。医生要求家属自己进行选择，在权衡当时 2 200 元医药费（对他们来说是巨额支出）和女儿安全的情况下，小玲的父母选择了放弃手术，回家进行保守治疗。15 岁以后，小玲不再适合做手术，保守治疗也基本上没有效果，她就逐渐放弃了医治。

2012 年，小玲已经 30 岁了。但是身体的残疾让她无法参与劳动，以致生活上难以自理。父母年纪渐大，劳动能力降低，家庭经济日益困难，于是村里帮小玲申请了低保，以此来维持其生活开支。

小玲的哥哥高中毕业后读了技校，在外打工，已经在武汉安家。两个姐姐都已出嫁。现在哥哥、姐姐每人每个月给父母 200 元的生活费。但小玲的母亲目前也有高血压和心脏病，患高血压已经 20 多年了，心脏病是 2014 年被检查出来的，现在每三个月要去做一次复查。1981 年到 2009 年间，小玲的父亲在农忙时回家耕种，农闲时在武汉打工。2009 年到 2014 年，他主要在武汉帮着带孙子。后来孙子大了，小玲的父亲就回了老家。2014 年，他被查出患有心动过缓，需要动手术。但他考虑到自己年龄大了，而且更重要的是医生说手术需要花费 15 万元，他就放弃了治疗。

小玲并不抱怨自己的父母，对哥哥、姐姐也充满感激。在 30 多年的成长经历中，她深刻意识到自己与他人的不同，也感受到由于自己生病对家庭造成的影响。她知道父母最不放心的就是她。她说："我也很焦虑，爸爸妈妈年纪大了，身体也不好，他们就担心我以后怎么生活。我知道他们很绝望，但是我也不知道怎么办。哥哥、姐姐说他们以后可以照顾我，但是他们有自己的家庭。如果我跟着他们生活，就会影响他们的家庭，这样不现实。我很想能够自己挣钱，哥哥姐姐也说我其实是很可爱、很开朗、很漂亮的女孩。我还是想自己学习，但是现在还没有想到什么办法。"

从家里的收支情况来看，收入有限，担心未来生活，他们在开支上是能省则省，希望可以给小玲存一点儿钱。每月收入包括三个子女给的生活费 600 元，还有养老金 360 元、低保和残疾补贴 650 元。每月支出包括：小玲所需的胃药、风湿病的药等药费 50 元，电费 50 元，买菜钱 80 元，油盐酱醋费 60 元，煤气费 140 元，电视费 23 元，电话费 50 元。看上去每月可以有 1 000 元左右的剩余，但考虑到父母的身体状况，一年中总有一些不可避免的开支，加上最低限度人情开支，小玲家每年都难以剩余什么钱。

对生活困难的原因分析，家里人都认为主要是小玲长期瘫痪在床，而父母年龄越来越大，越来越无力照顾她。因为小玲及其父母身体有病，需要长期治疗，所以小玲的主要需求是，希望能够减免医疗费用。小玲父母觉得没有什么办法，等自己都不在了，只能让哥姐把小玲送到福利院去。

2020 年 1 月回访时，小玲说父亲已经于 2019 年因病去世了，她目前与母亲共同生活，哥哥、姐姐提供主要的经济支持，但在日常生活照料等方面，主要依靠年老多病的母亲，生活依然存在着较大的困难。

（二）类型Ⅱ：早期贫困

早期贫困而后期不贫困的案例应该不少，但由于我们在调查时主要以贫困户为对象，因此这一类型在我们的访谈对象中并不多。其中，阿兰的故事可以算是一个典型。

阿兰 1948 年出生于湖北黄冈农村，2019 年我们访问她时，她已经 71 岁了。

阿兰出生后不到一年，她的父亲就生病去世了。身体状况不佳的母亲带着她和两个哥哥艰难地生活。大哥 6 岁时因生病无法及时就医而早逝。早年的艰苦生活给阿兰留下了深刻的印象。她说严重困难时期，家里实在无力维持生活，母亲带着两个孩子到处乞讨，“很多时候一整天下来，没有要到一滴水和一粒米”。早期的家境困难，使阿兰因营养不良而身材矮小、体弱多病。

阿兰生命历程的转折点出现在 1970 年。这一年，经好心人介绍，阿兰认识了邻村的小林，后与小林结婚了。那时阿兰 22 岁、小林 23 岁。小林的两个哥哥在本村务农，姐姐嫁到了武汉，哥哥、姐姐的家庭经济状况说不上很好，但都还过得去。而阿兰的哥哥因家庭经济状况不好，一直没有找到合适的对象。这两年他年纪大了，自理能力变差了，已经作为“五保”老人住到了县里的社会福利院里，阿兰偶尔会去看看他。

阿兰婚后共生育了两个儿子、两个女儿。四个孩子的基本情况如下：1971年，第一个女儿出生，后来读到中专毕业；1972年第一个儿子出生，1974年第二个女儿出生，他们俩都是初中学历；1975年，第二个儿子出生，后来读到高中毕业。大女儿和小女儿均嫁到了其他县市，其中大女儿嫁到了武汉，经济状况较好，每年都回家看望父母几次，每次回来都给父母一些钱。两个儿子也都娶了媳妇，大儿子的媳妇是邻村的，小儿子媳妇（湖南人）是他在外出打工时认识的，两个儿子家里经济状况都还好。

阿兰不愿意和孩子们一起生活，因此和老伴两个人住在旧屋里。儿女们每年都会给他们一些钱，虽然也没有定数，但是加上两位老人自己在家的劳动收入，总体上经济状况还好。

阿兰家庭年收入包括两亩土地租金收入900元、孩子们给的4 000元、养老金2 160元。月支出包括：米、油费140元，买菜钱100元，生活用品费45元，煤气费75元，水费8元，电费80元，电话费20元，电视费25元。与阿红、阿英她们不同，阿兰家的这个收支账，经济明显要宽裕得多。事实上，从她家里的住房、家电和家具等来看，阿兰的生活水平在村里虽然说不上很富裕，但确实还是比较好的。

（三）类型Ⅲ：后期贫困

1. 阿平

阿平出生于1973年，2016年接受调查时她已经43岁了。阿平家里有兄弟姐妹六人，她排行老大。她的父母比较能干，因此她童年时家境虽不宽裕，但总体尚好。

阿平初中毕业后去汉口打工，后来去黄陂区打工。她在黄陂的酒店做服务员时，与酒店老板谈恋爱被骗：酒店老板已有家室，但是一直瞒着阿平，仍然与阿平交往。1999 年，阿平怀孕了，酒店老板却因欠债外逃到海南，阿平找不到他，没有办法只好回老家生下了儿子，两人之后再也没有联系。据阿平父亲说，阿平在坐月子期间情绪很不稳定，老是气得在房间里叫骂，孩子也基本上都是由阿平母亲在照顾着。

生完孩子后，阿平便一直带着孩子住在父母家里。但生育后不久，阿平就被检查出患有子宫肌瘤，2000 年做了手术，可能因为前面刚生了孩子，身体恢复得较慢，为此她在医院里前后住了近两个月。回到老家后，也多次有人给阿平介绍过对象，但是都被她拒绝了。

阿平家主要以种田为生。家里一共种了 12 亩左右的田，其中自家的田有五六亩，承包村里人的田有五六亩。阿平刚怀孕时回家住，家里人虽然不太愿意，但那种情况下不接纳阿平也没有办法。阿平与几个兄弟姐妹之间的关系从小就不是太亲密，尤其是阿平生完孩子之后，因为身体不好没有出去工作，一直待在家里。这让她的弟弟、妹妹们很不高兴，认为她比较娇气，不够勤劳、不愿做事，所以也不想给她什么帮助。特别是 2010 年阿平的兄弟结婚了，家人再也不能接受她继续在家里待着，于是阿平便开始到外面去打工。

阿平打工的地方其实离家并不是很远，但是阿平放假很少回去，只有逢年过节的时候偶尔回去看一下。阿平说，现在自己每月的工资只有 1 000 多元，仅够自己和儿子平时的生活开销。儿子已经读高二了，住校，在学校里申请了困难学生补助，这对减轻家里的生活负担起到了一定作用。

对于扶贫的需求，阿平觉得自己也没有能力找到赚更多钱的工作，最担心自己生病花钱。她将希望都寄托在儿子身上，希望儿子的各种费用能够被减免，尤其是以后儿子如果考上大学，没有来自其他方面的支持，自己是负担不了巨额的开支的。

2. 晓丽的故事

晓丽 1947 年出生于湖北红安的一个普通的农村家庭，2016 年调查时她 69 岁。

晓丽自述 8 岁时读小学，1964 年初中毕业，1964 年到 1967 年当幼儿园老师，1967 年到 1969 年在村里担任会计兼妇女主任，1970 年结婚，丈夫是同村人。婚后，她辞掉了村里的工作，但还是在大队里帮忙做账。1977 年，由于夫妻感情不和，加上她与公婆之间的关系紧张，后来就与丈夫离婚了。

离婚后，晓丽很快经熟人介绍从红安再嫁到武汉黄陂。再婚的家庭，经济条件比较困难，但晓丽表示自己是离过婚的，也没有什么可挑的。再婚后，她先后生育了一个儿子和一个女儿。她儿子出生于 1978 年，1995 年初中毕业，随后在一家服装厂工作了 4 年。这家服装厂工作条件较差，她儿子在工作期间患上了肺结核和支气管炎。1999 年，她儿子因病离开了服装厂。之后他开始学习厨艺，在饭店里帮人做菜。2010 年，他因为患上了哮喘，病情严重以致丧失劳动能力，至今一直在家休养。儿子每天需要吃两次药要来控制病情，一旦哮喘发作就需要打针，一个月至少要发作五六次。而晓丽自述在怀孕期间，妊娠反应厉害，一吃就吐，一方面自己留下了胃病的病根，另一方面也导致两个孩子一出生就体弱多病。晓丽现在每天的睡眠也不太好，睡眠不好不仅导致她没有精神，还影响日常饮食，导致胃病状况一再恶化。2014 年，晓丽先后三次住院，第一次是由于胃溃疡，第二次是由于胃出血，第三次则是由于胃穿孔。

晓丽在接受调查时，她女儿 36 岁，小的时候因家庭经济状况不好，只读完了小学。女儿 2004 年结婚，2009 年她丈夫有出轨行为，她执意离了婚，当时她已经怀了 7 个月的身孕。她坚持将孩子生了下来，生的是一个女儿。丈夫不想要女儿，也不愿意支付抚养费，晓丽的女儿也不愿意再与他有牵扯，就一直将孩子留在农村由晓丽照顾。女儿身体也不太好，如今在武汉的一家餐馆里当服务员，每个月收入很低，但是包吃住，她每个月给晓丽 500 元作为孩子的学费和生活费。

除了外孙女，晓丽现在还照顾着儿子的两个孩子。孙子现在 12 岁，读五年级；孙女 6 岁，在读幼儿园。幼儿园的费用很高，一个学期需交 2 000 元。去年家里因为实在凑不够小孙女一学期的学费，不得不耽误了孙女半年的学习时间。晓丽一直很担心下半年孙子和孙女的学费、生活费从哪里来。2015 年，由于家里建房子还欠债 8 万多元外债，现在就等着危房改造资金拨下来，可以还掉一部分外债。

家里的收入主要依靠两口子的养老金、儿子的低保及女儿给的生活费。家庭月收入包括养老金 360 元、儿子低保 300 元、女儿给的生活费 500 元、出租土地 87 元。家里的支出中，儿子的医药费和孩子的读书费是大头。月支出包括儿子医药费 600 元、水电费 100 元、大米费 130 元、电视费 22 元、孙子辈读书的生活费 300 元。事实上，每个月她家基本上都处于入不敷出的状态。她不仅难以还上外债，而且几乎每个月都在向亲戚朋友借钱。晓丽经济困难，只好精打细算，尽可能地节约开支。她说，有一次孙子嘴馋了，想吃一个卤鸡蛋，但她想来想去，最后还是没舍得给孩子买。因为想着1.5元一个的卤鸡蛋，可以买三个鸡蛋回来，这样每个孩子都可以吃到一个了。

至于贫困的原因，晓丽认为，主要是2010年作为家中主要劳动力的儿子患上了哮喘，这是家庭贫困的开始。由于引发哮喘的因素复杂，而一旦发作就非常危险，因而常常需要打针来医治。两个孙子女加上一个外孙女的上学和生活起居，自己一个人忙不过来，不得不要求儿媳妇留在家里帮忙照料。但这样的结果就是，家里没有人外出打工，种的一点儿田都不够自己吃，所以基本上没有额外收入。晓丽说："村里的人都知道我的难处。没办法，我借来的钱都是救命的钱。治哮喘的药不能停，只要没有钱买药了，我就怕呀。"对于扶贫的需求，晓丽提出：一是治哮喘的药太贵了，希望能适当降低；二是希望危房改造补助能尽快到位，以还清欠款。在她的心里，只有儿子和孙辈，顾不到自己。

3. 玉英的故事

玉英出生于1952年，她还有一个哥哥和一个弟弟。

玉英没有读过书，一直在家务农。1972年结婚，丈夫是同一个村的人。丈夫是家里的老小，有三个姐姐和两个哥哥。玉英婚后一共生育了两女一子，大女儿1973年出生，小女儿1975年出生，儿子1978年出生。

玉英的哥哥1944年出生，也一直住在本村，但调查时已经过世了。玉英也不知道弟弟是哪一年出生的，只知道他现在50多岁，在外面打工，也不知道他在做什么事情。过年的时候，弟弟会过来看看她，平时忙，也基本上见不到面。

玉英的大女儿读到初一就辍学了，后来嫁到了广州，生育了四个女儿、一个儿子。其中一个外孙女是1999年出生的，从小在玉英这里长大，正在长江大学读书，放假的时候会到玉英这里来陪她。最大的外孙女已经工作了，在广州当教师。另外两个外孙女和一个外孙随大女儿在广州生活。玉英的小女儿只读了小学，20多岁时嫁到附近的一个村庄，时常会回来看望玉英。小女儿只生育了一个儿子，调查时孩子已经6岁半。因为婆媳关系不好，她把孩子交给自己婆婆带很不放心，所以自己在家带孩子，没有去上班。小女儿家庭经济较为困难，对自己的生活状况也不是很满意。

玉英的儿子于1998年不幸溺水而亡。儿子不在了，玉英和老伴的关系就越来越差。2002年，老伴开始到外面去打工，后来感情越来越淡薄，两个人就离婚了。

玉英从结婚之后就一直待在村子里，也没想过要外出打工。玉英说："我们那个年代的人都没读过什么书，也没有外出的想法。不像男孩子，我们女孩子很少读书的。"

现在玉英享受了贫困户的政策，同时也享受低保政策，低保每年有近3 000元的补助。玉英表示，自己做一些农活儿加上政府再补贴一点，日常生活开支没有问题。玉英大女儿的孩子多、负担重，她也没什么钱给玉英。小女儿来看玉英的时候会给她一些钱，但她考虑到小女儿也不容易，一般不会接受，如果小女儿带礼物来看她，她一般会收下的。

玉英养了十几只鸡，如果有人买的话就卖掉，没有人买的话她就自己留着。她还种了一亩地，种的有西瓜、青菜、花生等，都是给自己吃的。她还有两亩水田，但是因为身体不好，就让别人种着。

玉英患有坐骨神经痛，引发了脚痛、腿痛，已经有一二十年的病史了，患有高血压也三四年了。身体不舒服的时候，玉英会骑自行车去镇医院看医生。平时的医药费主要是用于购买降血压的药，因为是贫困户，可以报销90%，因此开支也不大。

（四）类型Ⅳ：临时贫困

在调查中，大多数普通妇女基本上都属于这一类型。她们虽然出生时家庭并不一定特别贫困，调查时也不属于贫困家庭，但是在她们的成长过程中，都曾经在某一阶段或轻或重地经历了贫困的考验。我们将丽云作为一个典型的案例，并不是因为她的人生故事有多么特殊，而正是因为她的普通，她的人生经历成了这一类型女性的典型。

丽云生活在一个普通的农村家庭里。她的人生经历总体来看比较简单。她家里还有一个哥哥，父母还算开明，支持她读书一直读到初中。因为自己成绩不好，对学习不是很感兴趣，所以初中毕业后她就开始外出打工。在广东打工时，丽云认识了同乡的阿兵。在共同的打工生涯中，两人互相帮助、互相支持，慢慢建立了感情。

由于阿兵家的生活条件十分困难，因此丽云的父母对两人的关系并不赞同。但丽云觉得阿兵人好，还是坚持在一起了。婚后，丽云怀孕了，为了便于家人照顾，她回到了阿兵家待产。阿兵家条件较差，丽云不太适应，在生育后因为孩子的照顾问题，也与阿兵的母亲产生了一些矛盾。尤其是阿兵的父母希望他们再生育一个，丽云则想尽快出去打工挣钱，不想那么早再生一个。阿兵对此没有什么特别的意见：一方面，他也觉得生孩子给自己带来的压力较大；另一方面，他对父母想要孙子的心情也比较理解。

丽云回到广东打工后不久，阿兵的母亲被检查出患上了乳腺癌。家里本来就不宽裕，婆婆接受手术后家里经济更加困难，而且因为身体原因，婆婆无法再帮忙带孩子，丽云只好先辞了工作，自己租了房子带着孩子。孩子后来被送到了幼儿园，丽云重新找了一份工作，一边打工，一边带着孩子。

丽云期望给孩子一个更好的环境，但又觉得力不从心。城市里的房子对她来说是非常昂贵的，但她又不愿意回到农村去生活。因此，丽云夫妇的日子过得艰难，没什么积蓄，但也没有欠债。丽云不知道自己的前途在哪里，这常常让她觉得迷茫，有时候也会因此与阿兵争吵。但身边的其他同伴也面临着同样的困境，这种状况的相似性并没有减轻她的痛苦。在城市里生活每天都需要钱，他们要想生活得更好，需要更多的钱。阿兵的收入不高，丽云不免时有抱怨。一旦回到农村，更没有办法挣到钱，在丽云看来，农村生活不方便，自己是不会再回去的。

第二节　生命历程的比较分析

一、生命历程的共性

（一）早期贫困源于原生家庭的贫困

早期贫困的女性都是因为出生在一个贫困的家庭中。这不仅是早期妇女贫困者的共同特征，也是她们与早期男性贫困者的共同特征。由于未成年人不具有独立生存的能力，而她们出生的家庭是无法自主选择的，因而早期贫困都是先赋性贫困。

（二）婚姻与生育是妇女贫困的转折点

与男性的贫困具有较强的传递性相比，女性的贫困则具有较强的可改变性。

从各类女性的生命故事来看，婚姻是女性生命历程中一个重要的转折点。早期不贫困而后期贫困的女性常常是因为婚后进入了一个致贫风险高的家庭，或者是婚后生育了不健康的孩子。早期贫困而后期不贫困的女性常常是因为选择了一个家庭经济状况更好的男性结婚，或者结婚后因为生育的子女发展较好，因子女的发展而摆脱了家庭贫困。

（三）后期贫困多因意外和疾病

从对贫困妇女的调查来看，突发事件或重大不幸事件是女性成年后贫困的重要原因。这种突发事件概括起来主要有以下四种类型：一是自身或家人患上重大疾病；二是自身或家庭发生重大意外事故；三是个人职业生涯中断或者婚姻关系破裂；四是家庭所在地发生重大的自然灾害。

（四）妇女逃离贫困的能力增强

与传统社会的妇女相比，现代女性逃离贫困的能力日益增强，这造成农村的贫困越来越成为男性的贫困，这也是农村贫困人群性别分化中出现的一个新特点。一方面，女性逃离贫困的能力表现为对高贫困风险的婚姻的逃离。女性借助婚姻梯度来自主选择婚姻，远离贫困地区与贫困家庭；另一方面，当出现非女性自身的因素导致家庭经济困难时，传统观念要求女性从一而终、荣辱与共，但现实中越来越多的女性借助外出务工等方式逃离结婚家庭。我们在多个地区的调查显示，这并不是某个地区的个别现象，而是已经成为一个较为突出的社会问题。她们中有的抛夫别子、多年不与丈夫联系，婚姻关系名存实亡；有的通过法律的途径正式解除婚姻关系，重新开始生活。而由于男婚女嫁的婚姻制度，婚后生活的场域通常是男性的家庭所在地，因此贫困男性更难逃离自己的家庭与家乡。

二、生命历程的差异

（一）同一阶段的差异性

一是早期贫困群体的内部差异。如前所述，早期贫困在成因上具有较强的同质性，即基本上都是由出生家庭的贫困带来的。但细分可见，早期贫困群体内部也存在着明显的差异性。从产生原因来看，早期贫困群体中也有非贫困家庭的，如因家庭重男轻女而导致的人为的妇女贫困。这种贫困既表现为因照料不周和营养缺乏而出现的健康状况不良，也表现为教育上的中断与发展上支持力度不够。从贫困的程度来看，同一家庭中的兄弟姐妹中，女性总体上面临更严峻的贫困现实。从我国各地不同时期出生性别比的统计数据来看，更多女性胚胎在出生前即因长辈的男性偏好而遭遇选择性堕胎，由此导致男性出生性别比明显高于正常值。与此同时，女孩出生后被抛弃或被虐待的事件也屡屡出现。

二是成年后贫困群体的内部差异。成年贫困妇女内部的差异主要表现在两个方面：一是个体间的禀赋性差异，如身体素质、受教育程度、职业能力等方面的差异；二是群体间的区域性差异，如东部、中部、西部之间的区域差异和城乡之间的区域差异，这是我们在第三章中要进行探讨的问题。从本章介绍过的贫困妇女的生命故事可见，早期贫困常常导致女性的受教育程度低、身体素质差、职业能力弱，因此她们成年后的贫困是区域资源不平等与个体禀赋不平等交叉影响的结果。

（二）不同阶段的差异性

第一，不同阶段贫困的成因不同。早期贫困主要是由于原生家庭的贫困，即陷入贫困的原因与贫困者个体自身的行为选择无关，主要是受到外部因素的影响。借鉴角色的划分，这一时期的致贫原因属于一种先赋类型。而成年期的贫困即使同样延续了原生家庭的贫困影响，但已不能简单地归结为原生家庭的原因。成年期的贫困，是外部因素与自致性因素的混合，越往成年后期，越体现出自致性。而晚年阶段的贫困，虽有偶然的外在因素，但常常是内外因素共同作用的结果，个人自身的行为选择随着年龄的增加在其中发挥着越来越重要的作用。

第二，不同阶段贫困的表现不同。儿童期贫困的表现主要与贫困个体的身心成长相关，具体表现为营养的缺乏、教育的缺失、心理的不健全等。成年期和老年期贫困的表现则要丰富得多，既有个人层面的身体、心理方面的，也有社会层面的，如社会权力小、社会地位低、社会支持少等。

第三，不同阶段的反贫困能力不同。处于早期贫困的个体因尚未成年，基本上没有反贫困能力，年龄越小越只能听天由命，因此其反贫困的希望完全取决于外在环境，特别需要国家和社会的干预。成年期的个体具有较强的反贫困能力，其反贫困虽然也需要外界的支持，但更需要自已内在动力的激发和能力的提升。老年期的个体具有一定的反贫困能力，主要表现为资源的获取能力和求助的能力，但其反贫困能力整体上呈现一种随着年龄增长而不断下降的趋势，越来越依赖于外界的支持。

第三节　妇女反贫困的时间特征

从生命历程的视角来看，我们对妇女贫困的关注并非从通常贫困研究中所描述的“时刻贫困”这一状态出发，而是更关注妇女贫困发生的时间及其持续时间的长短。这样不仅可以更客观地认识导致妇女贫困的原因，更好地把握妇女贫困对其可能产生的影响，而且能够更科学地确定妇女反贫困的阶段性任务，从而更准确地把握不同阶段妇女反贫困的重点与难点。

一、妇女反贫困的阶段性任务

（一）未成年期

贫困代际传递理论研究结果显示：出生于贫困家庭的儿童比出生于非贫困家庭的儿童在长大成人后陷入贫困的概率要高得多。① 世界各国的政策实践和科学研究表明，提升人力资本是反贫困的重要方式，儿童早期是提升人力资本的关键时点。为此，中国政府在《中华人民共和国国民经济和社会发展第十一个五年规划纲要》中就已经明确提出：“要注重对贫困家庭子女的扶助，通过寄宿学习、家庭寄养、社会托养、免费职业教育等，改善其成长环境，防止贫困代际传递。”

由于儿童贫困不仅是贫困代际传递产生的原因，而且也是贫困代际传递的结果，因而儿童贫困一直是贫困代际传递研究的核心和重点议题。对

① 黄承伟、刘欣、周晶：《鉴往知来——十八世纪以来国际贫困与反贫困理论评述》，广西人民出版社，2017，第110页。

儿童来说，贫困不仅意味着他们在成长过程中面临着更多的危机，甚至可能因缺乏营养和照顾而死亡；同时，贫困还意味着他们难以获得充足的发展资源，如经济资源、社会支持、文化教育等，他们的成长受到制约。因此，儿童时期的反贫困具有特别重要的意义，它不仅是打破贫困代际传递链条的关键环节，而且也是促进社会公平与公正的重要内容。

当前，我国农村脱贫攻坚和城市反贫困行动体系都包含了儿童脱贫的行动。但从总体上来看，既有的脱贫行动多将儿童脱贫置于一般性的家庭脱贫框架中开展，不仅儿童优先脱贫行动体现得不够充分，而且对其中的性别不平等也没有给予足够的重视。未成年期是人一生中的基础和关键阶段，提高女性地位并促进女性发展的努力必须从婴幼儿时期开始。这一阶段反贫困的主要任务是为女童创造一个安全、健康、公平的成长环境，使她们从保健、营养、教育和其他基本公共服务中获益，为未来发展奠定良好的基础。女童脱贫的主要内容包括：

（1）安全。虽然家庭贫困并不必然导致儿童的安全问题，但随着贫困程度的增加，尤其是处于极度贫困状况时，父母自身面临的各种风险会显著增加，由此导致孩子尤其是不受重视的女孩被虐待的风险增加。针对未成年女性，安全保障至少涉及以下三个方面：第一，禁止非医学需要的胎儿性别鉴定和选择性别的人工终止妊娠，减少因重男轻女等传统性别文化导致女婴不能正常出生的情况发生。第二，禁止虐待、抛弃女婴，减少女婴的非正常死亡。第三，避免“故意忽视”，减少女婴因意外事故、疾病治疗不力造成的残疾与死亡。安全是最基础、最重要的需求。社会工作机构要与家庭、学校一起携手打造一个安全的环境，保障贫困女童的健康成长。

（2）营养。在贫困地区和贫困家庭中，重男轻女的传统思想的影响通常更为深刻，这使得女童从出生就开始处于被歧视的地位。贫困家庭的资源本身就非常有限，不公平的分配使得女童能够获得的食品和卫生保健资源更少。对贫困女童来说，营养不良的影响主要表现在三个方面：一是影响其一生的身体健康。女童在儿童期的营养状况不仅会导致不可逆转的生长发育迟缓，使其成年后身材矮小，同时可能增加其成年后的患病风险，影响其生命长度与质量。二是影响智力发展。营养不良会阻碍女童的大脑发育，限制其认知能力的发展，阻碍其智力水平的提高。三是导致营养不良的代际传递。儿童时期营养不良的女性，不仅自身更容易发育不良从而个子矮小，而且怀孕后生育营养不良的低体重新生儿的概率更高，由此导致营养不良的代际传递。儿童期是个体发育的起点，是整个人生的奠基阶段，贫困女童的营养问题应成为妇女反贫困社会工作的一个重要议题。

（3）教育。从某种意义上说，女童的受教育程度是衡量一个国家和地区社会发展水平的重要标志之一。调查研究显示，贫困地区的女童长期以来存在着入学率低、入学后巩固率低、流失率高、辍学率随年级增高而递增的趋势。1992年开始施行的《中华人民共和国妇女权益保护法》明确提出，“国家保障妇女享有与男子平等的文化教育权利”，“政府、社会、学校应当采取有效措施，解决适龄女性儿童少年就学存在的实际困难，并创造条件，保证贫困、残疾和流动人口中的适龄女性儿童完成义务教育”。这也是《国家贫困地区儿童发展规划（2014—2020年）》和党的十九大报告提出的“要通过促进幼有所教、弱有所扶等政策的实施以不断促进人的全面发展”的共同要求。由于教育对贫困女童具有综合性的积极影响，它也是这一阶段反贫困工作的重点内容。

（4）心理健康。既有的研究显示，贫困会导致个体的满足感和自我形象都偏低，更容易出现各种心理障碍和心理问题。① 特别是对那些处于贫困中的残疾女童、留守女童、少数民族女童和边远山区的女童，她们的心理健康问题更需要关注。社会工作应依据贫困女童的心理健康需求，制订有针对性的服务方案，促进她们的健康发展。

（二）成年期

成年期的贫困妇女是家庭的中坚力量。这一时期的贫困妇女如果不是深陷疾病中，那么她们的反贫困能力是最强的。这一时期反贫困的任务主要有：

（1）就业能力提升。成年期的贫困妇女要想摆脱贫困，提升自身的就业能力是最根本也是最有效的方式。因此，有关方面要为缺乏就业技能或者有提升某些就业能力需求的贫困妇女提供相应的技术、知识等培训；与此同时，应针对女性需求与女性特长，拓展与创造就业岗位。

（2）抗逆力。研究显示，妇女贫困问题在单亲母亲、少数民族女性等弱势群体中更为突出。对此，抗逆力的提升是妇女反贫困社会工作的一项重要干预内容。具体来说，可以通过促进亲社会联结、建立清晰稳定的边界、教授生活技能、提供关怀与支持、提供机会促进参与等方法和技巧来提升贫困妇女的抗逆力。据此，一方面帮助贫困妇女在面对危机和压力时学会缓冲，做出调整；另一方面，促进贫困妇女建构抗逆力，提升心理能量。

① Mcleod J. and Shanahan M., "Poverty, parenting and children's mental health," *Journal of Health and Social Behavior* 58, no. 3 (1993): 351 - 367.

(3) 家庭教育能力。家庭的贫困使肩负家庭重担的成年女性难以很好地平衡赚钱和照顾孩子与老人,她们在教育孩子上面临更大的压力。提升贫困妇女的家庭教育能力,不仅有助于她们更新教育理念,改进教育方法,而且有助于增进亲子沟通,减少家庭冲突,从而有助于孩子的健康成长,增加家庭脱贫致富的希望。具体来说,可通过综合运用个案、小组与社区三大社会工作专业方法,在全社会普及科学的家庭教育理论与方法的同时,针对贫困妇女的特殊困难,以学校教育和社会教育弥补其家庭教育的问题与不足,协助她们创造一个有利于孩子健康成长的家庭环境。

(4) 医疗救助。在成年女性的致贫原因中,疾病是一个重要的因素。对此,医疗救助是一个非常有效的帮扶举措。尤其要特别注意对贫困孕产妇的医疗救助,因为这一救助不仅会影响贫困妇女本人的健康,还会影响其子女的健康。这种医疗救助,既包括医疗费用的减免,也包括医疗资源的链接、医疗信息的提供等。

(三) 老年期

老年期的贫困通常是弱势累积的结果。老年期的反贫困任务主要包括:

(1) 医疗救助。从个案和既有研究来看,疾病是老年贫困妇女最常遭遇的问题,因而医疗救助也是老年贫困妇女最迫切需要的帮助。

(2) 护理照料。由于年老与疾病,老年妇女的自理能力逐渐丧失,尤其是在高龄女性中,由各种疾病导致的失能、半失能比例不断上升,因而日常生活护理成为其重要的需求。这些老年妇女因各种原因已经难以表达她们的需求,但各个社会工作站点的调查都显示,失能老人的长期照护是当前农村迫切需要解决的一个难题。

（3）经济支持。很多老年贫困妇女都丧失了劳动力，因而经济支持是她们的重要需求。这种经济支持，主要是解决老年妇女因缺少收入而日益扩大的收支差距问题。

二、妇女反贫困的阶段重点

（一）生命早期的贫困女童成长干预

从既有的反贫困研究与实践来看，尽管生命早期贫困女童的反贫困行动可以从多个方面展开，但最有效和最关键的是保障贫困女童能够平等接受教育的行动。

世界各国对儿童贫困进行了较多的研究与干预实践，让女童接受教育被视为解决贫困最直接的办法之一。为此，早在1990年，由联合国儿童基金会等联合发起的“世界全民教育大会”就明确提出，要为实现2000年在全球范围内普及初等教育、基本扫除文盲、消除男女在受教育机会上的不平等三大战略目标而努力。1990年，世界儿童问题首脑会议发表的《儿童生存、保护和发展世界宣言》明确指出，必须从一开始就给予女童平等的对待和机会。1994年，世界特殊需要教育大会通过的《萨拉曼卡宣言》和《特殊需要教育行动纲领》特别强调，“每个儿童都有受教育的基本权利，必须获得可达到的并保持可接受的学习水平之机会”，并要求特别注意确保残疾儿童和妇女有平等的入学机会，因为残疾女童是双重处境不利者。1998年，女童教育国际会议将主题确定为“女童教育——发展的重要前提”，会议对女童教育从可持续发展、性别平等、人口与健康、人力资本、社会效益、全民教育六个方面进行了全面审视，明确提出所有女童都应该与男童一样平等地接受教育，这是每个女童的权利,也是所有政府的义务。

国内学界与实务界也一致认同,教育对贫困女童摆脱贫困具有非常重要的影响。首先,教育可以增强贫困女童的综合发展能力。教育不仅可以让贫困女童学习文化知识,还可以让她们拓宽视野,增强选择的能力,增加就业的机会,在就业市场中提升竞争力,获取稀缺资源的机会增大,进而增强其在婚姻及未来家庭中的话语权。其次,教育可以增强贫困女童的自我保护能力。教育可以增强贫困女童的安全意识和防护能力,从而使贫困女童保护自己免受暴力、虐待、剥削及被贩卖等不公平待遇。此外,保障贫困女童接受教育的另一个重要意义在于,在接受教育的同时,贫困女童的思想价值观念上也会发生相应的改变,其成年后的婚恋价值观及生育观、育儿观都会因此改变,由此可以弱化贫困代际传递的影响。

据此,教育扶贫是生命早期贫困女童社会工作介入的重点工作,应从贫困女童出生开始就对其实施全过程的保障和干预,保障贫困女童平等地接受教育。结合实践来看,社会工作者在针对贫困女童进行教育扶贫时,应着力从三个方面加强对她们的教育干预:一是从教育内容来看,性教育与性别教育常常被忽略或重视不足;二是从对象来看,残疾女童、单亲家庭女童等特殊儿童的教育问题突出;三是从教育的实施者来看,贫困女童的家庭教育更为薄弱。

(二)生命中期贫困妇女的社会支持

生命中期的贫困妇女是家庭的顶梁柱。这一时期的女性具有最强的反贫困行动能力与意愿,从需求来看,提升自身的能力和获取社会的支持帮助是她们的迫切需要。因此,社会工作者对她们的干预重点一般是赋权增能,但赋权增能只是措施手段，就干预的重点任务来看，社会支持是这一阶段的重点。

社会工作服务机构应增强对贫困妇女的正式社会支持。村委会、各级妇联组织和相关政府部门应有针对性地对贫困妇女提供支持，使其能够更好地维护自身权益，增强抵御风险的能力。与此同时，各类社会工作服务机构应通过专业的方法，充分挖掘妇女自身的优势和潜能，同时通过组织培育、互助小组建设、参观学习、社区活动等多种形式为贫困妇女创造各种互助平台，建立并不断拓宽贫困妇女的社会支持网络。

（三）生命后期的贫困妇女社会救助

妇女生命后期的贫困处境因其所处生命阶段的特点，一般是很难依靠自己的力量来加以改变的。老年妇女身体通常会随着其年龄的增长而日益衰弱多病，因此其贫困状况很容易恶化。

对处于生命后期的贫困妇女来说，社会救助是常用的方法，也是其主要需求。因为与青壮年妇女的贫困问题不同，老年妇女贫困的根源在于她们已经与经济发展相脱离。因为年老体衰，她们难以继续从事经济生产，如果前期没有足够的积蓄，就无法依靠自身维持基本的生活开支，只能依靠国家社会保障体系给予支持。

一方面，要继续重视对贫困老年妇女的实物救助和现金救助，解决她们所面临的物质生活资料不足的问题；另一方面，还要加强对贫困老年妇女的服务救助，即为她们提供日常照顾或护理，尤其是为高龄及长期患病老年妇女提供有针对性的服务救助。农村人口流动的增加和代际居住模式的变化，加剧了日常照顾的不便利性，使子女在照顾老人方面投入的时间大大减少,老人获得的生活照料服务的数量和质量都明显降低。尤其是当老年妇女的年龄超过 75 岁后,她们的健康状况相对欠佳。在当前医疗保障对弱势群体的覆盖未能达到有效的保障水平的情况下,社会工作者要特别关注残疾妇女、丧偶老年妇女、高龄老年妇女的社会救助。

第三章　社会空间视角下的妇女反贫困

第一节　妇女贫困的空间生产逻辑

一、空间与贫困的生产

20 世纪 70 年代以来，在列斐伏尔（Lefebvre）、福柯（Foucault）、哈维（Harvey）、吉登斯（Giddens）、卡斯特（Castells）、布迪厄（Bourdieu）等学者的推动下，空间开始成为社会学的一个核心概念。空间社会学已成为社会学的一个重要分支。学者们对空间社会学的发展谱系进行了历史梳理，分析了西方学术史中空间研究的历史源流、演变过程及其未来动向。总体来说，西方的空间研究是从相对、绝对空间走向身体空间，从经验、先验空间走向亲历空间，从客观、主观空间走向关系空间逐步发展而来的。[①] 三条看似不同的演变轨迹，其实暗含着一个相同的演变逻辑，即本质上都是从自然的客

① 文军、黄锐：《“空间”的思想谱系与理想图景：一种开放性实践空间的建构》，《社会学研究》2012 年第 2 期。

观空间走向人为的社会空间，空间由此具有了主体性与实践性，也可简述为社会空间的生成逻辑。只是，“社会空间”概念从一开始就不具有确定的内涵，不同学者从不同学科或视角出发对“社会空间”有着迥异的解释。概括起来，至少有四个不同层面的理解，即将“社会空间”理解为社会群体居住的地理区域、个人对空间的主观感受或在空间中的社会关系、个人在社会中的位置、人类实践活动生成的生存区域。① 马克思主义、人类生态学、新经济地理学、空间社会学等不同学科均探析了贫困的空间生产逻辑。

（一）马克思主义的研究

早期马克思(Marx)的研究虽然没有直接以空间为对象，但其关于资本的分析已显露出空间的重要意义。“创造世界市场的趋势直接包含在资本的概念本身中，任何界限都表现为必须克服的限制。”②这意味着资本主义自诞生起，就开始了其全球空间的拓展进程。在资本增值的驱动下，资本不断跨越民族国家或地区障碍，将资本主义生产、销售以及与此相关的社会分工拓展至全球。在资本全球拓展的进程中，空间不平等也随之呈现。恩格斯(Engels)曾对贫民区的产生根源进行了分析。他指出：“这个社会战争中的武器是资本，即生产资料和生活资料的直接或间接占有，所以很显然，战争中的一切不利条件都落在穷人这一方面了。”③可见，恩格斯认为进入现代化以来，在生产力快速提升的同时，穷人、贫困是资本主义不可避免的发展结果，是资产阶级压迫和剥削工人阶级的产物。随着城市化的推进，许多农村人口迁移到城市

① 王晓磊：《空间与实践——西方空间观念的历史演变、局限与出路探析》，《华中科技大学学报(社会科学版)》2010 年第 3 期。
② 马克思、恩格斯：《马克思恩格斯全集》(第二卷)，人民出版社，1979，第 391 页。
③ 同上书，第 305 页。

以寻求更好的生活。然而,他们发现实际上没有太多的工作机会留给他们,只有更高的生活成本、廉价的公寓、危险的街道、不卫生的生活条件。[①] 不过,在马克思、恩格斯的理论分析中,空间更多的是作为生产场域或背景而存在的,即空间中的生产,而对贫困的空间生产逻辑缺乏更深入的分析。

(二) 人类生态学的研究

人类生态学注重研究区位(包括时间和空间两个概念)对人类组结方式和人类行为活动的影响。芝加哥学派的空间概念基本属于物理学和地理学的范畴,把空间看作绝对的、客观的并独立于社会的。[②] 帕克(Park)等认为,人类社会空间上的联结是竞争与选择的结果。[③] 伯吉斯(Burgess)认为,贫困是生态空间优胜劣汰的必然结果。巴布科克(Babcock)于 20 世纪 30 年代首次提出了"邻里生命周期"理论,他认为社区经过一段时间之后必然会出现衰败。此后,唐斯(Douwens)把邻里生命周期划分为稳定与发展、轻微衰退、明显衰退、严重退化和废弃五个阶段,而城市贫困空间正是邻里衰退的结果。受邻里生命周期理论的影响,美国决策机构和金融机构通过停止对衰退阶段的邻里供应设施和提供贷款,人为地加快了邻里的衰退。[④] 在空间上,市中心商业区的外围通常被称为"贫民窟"或"退化地区",是贫困、堕落、疾病集中的地区,还有犯罪与恶习。不过,按照生态系统的演化逻辑,贫困

---

① Vincent N. Parrillo and Ardyth Stimson:《当代社会问题》,周兵等译,华夏出版社,2002,第 218—219 页。

② 林顺利、孟亚男:《当代西方城市贫困的社会空间研究及其本土意义》,《内蒙古社会科学(汉文版)》2010 年第 4 期。

③ Park R. E., Burgess E. N., MacKenzie R. D. et al.:《城市社会学:芝加哥学派城市研究》,宋俊岭、郑也夫译,商务印书馆,2012,第 62 页。

④ Metzger J. T. "Planned Abandonment: Life-cycle Theory and Urban Policy," *Housing Policy Debate* 11 (2000): 7 - 40.

地区其实也孕育着发展的希望。“贫民窟”是一个新生地区，那里出现了新的教区、居住区、艺术家聚居区，同时成为激进思想的中心。① 这一切都意味着新的发展可能。

（三）新经济地理学的研究

新经济地理学认为，贫困与地理环境紧密相关。在 20 世纪 50 年代，哈里斯（Harris）等学者指出，欠发达地区的经济发展与地理位置有关②，这就是早期的空间经济学。该学科的后续研究者提出了“地理资本”“空间贫困”“空间贫困陷阱”等学术概念。地理资本是指空间位置与自然环境所形成的物质资本、社会资本与人力资本等组合差异的空间表现，同时包括了自然空间禀赋和经济社会发展禀赋。地理资本不足是导致空间贫困的主要因素。所谓空间贫困陷阱，就是地理资本存量低、贫困发生率高的地区。③ 由于地理资本内涵的多维度性，空间贫困陷阱包含了环境、经济、社会三个维度，其构成包括自然禀赋、水、卫生、基础设施、收入、消费、营养、健康和教育等。④ 陈全功和程蹊综合已有研究，指出空间贫困包括四个维度：位置劣势，即空间上的偏远与隔离；生态劣势，即贫乏的农业生态与气候条件；经济劣势，即脆弱的经济整合；政治劣势，即缺乏政治性优惠。⑤ 基于空间贫困理论，众多

---

① Park R. E. ,Burgess E. N. , MacKenzie R. D. et al. ,《城市社会学：芝加哥学派城市研究》，宋俊岭、郑也夫译，商务印书馆，2012，第 54—55 页。

② Harris C. D, “The Market as a Factor in the Localization of Industry in the United States,” *Annals of the Association of American Geographers* 44, no. 4 (1954): 315 - 348.

③ Bird K. and Shepherd A, “Livelihoods and Chronic Poverty in Semi-arid Zimbabwe,” *World Development* 31, no. 3 (2003): 591 - 610.

④ 刘小鹏等：《空间贫困研究及其对我国贫困地理研究的启示》，《干旱区地理》2014 年第 1 期。

⑤ 陈全功、程蹊：《空间贫困及其政策含义》，《贵州社会科学》2010 年第 8 期。

研究者对全球不同地区的空间贫困进行了实证分析，研究发现空间贫困陷阱主要分布于生态环境恶劣、地理位置偏远、经济发展不足、政治地位低下的国家和地区。

罗庆、李小建归纳了经济地理学视野下影响空间贫困的地理因素，主要包括地理区位、资源禀赋、社会制度、公共设施等。[①] 根据新经济地理学的观点，前两者属于第一性地理，后两者属于第二性地理。第一，从地理区位看，很多研究表明，地理位置偏远确实对经济发展、公共服务供给等产生了不利影响，最终对农村经济发展、农村贫困发生产生重要影响。第二，从资源禀赋看，自然资源不足、资源结构不合理、对自然资源的开发和利用不够等是引发贫困的重要因素。第三，从社会制度看，文化习俗、价值观念、社会网络、宗教信仰等是造成贫困的重要原因。第四，从公共设施看，政府在基础设施和公共服务方面的支出很大程度上决定着贫困的地理分布。

（四）空间社会学或新城市社会学的研究

20 世纪 60 年代，西方的城市化进入郊区化、逆城市化阶段，大量中上层人士迁离内城，导致内城衰落。进入 70 年代，经济不景气致使失业率不断上升，贫困问题越来越明显，进一步加剧了社会危机。传统的空间研究已经无法解释欧美社会普遍出现的城市危机。[②] 在此背景下，新城市社会学走上历史舞台。该理论源于马克思主义传统，对城市空间进行了批判性分析，其代表人物包括列斐伏尔、哈维等。列斐伏尔认为，空间不是简单意义上的几何学或传统地理学概念，而是社会的产物，是人为生产出来的，自然空间仅仅

① 罗庆、李小建：《国外农村地理研究进展》，《经济地理》2014 年第 6 期。
② 张品：《新城市社会学的社会空间转向》，《理论与现代化》2010 年第 10 期。

是基础或条件，空间生产的目的是最大化地满足不同社会阶级(阶层)的需求。① 从根本上来讲，这种空间生产过程是一个自然的"人化"过程。② 列斐伏尔空间生产理论的另一重要贡献是提出了空间三元辩证法，即空间实践、空间表象与表征性空间。空间三元辩证法的思想是基于黑格尔(Hegel)、马克思、尼采(Nietzsche)三者思想的融合创新。其中，空间实践来源于马克思关于物质的社会实践分析，空间表象来源于黑格尔意义上的语言与思想，表征性空间则源于尼采意义上的创造性的诗性活动。具体而言，空间实践指向空间的物质维度，其由人类生产出的各种社会构成物所组成，并为人类的身体经验所感觉，因此也被称为知觉的空间。空间表象是构想的空间，是基于抽象的思维逻辑理性建构起来的规划空间，通常与维护统治阶级利益的各种知识、意识形态和权力关系联系在一起。表征性空间则是一种直接体验或生活的空间。③ 它与社会生活的底层相连，是社会底层为争取空间公平与正义而斗争的场所。④ 列斐伏尔还认为，从历史的视角看，人类社会发展至今，空间的演化经过了绝对空间、神圣空间、历史性空间、抽象空间、矛盾空间等五个阶段。每一种社会形态或者生产方式都可以用列斐伏尔的空间三元辩证法来解读。其中，抽象空间和矛盾空间是指资本主义发生以来空间发展的两个阶段。抽象空间即权力的空间。由于资本增值的本能驱动，

---

① 潘可礼：《亨利·列斐伏尔的社会空间理论》，《南京师大学报(社会科学版)》2015 年第 1 期。

② 庄友刚：《西方空间生产理论研究的逻辑、问题与趋势》，《马克思主义与现实》2011 年第 6 期。

③ 郑震：《空间：一个社会学的概念》，《社会学研究》2010 年第 5 期。

④ 潘可礼：《亨利·列斐伏尔的社会空间理论》，《南京师大学报(社会科学版)》2015 年第 1 期。

决定了资本主义的抽象空间必然以消除空间的差异性、实现均质性为目标，这就不可避免地会引发抽象空间走向矛盾空间。从空间实践的角度来看，这种矛盾空间就是城市化在全球的盛行。在资本逻辑的主导下，资本穿越地理空间和民族国家的边界，渗入全球每一个角落，推动空间的城市化变革。城市化进程的本质是为空间表象服务并受资本主导的。这也意味着，这一进程必然会孕育压制与不平等。但从表征性空间层面来看，来自个体尤其是底层个体的反抗和批判并不足以应对资本的逻辑。因此，就其理想的结果来看，当前差异性空间并未实现。列斐伏尔的分析与哈贝马斯(Habermas)有关生活世界殖民化的分析具有相似之处。哈贝马斯认为，空间由系统和生活世界组成。其中，系统属于政治、经济、法律等制度领域，遵循工具理性原则，进行物质再生产；生活世界属于文化领域，遵循交往理性和价值原则，进行文化再生产。在资本主义的发展进程中，工具理性的极度膨胀导致了系统对生活世界的严重侵蚀。① 将这一观点与列斐伏尔关于抽象空间的分析相对比，我们发现生活世界的殖民化与抽象空间的均质化有着异曲同工之处，其本质都是强调在资本逻辑的本能驱动下，人类生活空间被工具理性所宰制。

哈维是空间社会学的另一代表人物。他从马克思主义政治经济学的理论出发，对西方资本主义的当代发展进行了批判性分析。他对空间的分析主要集中在空间修复与空间正义两个方面，实际上两者都是当代资本主义寻求资本增值的结果。其中，空间修复重点阐释资本主义应对经济危机或

① 吴宁、许慧：《哈贝马斯生活世界理论及其对我国现实的启示》，《理论月刊》2015 年第 3 期。

过度积累危机的空间策略，空间正义是强调资本主义主导下空间生产的结果是空间非正义。

首先，哈维通过对马克思主义政治经济学的分析，以及对西方资本主义发展历程尤其是20世纪70年代以来的发展策略的分析，开始清晰地认识到马克思所谓资本过度积累危机一直盘旋在资本主义上空，从未根除。空间修复就是当代资本主义为了缓解过度积累危机而发展出的应对策略，即通过地理扩张和空间重组来打破资本主义内部的过度积累，避免资本盈余贬值。正如其本人所说："观察资本主义的历史，似乎它总是用空间扩张回应增长的需要，也就是说投资新的土地。"[①]哈维认为，当代空间修复机制之所以能够顺利实现，同交通与通信技术的不断革新密切相关。在此前提下，信息流、资金流等都实现了快速流动。尤其是资本在信息技术的推动下，能够瞬间实现全球的空间流动。由此，资本从利润最大化的原则出发，在全球寻找低成本、高利润的区域空间进行投资。一旦该区域空间的增长趋于饱和，面临资本过度积累危机之时，资本则再度被抽出，重新选择新的空间进行嵌入。在空间修复机制的驱动下，资本逐渐被嵌入全球各个角落，最终使得全球空间都走向资本化。在此意义上，空间修复的过程实际上也是空间资本化的过程。不过，空间修复并不能彻底解除资本过度积累的危机，而且通过剩余资本在其他地方的再投资，通常会把这些矛盾和危机趋势传播出去，从而进一步强化矛盾和危机。[②]

① 戴维·哈维等：《空间转向、空间修复与全球化进程中的中国》，《学术研究》2016年第8期。

② 赫曦滢、赵海月：《大卫·哈维"时空修复"理论及其当代价值》，《广西社会科学》2012年第8期。

其次，为了使利润最大化，在空间资本化的进程中，空间非正义就成为必然结果。就城市空间而言，空间的资本化剥夺了劳动者的生存空间，形成富人与穷人居住空间上的隔离。哈维指出，19 世纪晚期，美国城市的制造业从城市中心向郊区扩散，以避免工人阶级的集中攻击，成为资产阶级在劳资博弈中的重要武器。① 总体上，城市空间结构在客观上反映且无形中强化了既有财富和权力分配的方式。基于此，马库斯（Marcus）提出了城市贫困及新城市贫困阶层的产生与多元分化的城市空间结构之间的作用关系，见图 3 - 1。②

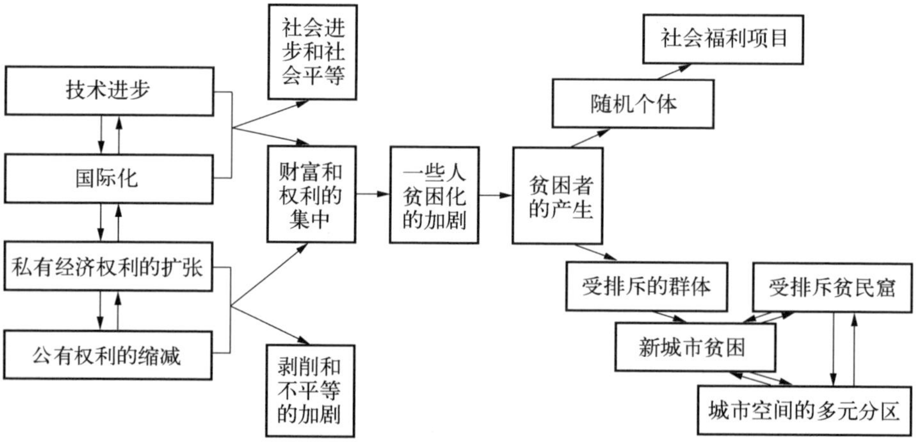

图 3 - 1　贫困化过程与城市居住空间分异模型

（资料来源：Marcus，1996）

就全球空间而言，由于资本在全球空间联合自由流动，劳动者则相对被束缚在民族国家的范围内，导致资本可以随心所欲地采取空间流动的策略来瓦解劳动者联盟，最终形成一个不平衡发展的全球空间结构，即资本积累

① 戴维·哈维：《马克思的空间转移理论——〈共产党宣言〉的地理学》，郇建立编译，《马克思主义与现实》2005 年第 4 期。

② 吕陈、石楠：《北京城市贫困空间历史演变特征分析》，《现代城市研究》2016 年第 9 期。

的“中心与边缘”空间模式。①

无论是列斐伏尔的抽象空间，还是哈维的空间修复，其本质都是陈述资本主义背景下资本出于增值的内在动力，不断被嵌入空间的各个层面：从地理空间来看，这一过程表现为资本在全球空间的全面渗入；从社会空间来看，则是资本对人类公私空间的全面嵌入；从结果来看，资本的空间殖民最终造成空间不平等或空间非正义的产生。贫困即是空间不平等或空间非正义的结果之一。在资本主义空间生产的推动下，多重形式的压迫结合在一起，具体表现为贫困阶层的生存空间被剥夺、弱势群体的空间被边缘化、空间上的文化歧视、暴力驱逐等等。②

二、空间与妇女贫困的生产

20 世纪 70 年代，在社会理论发生空间转向的同时，女性主义在西方悄然兴起。女性主义学者普遍认为，空间参与了当代妇女不平等地位的形塑。女性主义地理学认为，空间也是一种性别的存在，其学术关怀是女性如何在空间分配上获得与男性一样的平等，而空间平等的关键在于空间生产必须与性别差异相联系，而不是由男性主导的原则、标准来决定的。③ 20 世纪 70 年代的研究主要涉及女性就业与薪酬的地区差别、性别隔离等问题④；80 年

① 张佳：《大卫·哈维的空间正义思想探析》，《北京大学学报(哲学社会科学版)》2015 年第 1 期。

② 同上。

③ 顾朝林：《城市社会学》，东南大学出版社，2002，第 55—56 页。

④ McDowell L. “Space, Place and Gender Relations. Part I. Feminist Empiricism and the Geography of Social Relations,” *Progress in Human Geography* 17, no. 2 (1993): 157 - 179.

代的研究主要探讨不同空间的女性健康、住房、福利、安全等问题；90 年代以来，学界主要研究经济全球化、跨国界政治、跨区域移民和全球性交易中的性别问题。① 总体来看，妇女贫困的空间生产主要体现在家庭空间、劳动空间和其他公共空间三个场域中。

（一）家庭空间的妇女贫困生产

在家庭空间中，部分女性未获得平等的家庭地位，更容易遭受贫困。这种不平等体现在以下两个方面：一是女性仍承担着包揽家务的重任。自工业化以来，传统的家庭生产模式被打破，男性走出家庭进入工厂，承担着获取经济收入的责任；女性则被留在家中，从事家务、老人照顾、子女抚育等各种家庭再生产活动，这些都是无偿的。这种空间分割使得女性更加依赖有收入的男性。如果男性收入不稳定，那么女性也会面临经济贫困风险。二是女性面临更多的工作—家庭冲突。当女性从家庭空间进入劳动空间时，大多数人都陷入空间冲突的困境。她们既要承担家务、子女与老人的家庭照顾责任，又要按照劳动空间的制度化要求完成工作任务，这两者通常是矛盾的。为兼顾家庭空间和劳动空间的双重需求，职业女性总是想方设法地将不同空间、地点的事务安排在一起。女性主义地理学家研究了通勤距离的性别差异，发现妇女的通勤距离比男性短，而这对妇女的就业机会有负面影响。② 这种空间的冲突与协调限制了女性的职业发展，不少女性都会在生

① 姚华松、黄耿志、薛德升：《国内外女性主义地理学研究述评》，《人文地理》2017 年第 2 期。

② England K. V. L., "Suburban Pink Color Ghettos: The Spatial Entrapment of Women," *Annals of the Association of American Geographers*, 83, no. 11 (1993): 225 - 242.

命周期的某个或某几个阶段因家庭空间需求而彻底退出劳动空间。那些没有退出劳动空间的女性则在就业地点、职业类型的选择上受到束缚，这也限制了女性的职业选择和职业晋升。

（二）劳动空间的妇女贫困生产

女性处于劳动空间的边缘化境地，更容易遭遇贫困风险。马西(Massey)指出，资本主义与父权制已经结成联盟，对女性进行经济上的压迫和性别剥削。① 女性劳动空间的边缘化主要体现在三个方面：一是对女性家务劳动的忽视。在公共场合从事资本生产的、有报酬的劳动才是工作，主要为男人所占有。家务劳动是以家庭为场域且无报酬的，由女人所从事，不仅被男人所忽视，也被排除在国家劳动力统计范围之外。② 二是伴随资本主义的发展，尤其是20世纪70年代新自由主义以来，越来越多的女性走出家庭，参与到劳动空间中，但处于不利地位。由于女性的身体更容易被规训，她们不得不顺从资本的管理，其工资也比男性更低廉，因此更容易受资本的青睐。这也决定了劳动空间中的性别不平等。三是在父权制的影响下，职业/工作场域中存在明显的性别区隔。工作整体上被分成适合男性的和适合女性的两种类型，以此维护“男尊女卑”的父权制权力格局。女性的工作多集中于服务业，而且多被限制进入领导岗位——常被看成男性的岗位。有研究发现，在女职员占比很高的银行业里，居于领导岗位的一般是男性。③ 此外，性别不平等的意识形态也导致了男女两性之间的薪资待遇差距，相同

① 张也：《空间、性别和正义：对话多琳·马西》，《国外理论动态》2015年第3期。
② 万惠：《新文化地理学视角下的女性主义地理学研究》，《人文地理》2013年第1期。
③ McDowell L., "Women's Paid Work and Moral Economies of Care," *Social and Cultural Geography* 6, no. 2 (2005): 219 - 235.

学历和部门的男女员工之间，女员工的工资水平明显比男员工的低。①

（三）其他公共空间的妇女贫困生产

女性经常被排斥在非劳动空间之外的其他公共空间里，这使得女性在这些公共空间中也难以获得平等的对待，从而面临发展困境和贫困风险。女性主义学者指出，许多女性被排斥在公共空间之外。② 如伦敦西提区的公共空间表征了男性权威，反映的是男性气质，进入这些空间的女性普遍感觉到被排斥与疏离。③ 在后工业城市里，即使中产阶级女性可以“随心所欲”地在公共空间内消费和娱乐，但也必须遵从父权制社会规则和秩序。④ 那些不服从或者挑战父权制的女人，波德莱尔（Baudelaire）称之为城市边缘人或女性游荡者，常常被建构成邪恶和堕落，被诸多公共空间排斥在外。⑤

三、中国妇女贫困的空间生产逻辑

西方学术界基于空间视角对贫困问题和妇女贫困问题的研究对于我们分析中国妇女贫困问题具有重要的参考价值。不过，由于中国正处于由传

---

① Boyer K. and England K. , “Gender, Work and Technology in the Information Workplace: From Typewriters to ATMs,” *Social and Cultural Geography* 9, no. 3 (2008): 241 - 256.

② 万惠：《新文化地理学视角下的女性主义地理学研究》，《人文地理》2013 年第 1 期。

③ 琳达・麦道威尔：《性别、认同与地方：女性主义地理学概说》，徐苔玲、王志弘译，群学出版社，2006，第 169 页。

④ Radley A. and Hodgetts B. C. , “Fear, Romance and Transience in the Lives of Homeless Women,” *Social and Cultural Geography* 7, no. 2 (2006): 437 - 461.

⑤ 琳达・麦道威尔：《性别、认同与地方：女性主义地理学概说》，徐苔玲、王志弘译，群学出版社，2006，第 169 页。

统社会向现代社会的转型过程中，当运用西方有关空间理论的时候，我们需要特别注意时空的适用性。总体来看，中国妇女贫困问题的空间生产逻辑更加复杂。

第一，中国尚处于现代化进程中，空间上的城乡发展不平衡决定了农村妇女贫困更加严重。这是当代西方国家所不存在的。这意味着农村妇女贫困问题在相当程度上是由生产力落后导致的，即传统的农业生产效率低下，而农村的工业化程度普遍较低，缺乏非农就业机会，由此在人多地少的情况下，农村妇女缺乏充分的就业机会。当然，现代化进程中城乡发展不平衡是全球普遍存在的空间不平衡现象。在工业化、商业化的带动下，城市的经济发展比以农业生产为主的农村的经济发展更快。中国也不例外，只是中国城乡发展不平衡有着不同于其他发展中国家的制度逻辑。具体而言，中华人民共和国成立以后，为了实现赶超型发展战略，国家确立了重工业优先发展的现代化战略。为确保该战略的顺利实现，国家建立了以户籍制度为核心的城乡二元体制。这一体制建立的好处体现在以下几个方面：一是保证了农村剩余人口不会大规模地涌入城市，从而减轻了城市的就业压力，因为重工业对就业的吸纳远远不如轻工业；二是确保了农业剩余源源不断地被提取到工业领域，促进工业的原始积累；三是将农村经济社会发展的责任留给农村，减轻了国家负担。当然，不可否认的是，这一时期中国农业本身也得到了比较快的发展，只是这些发展成果有相当一部分流入城市，农村本身的积累比较少。因此，城乡之间的差距逐年增大。这一格局一直到 21 世纪初才开始发生逆转。从 2006 年 1 月 1 日起，国家全面取消农业税。这标志着中国的城乡关系由农业支持工业转为工业反哺农业、城市支持农村。农村的经济社会得到了快速发展，不过由于农村发展基础薄弱，加之城乡融合发展的体制机制尚未完全建立，城乡不平衡的格局仍未得到根本改变。

第二，改革开放之后中国融入了全球化进程，为了实现快速发展，中国制定了东、中、西部不均衡的空间发展战略，这导致了中国妇女贫困在东、中、西区域上的显著差异。国家在实现经济发展目标的过程中，主要采取梯度转移模式。坚持地区发展和资源配置的利润、效率最大化原则，贯彻非均衡发展，根据东、中、西部三大地区的经济、文化和社会发展差距，在资金供给、技术应用和对外开放等方面实行由东部至西部的逐步推移政策，使三大经济地区分步骤、分阶段，以不同的速度和时间实现预定的经济发展目标。①当然，东、中、西部发展的不平衡实则有着多重因素的影响。一是自然禀赋因素。东部地区大都处于第三阶梯，多为平原地区，气候条件较好，水热充足，且处于沿海，交通便利。中部和西部则大多处于第一阶梯和第二阶梯，大多是高原地区、盆地和荒漠，整体海拔高，地势起伏大，地貌复杂，气候条件相对较差，尤其是西部地区，自然环境恶劣。因此，从自然禀赋上看，东部地区的地理优势更明显，从而奠定了该地区良好的发展基础。二是历史因素。中国是一个幅员辽阔、历史悠久的国家。从数千年的历史来看，中国的经济社会发展在空间上一直是不平衡的。古代中国最开始的经济重心在北方，以黄河中下游流域为中心，当时北方的黄河流域自然条件较好，各个王朝的都城也建在了北方。其后，大约从东汉起，中国北方的经济发展开始趋缓，南方日益崛起。到了宋代，中国经济重心转向南方，“两浙之富，国用所

① 刘尚希、孟春：《公共政策与地区差异》，中国财政经济出版社，2006，第 18 页。

恃”[1]。这一发展态势一直延续至明清。晚清、民国时期，中国逐渐成为半殖民地半封建社会，沿海地区成为西方国家对华贸易和资本输出的优先地区，也因此相对较早地开启了工业化、城市化的发展进程。因此，在中华人民共和国成立之初，东部地区工业基础设施比较完备，邮电通信设施初具规模，制造业比较发达，为东部沿海地区成为经济中心地区奠定了基础；而中部和西部地区基础薄弱、相对落后。[2] 这种历史上的发展不平衡格局成为中国当下区域空间发展不平衡的历史源头。三是政策因素。这主要体现在改革开放之后，国家提出非均衡的梯度发展策略。大量资金和人力资源不断向东部沿海地区集聚，加上东部沿海地区的得天独厚的地理优势，逐渐形成了以东部发达地区为“中心”，中部和西部欠发达地区为“外围”的典型经济地理发展格局，区域间经济发展差距不断扩大。[3] 由此，东、中、西部的区域不平衡最终也体现在妇女贫困方面，即中国妇女贫困在东、中、西部的区域分布上也存在差异，中部和西部的妇女贫困要比东部的更加严重。

第三，改革开放之后，中国加速推进工业化和城市化的进程，中国妇女贫困一定程度上也是资本的空间生产所致。在全球化背景下，资本获得了全球自由流动的权力，随时可从过度积累的地区撤出，进入土地、劳动力、市场等资源禀赋更加优惠的地区。改革开放后的中国无疑是符合这一条件的，拥有大量的剩余劳动力、广大的消费市场、廉价的土地等，由此吸引了大

① 王大建、刘德增：《中国经济重心南移原因再探讨》，《文史哲》1999 年第 3 期。
② 聂玉梅：《我国区域发展差距不平衡的因素分析》，《未来与发展》2002 年第 1 期。
③ 张荐华、高军：《中国改革开放 40 年中的区域经济发展不平衡问题与对策研究》，《当代经济管理》2019 年第 2 期。

量的外资。在这一背景下，大量农村人口包括农村妇女，不论是主动还是被动，都被裹挟进了乡城迁移的大潮之中，希望在城市里获得更好的人生发展机会。由此，哈维所分析的资本凭借空间修复策略制造空间不正义的逻辑在中国城市中开始出现。大量农民进城务工，但在强大的资本面前，他们并不能获取稳定的职业与足够保障家庭再生产的收入。这意味着进城务工的农民并不能依靠个人收入保障家庭成员的生活，部分家庭成员必须留守农村，依靠农业实现劳动力再生产。在传统的性别分工惯习之下，男女之间留守农村的大多是女性，由此进一步强化了女性的从属地位。留守妇女承担了家庭劳务、子女抚育、老人照顾乃至农业生产等诸多生产生活重任，但这并不能保证她们获得平等的社会地位。她们在收入上多是不自主的，而是需要依赖男人的。那些进入城市务工的女性比男性面临更多的来自资本的剥夺，因为女性的身体更容易被规训，女性的需求更容易被压制，女性也更容易因身体的借口而被压低工资。① 可见，农村女性即使进入城市空间，也面临较大的发展困境和贫困风险。

第二节　妇女贫困的空间分布特征

社会空间的不平衡发展必然带来区域贫困问题。区域贫困是与个体贫困相对应的概念，指根源于不同的自然条件、人口素质和历史机遇的区域连片分布的贫困。简而言之，区域贫困是指空间上集中连片分布的贫困。个体贫困是指由于个人或者家庭个体之间的素质差异和机会不均等导致的贫

① 潘毅、黎婉薇：《失语者的呼声》，生活·读书·新知三联书店，2006，第9—19页。

困，这种贫困的发生与区域无必然联系。① 一般而言，区域贫困一定包含个体贫困的发生。处于集中连片贫困区域中的妇女群体，绝大部分都处于贫困状态。如前所述，中国社会空间的不平衡发展主要表现为城乡不平衡以及东、中、西部的不平衡。当性别不平等与空间不平衡交织在一起时，妇女贫困的特殊性、持续性和隐蔽性就更加明显，也使得妇女贫困问题干预更加棘手。

本节主要运用现有的统计数据和有关实证研究成果来呈现中国妇女贫困的空间分布状况，概括其特征。“贫困有一张女性化的面孔”，已成为学界的共识。相对于男性来说，女性更容易受到损害，更容易陷入贫困。但是，在贫困测量上缺乏分性别的统计是一个全球性问题。中国对重点贫困县的贫困监测，以家庭为单位测量收入贫困，使得现有的分性别的贫困人口数据主要是指贫困家庭的人口性别比例，而非真正的贫困人口的分性别数据。②因此，本研究只能利用整体性的统计数据来初步衡量妇女贫困的城乡差异和地区差异。根据“贫困女性化”的趋势，无论是城市还是农村，无论是东部地区还是西部地区，所呈现出来的贫困空间整体差异也都反映了妇女贫困的空间差异。

一、贫困地区总体分布和减贫效果

中国大量贫困人口分布在农村，举世瞩目的精准扶贫战略也旨在减少农村贫困人口，减贫效果显著。按现行农村贫困标准，2013—2018 年每年减

① 郑宝华、张兰英：《中国农村反贫困词汇释义》，中国发展出版社，2004，第 32—35 页。
② 赵群、王云仙：《社会性别与妇女反贫困》，社会科学文献出版社，2011，第 16—17 页。

贫人数均保持在 1 000 万人以上。这六年间，农村已累计减贫 8 239 万人，六年累计减贫幅度达到 83.2%，农村贫困发生率也从 2012 年年末的 10.2%下降到 2018 年年末的 1.7%。①

2015 年的统计数据显示，中国贫困地区覆盖全国 22 个省（自治区、直辖市）832 个县 11 775 个乡镇，户籍人口数为 30 517 万人，占全国总人口的 22.2%。贫困地区生产总值仅占全国的 8.1%，公共财政收入仅占全国的 2.3%。② 经过精准扶贫，到 2018 年年末，这些贫困地区农村贫困人口六年累计减少了 81.5%，农村贫困发生率从 2012 年年末的 23.2%下降至 2018 年年末的 4.2%。③

《中国农村扶贫开发纲要（2011—2020 年）》将 14 个连片特困地区作为精准扶贫的主战场，分别是六盘山区、秦巴山区、武陵山区、乌蒙山区、滇桂黔石漠化区、滇西边境山区、大兴安岭南麓山区、燕山—太行山区、吕梁山区、大别山区、罗霄山区、西藏自治区、四省藏区、新疆南疆三地州。这 14 个连片特困区覆盖了全国 21 个省（自治区、直辖市）680 个县 9 823 个乡镇。2015 年，户籍人口数为 24 287 万人，占全国总人口的 17.7%；生产总值为 41 808 亿元，仅占全国的 6.1%，公共财政收入为 2 759 亿元，仅占全国的 1.8%。④ 这些地区多是革命老区、民族地区、边疆地区，基础设施和社会事业发展相对滞后，生态环境

① 国家统计局：《扶贫开发持续强力推进脱贫攻坚取得历史性重大成就——新中国成立 70 周年经济社会发展成就系列报告之十五》，2019 年 8 月 12 日，http://www.stats.gov.cn/ztjc/zthd/sjtjr/d10j/70cj/201909/t20190906_1696324.html。

② 国家统计局住户调查办公室：《2017 中国农村贫困监测报告》，中国统计出版社，2017，第 36 页。

③ 国家统计局：《扶贫开发持续强力推进脱贫攻坚取得历史性重大成就——新中国成立 70 周年经济社会发展成就系列报告之十五》，2019 年 8 月 12 日，http://www.stats.gov.cn/ztjc/zthd/sjtjr/d10j/70cj/201909/t20190906_1696324.html。

④ 国家统计局住户调查办公室：《2017 中国农村贫困监测报告》，中国统计出版社，2017，第 52 页。

脆弱，自然灾害频发，贫困人口占比和贫困发生率高。如图 3－2 所示，自 2011 年至 2016 年，连片特困地区农村的贫困发生率显著下降。

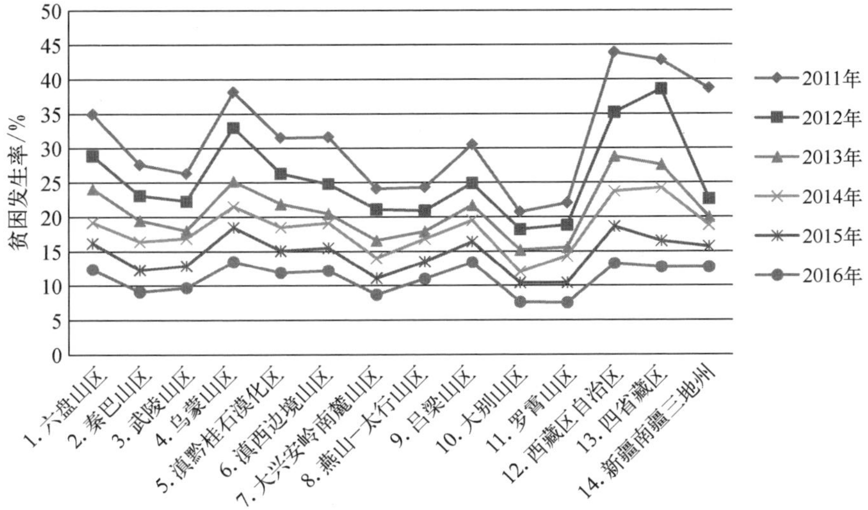

图 3－2 2011—2016 年连片特困地区农村的贫困发生率

（资料来源：根据《2017 中国农村贫困监测报告》第 401 页数据统计而来）

经过精准扶贫，到 2018 年年末，连片特困地区农村贫困人口比 2012 年年末减少了 4 132 万人，六年累计减少 81.5%；农村贫困发生率从 2012 年年末的 24.4%下降至 2018 年年末的 4.5%。①

二、妇女贫困的城乡差异分析

（一）妇女收入贫困的城乡差异

第一，受城乡二元结构的制约，农村经济社会水平普遍低于城市。加之

① 国家统计局：《扶贫开发持续强力推进脱贫攻坚取得历史性重大成就——新中国成立 70 周年经济社会发展成就系列报告之十五》，2019 年 8 月 12 日，http://www.stats.gov.cn/ztjc/zthd/sjtjr/d10j/70cj/201909/t20190906_1696324.html。

受城市劳动力市场的排斥，农民工大都被限制在次级劳动力市场中，导致城乡收入差异显著。如图 3－3 所示，城镇居民的人均可支配收入明显高于农村居民的人均可支配收入。通过比较城乡居民可支配收入之差与全国人均可支配收入两条曲线，我们可以发现，城镇居民的人均可支配收入接近于农村居民人均可支配收入的两倍。如果考虑城乡居民所拥有财富的差异，那么城乡收入不平等的程度会更大。在讨论不平等时，人们通常会考虑工资和收入，或从更为广阔的视野来考虑人们的机遇和生活机会。事实上，不平等程度更明显地体现在城乡居民所拥有财富的差异上。研究发现，在任何国家，拥有财富的基尼系数都是收入不平等的两倍左右。① 收入流动性刻画了随时间推移收入的均等化程度。② 有学者在分析中国居民收入分配课题

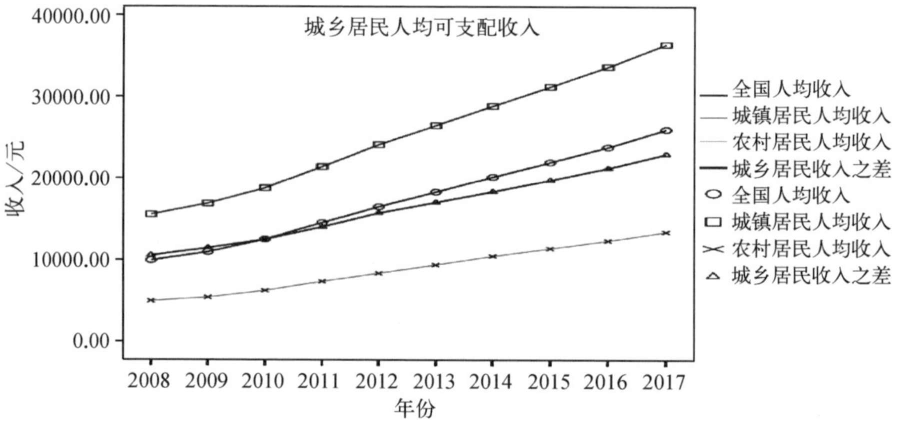

图 3－3　城乡居民人均可支配收入差异

（资料来源：根据《2018 中国统计年鉴》第 184 页数据统计而来）

① 哥斯塔·埃斯平-安德森、周军华：《收入不平等与机会不平等》，《马克思主义与现实》2007 年第 4 期。

② Shorrocks A., "Income Inequality and Income Mobility," *Journal of Economic Theory* 19, no. 2 (1978): 376－393.

组1995—2013年4轮城镇和农村住户调查数据后发现，自20世纪90年代以来，中国城镇家庭收入流动性整体呈逐步下降趋势，1993—2009年农村家庭收入流动性呈上升趋势，但2011—2013年出现大幅度下降。2011—2016年，外出农民工的收入增速逐年回落，从2011年的3.4%持续下降到2016年的0.3%，外出农民工月均收入增长率从2011年的21%下降到2016年的6%。[①] 农村家庭收入流动性的下降意味着城乡居民收入差距的进一步扩大。

第二，城乡身份和性别的双重不平等，使得农村外出务工妇女在劳动力市场上处于更加不利的地位，有更高的贫困风险。在城市中，大部分外来务工妇女从事商业服务、餐饮服务、居民生活服务和流水线制造加工。她们在劳资空间内受到多种不公正待遇，即使在同一劳动力市场上，也往往处于低端岗位，存在着女性与男性的收入不平等。一是外来务工妇女在职业获得和职位晋升中往往遭受性别歧视。尽管《中华人民共和国就业促进法》专门规定了消除就业歧视，保障妇女享有与男性平等的劳动权利，且在《中华人民共和国劳动合同法》中明文规定，禁止以女职工怀孕、生产或哺乳需要为理由终止劳动关系，但是女性在实际就业和晋升中所遭受的性别不平等待遇屡见不鲜。调查发现，单位与女员工未签订女职工专项保护集体合同(协议)的占15.7%，女员工在怀孕期、产期、哺乳期合法权益遭受侵害的占19.6%。[②] 还有研究指出，70%左右的男女收入差距是由性别歧视造成

---

① 杨穗、李实：《转型时期中国居民家庭收入流动性的演变》，《世界经济》2017年第11期。

② 郑州市妇联：《产业集聚区发展过程中妇女发展情况调研报告》，《中国妇运》2015年第5期。

的。[①] 二是外来务工妇女因工作与家庭责任的冲突，往往选择灵活就业、短期就业。研究发现，约50%的外来务工女性属于非正规就业，高于外来务工男性从事非正规就业的比例。[②] 而换过工作的女性的收入水平比没有换过工作的女性的收入水平低50%。[③] 因此，就业市场中强大的“旋转木马效应”，即断断续续的就业中不时有失业出现，会导致外来务工女性收入不稳定。[④] 调查发现，女性流动人口就业人员的收入水平只有男性的76.5%，即使假定其他情况都一样，女性收入也仍然只有男性的80.9%。[⑤]

第三，农业劳动女性化使得农村留守妇女的收入更低。随着大量青壮年劳动力外出打工，妇女、老年人和儿童滞留在农村，农业劳动的女性化已是不争的事实。留守妇女不仅要承担琐碎的家务，照顾老人和小孩，还要独自承担繁重的农业劳动任务。研究发现，家庭照顾责任将农村女性限制在农村，她们从事非农行业的时间占全部从业时间的比例比男性劳动力少一半。[⑥] 2016年的中国农村贫困监测调查显示，在贫困地区的常住人口中，81.6%的农村女性劳动力在第一产业就业，比农村男性劳动力高出

---

① 李国正、艾小青、李晨曦：《流动人口家庭束缚和收入不平等影响因素分析》，《统计与决策》2017年第8期。

② 全国维护妇女儿童权益协调组：《2006年全国农村妇女权益状况和维权需求调查报告》，《中国妇运》2007年第3期。

③ 李黎明：《职业流动的性别差异与收入不平等——基于2008年CGSS数据的分析》，《东南大学学报(哲学社会科学版)》2012年第4期。

④ 哥斯塔·埃斯平-安德森、周军华：《收入不平等与机会不平等》，《马克思主义与现实》2007年第4期。

⑤ 李国正、艾小青、李晨曦：《流动人口家庭束缚和收入不平等影响因素分析》，《统计与决策》2017年第8期。

⑥ 国家统计局农村社会经济调查司：《2006中国农村贫困监测报告》，中国统计出版社，2007，第27页。

21.3个百分点，而在第二、第三产业就业的比率分别比男性劳动力的低13.3和7.9个百分点。卡方检验表明，这种就业的性别差异在总体中也存在，详见表3-1。

表3-1　2016年贫困地区从业劳动力产业分布的性别差异

产业类型	女性从业劳动力比率/%	男性从业劳动力比率/%	显著性检验
第一产业	81.6	60.3	卡方值=11.796
第二产业	7.1	20.4	df=2
第三产业	11.3	19.2	p=0.003

资料来源：根据《2017中国农村贫困监测报告》第47页的数据统计而来。

第四，在城乡贫困人员的社会救助方面，同样存在显著的性别不平等。《中国妇女发展纲要（2011—2020年）》统计监测报告指出，2016年，全国城乡享受"低保"及农村特困人员有6 564万人，其中女性有2 494万人，占比仅为38%，低于男性贫困人口所占比例。可见，面对贫困时，国家将稀缺的社会救助资源优先给予男性而非女性。换言之，女性比男性面临更高的贫困风险却获得更少的贫困救助。

（二）妇女教育贫困的城乡差异

贫困不仅包括物质的匮乏，还包括低水平的教育。城乡居民空间教育资源占用的不平等是由长期城乡不公平的教育管理和投入体制造成的。20世纪80年代实施的"分级管理、以乡为主"的教育管理与投入体制致使农村教育供给出现"体制真空"问题。[①] 研究发现，城镇居民的平均受教育年限始

① 贾利帅：《走向空间正义：我国城乡居民教育机会不平等的思考》，《教育理论与实践》2016年第10期。

终远远高于农村居民的平均受教育年限，教育获得的城乡不平等现象非常严重。① 有学者研究了1978—2008年中国城乡居民初中、高中入学机会的变化趋势，发现该时期内，即使义务教育逐步普及并最终实现公益性，初中、高中入学机会的城乡不平等并没有发生变化，农村居民的弱势地位并未改变。② 基于对2014年中国劳动力动态调查数据的分析发现，大学扩招政策的好处首先满足的是城市重点高中生并能长期维持这一优势，而非重点的农村普通高中生。由此可见，农村所承受的“双重二元结构”不平等变得更为严重了。③ 大学扩招后，城市学生接受大学本科教育的机会是农村学生的6.3倍，接受大学专科教育的机会是农村学生的4.9倍。④ 此外，农村居民（农民工）的教育回报率也低于城镇职工。⑤

在教育的性别不平等方面，城镇居民教育获得性别不平等程度较轻，近年来已经基本消失，而农村居民的教育获得性别不平等程度仍然较重。15岁及以上的农村成年女性识字率为78%，而农村成年男性识字率则高达92%。⑥ 第三期中国妇女社会地位调查显示，18～64岁女性的平均受教育年限为7.9年，其中城镇女性为9.8年，农村女性仅有5.9年。高等教育是人们改变社会地位的重要途径。在城镇女性中，25.7%的人受教育程度在

① 吴愈晓、黄超：《中国教育获得性别不平等的城乡差异研究——基于CGSS2008数据》，《国家行政学院学报》2015年第2期。

② 吴愈晓：《中国城乡居民的教育机会不平等及其演变（1978—2008）》，《中国社会科学》2013年第3期。

③ 戴思源：《大学扩招、重点学校与城乡高等教育不平等（1978—2014）》，《教育与经济》2018年第2期。

④ 李春玲：《高等教育扩张与教育机会不平等——高校扩招的平等化效应考查》，《社会学研究》2010年第3期。

⑤ 邢春冰：《农民工与城镇职工的收入差距》，《管理世界》2008年第5期。

⑥ 全国妇联妇女研究所：《提高社会性别主流化能力培训手册（内部资料）》，2008年。

大专及以上，而农村女性的这一比例仅为 2.1%。2008 年，中国综合社会调查数据显示，男性接受高等教育的机会是女性的 1.25 倍。父辈文化程度为小学及以下的群体中，男性获得高等教育的机会是女性的 2.29 倍。随着父辈文化程度的提高，性别间的不平等情况有一定改善。① 尽管大学扩招后出生于较高社会阶层的家庭和城市地区的女性上大学的机会高于同等条件下的男性，但出生于社会底层的家庭和农村地区的女性上大学的机会则低于同等条件的男性。②

在农村贫困地区，不同性别劳动力的文化程度差异同样比较显著。如图 3－4 所示，2016 年，贫困地区女性劳动力的文盲率为 12%，是男性劳动力的三倍多；而男性劳动力中具有高中文化程度的比例为 11.3%，是女性劳动力的两倍多，而且具有初中文化程度的男性劳动力的比例也比女性劳动力

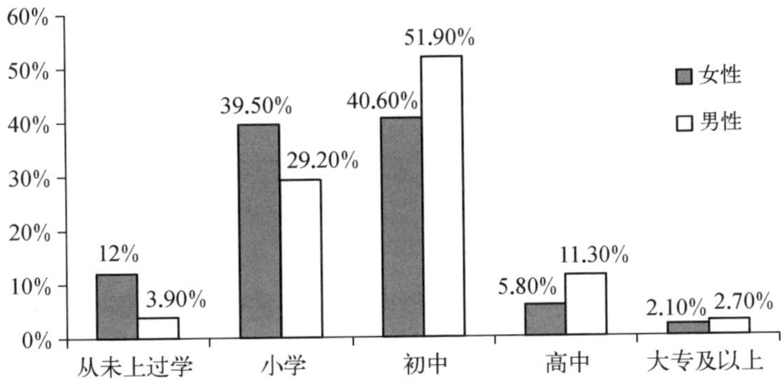

图 3－4　2016 年贫困地区不同性别劳动力文化程度的分布

（资料来源：根据《2017 中国农村贫困监测报告》第 48 页的数据统计而来）

① 张兆曙、陈奇：《高校扩招与高等教育机会的性别平等化——基于中国综合社会调查(CGSS22008)数据的实证分析》，《社会学研究》2013 年第 2 期。

② 李春玲：《高等教育扩张与教育机会不平等——高校扩招的平等化效应考查》，《社会学研究》2010 年第 3 期。

的高出11.3个百分点。

尽管农民家庭的教育收益率是显著的，但与非贫困家庭相比较，农村贫困家庭的教育收益率仍然较低。① 正如布迪厄指出的，经济资本是最重要的，它可以向社会资本和文化资本转化。贫困家庭父辈的经济资本不足，间接影响了家庭的社会资本和子女的教育回报率。而子女受教育程度低又将影响其经济资本的获得，使得教育贫困出现代际传递，造成家庭贫困的恶性循环。

（三）妇女健康贫困的城乡差异

健康不仅是身体无疾病，也是一个多维概念。从能力贫困角度来看，健康是人力资本的重要组成部分。收入水平对健康有重要影响，改善健康状况是提高个体素养并使其具备发展资本和能力的重要途径。② 疾病与贫困的共生对人们的影响存在一个"由物质转向能力""由个人转向家庭""由现在转向未来"的作用逻辑。③ 因为疾病一旦产生，贫困可能发生在疾病的任何阶段，使其经历一个从物质贫困到能力贫困的发展过程。而贫困经历在整个生命历程中又对健康产生持续的负面影响，长期贫困对健康的影响存在纵向的暴露时间累积效应。早年长期经历贫困会减少人们受教育机会和获得职业地位的机会，进而降低人们成年后的健康福利水平；此外，长期贫困会导致其子女的社会经济地位偏低，进而影响老年时期医疗服务资源的可获得性。④ 因

① 张永丽、张永真：《贫困与非贫困家庭教育收益率比较——基于甘肃省14个贫困村的调查》，《调研世界》2018年第3期。

② 魏传永、徐俪筝、王健：《多维贫困理论视域下的健康扶贫政策：以山东省为例》，《山东社会科学》2019年第9期。

③ 徐小言、钟仁耀：《农村健康贫困的演变逻辑与治理路径的优化》，《西南民族大学学报(人文社会科学版)》2019年第7期。

④ 吴华安、胡静、石智雷：《长期贫困、发展干扰与城乡居民健康》，《中南财经政法大学学报》2019年第1期。

此，健康与贫困的复杂关系会使农村女性面临更加严重的健康不平等。

首先，城乡收入不平等和教育不平等将导致农村妇女营养不良、劳累过度、无钱就医等，从而更易陷入健康贫困。2002 年、2012 年中国居民营养与健康监测结果显示，城乡居民的膳食结构存在明显差异。如表 3－2 所示，城市居民的动物性食物类能量来源、蛋白质和脂肪摄入量比农村居民的明显高；农村居民脂肪的食物来源以动物性食物为主，这种膳食结构增加了患高血压、糖尿病等多种疾病的风险。第二期中国妇女社会地位调查结果显示，自我感觉健康状况从好到差的排列顺序是城市男性、农村男性、城市女性、农村女性。[①] 可见，女性比男性、农村女性比城市女性面临更高的健康贫困风险。

表 3－2　城乡居民的膳食结构　　单位：%

食物分类		城市		农村	
		2002 年	2012 年	2002 年	2012 年
能量的食物来源	谷类	48.5	47.1	61.5	58.8
	动物性食物类	17.6	17.6	10.7	12.5
	其他	33.9	35.3	27.8	28.7
能量的营养素来源	蛋白质	13.1	12.9	11.3	11.2
	脂肪	35.0	36.1	27.5	29.7
	碳水化合物	51.9	51.0	61.2	59.1
脂肪的食物来源	动物性食物	36.2	34.3	40.4	37.4
	植物性食物	63.8	65.7	59.6	62.6

数据来源：《2017 中国卫生和计划生育统计年鉴》第 244 页。

① 姜秀花：《社会性别视野中的健康公平性分析》，《妇女研究论丛》2016 年第 4 期。

无论是城市女性还是农村女性，在慢性病的患病率和两周患病率（调查前两周患病率）方面均显著高于男性。如表 3-3 所示，自 2003 年至 2013 年，城乡居民两周患病率与慢性病患病率均提升了，但女性高于男性的状况一直没有得到缓解。除了身体疾病，女性因多重角色冲突、隐性劳动过度等面临的心理问题也比男性更突出。中国女性的自杀率比男性的高 25%，而农村妇女的自杀率又比城市妇女的高 3～4 倍。①

表 3-3　2003—2013 年居民两周患病率与慢性病患病率　单位：‰

类别	性别	城市			农村		
		2003 年	2008 年	2013 年	2003 年	2008 年	2013 年
分性别两周患病率	男	13.5	20.3	26.8	12.9	15.9	18.3
	女	17.0	24.0	29.6	15.1	19.4	22.2
分性别慢性病患病率	男	215.4	266.2	355.2	106.4	147.0	266.2
	女	262.7	298.6	377.4	135.3	194.4	322.7

数据来源：《2017 中国卫生和计划生育统计年鉴》第 235 页、238 页。

其次，我国城乡医疗卫生资源与服务的巨大差异，使得农村妇女更容易因病致贫、因病返贫。如图 3-5 所示，就 2010—2017 年每千人医疗卫生机构的床位数而言，城市的远远高于农村的，农村每千人医疗卫生机构的床位数不足城市的一半。通过对农村贫困地区的数据分析，我们发现，女性的健康状况自 20～29 岁组之后都表现出比男性健康状况差；女性应住院未住院的情况要比农村男性严重，男性获得的住院服务要高于女性。②

① 姜秀花：《农村妇女健康水平和卫生服务利用》，载蒋永萍主编《世纪之交的中国妇女社会地位》，中国妇女出版社，2003，第 366—386 页。

② 黄成礼：《中国农村贫困地区医疗服务利用及医疗支出的性别差异》，《市场与人口分析》2003 年第 2 期。

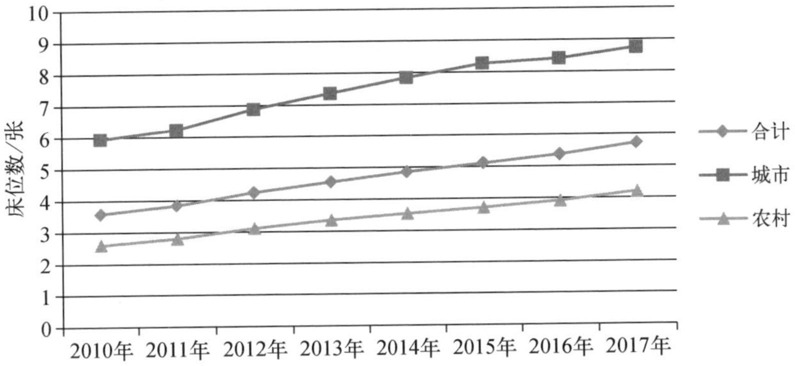

图 3－5　城乡每千人医疗卫生机构的床位数

（资料来源：根据《2017 中国农村贫困监测报告》第 720 页的数据统计而来）

最后，医疗卫生服务的城乡不平等与性别不平等的叠加效应导致我国农村老年妇女更容易陷入健康贫困。基于 2005—2014 年中国老年健康影响因素跟踪调查，研究者发现：农村老年人长期多维健康贫困相对于城市老年人更严重一些；从性别差异看，女性老年人长期多维健康贫困状况比男性老年人更为严重；而医疗服务的可及性对降低男性、城镇老年人发生长期多维健康贫困风险的作用更大，社区养老服务供给对降低老年人发生长期多维健康贫困风险的积极作用只在男性老年人群体中特征显著。①

三、妇女贫困的地区差异分析

（一）妇女收入贫困的地区差异

国家东、中、西部不均衡的空间发展战略使得不同地区的经济社会文化发展程度差异显著。相应地，不同地区居民的人均可支配收入也存在显

① 白晨、顾昕：《高龄化、健康不平等与社会养老保障绩效研究》，《社会保障研究》2019 年第 2 期。

著差异。如表 3-4 所示，尽管 2014—2017 年我国城乡居民的人均可支配收入均有所增加，但无论是城镇居民还是农村居民，东部地区居民的人均可支配收入显著高于东北地区、中部地区和西部地区，中、西部地区则低于全国平均水平。

表 3-4　2014—2017 年分地区城乡居民人均可支配收入　　单位：元

地　区	2014 年		2015 年		2016 年		2017 年	
	城镇	农村	城镇	农村	城镇	农村	城镇	农村
东部地区	34 433.8	14 828.2	37 289.7	16 162.9	41 311.0	17 560.5	43 829.3	19 094.8
中部地区	24 718.6	9 953.0	26 788.1	10 850.5	28 847.4	11 715.5	31 227.5	12 709.1
西部地区	23 853.2	8 134.1	26 087.8	8 914.1	28 242.3	9 706.4	30 652.4	10 618.5
东北地区	24 969.5	10 808.3	26 743.1	11 492.8	28 377.6	12 278.5	30 252.7	13 114.0
全国平均	28 843.9	10 488.9	31 194.8	11 421.7	33 616.2	12 363.4	36 396.2	13 432.4

数据来源：根据《2017 中国农村贫困监测报告》第 349 页的数据整理而来。西部地区包括内蒙古、广西、重庆、四川、贵州、云南、西藏、陕西、甘肃、青海、宁夏、新疆。中部地区包括山西、安徽、江西、河南、湖北、湖南。东部地区包括北京、天津、河北、上海、江苏、浙江、福建、山东、广东、海南。东北地区包括辽宁、吉林、黑龙江。

2016 年，贫困地区农村常住居民人均可支配收入达到 8 452 元。如表 3-5 所示，东、中、西部贫困地区农村常住居民人均可支配收入分别为 8 423 元、8 951 元、8 128 元。从收入构成看，由于东部地区工业化、城市化水平高，工资性收入成为东部贫困地区农村常住居民的主要收入来源；而中、西部贫困地区，农村常住居民以经营性收入为主，这与国家在中、西部大力开展产业扶贫密切相关。尽管整体上来看，贫困地区农民的人均可支配收入差距在缩小，但中、西部经营性收入深受国家扶贫项目的影响，其稳定性和可持续性不如东部地区基于工业化、城市化的工资性收入。

表 3-5 2016 年贫困地区农村常住居民人均可支配收入 单位：元

指 标	合 计	东 部	中 部	西 部
人均可支配收入	8 452	8 423	8 951	8 128
1. 工资性收入	2 880	4 174	2 999	2 656
2. 经营净收入	3 443	2 573	3 386	3 579
3. 财产净收入	107	106	103	109
4. 转移净收入	2 021	1 570	2 463	1 784

数据来源：《2017 中国农村贫困监测报告》第 373 页。西部地区包括内蒙古、广西、重庆、四川、贵州、云南、西藏、陕西、甘肃、青海、宁夏、新疆。中部地区包括山西、吉林、黑龙江、安徽、江西、河南、湖北、湖南。东部地区包括北京、天津、河北、辽宁、上海、江苏、浙江、福建、山东、广东、海南。

随着国家精准扶贫政策的持续开展和深入推进，农村地区的贫困发生率显著下降。如表 3-6 所示，2010—2016 年，尽管东、中、西部和东北地区农村的贫困发生率均显著下降，但中、西部农村地区贫困发生率仍然显著高于东部、东北地区，西部地区 2016 年的农村贫困发生率明显高于 2010 年的东部地区。按照现行国家农村贫困标准测算，2016 年，全国一半以上(51.9%)的农村贫困人口集中分布在西部地区，东、中部地区农村贫困人口分别占 11.3%和 36.8%。①

表 3-6 2010—2016 年不同地区农村的贫困发生率 单位：%

地 区	2010 年	2011 年	2012 年	2013 年	2014 年	2015 年	2016 年
东部地区	6.8	4.4	3.3	2.9	2.3	1.6	1.2
中部地区	18.1	14.1	11.5	9.5	8.1	6.6	4.5
西部地区	31.4	24.7	19.8	16.1	13.8	11.1	8.3

① 国家统计局住户调查办公室：《2017 中国农村贫困监测报告》，中国统计出版社，2017，第 23 页。

续　表

地　区	2010年	2011年	2012年	2013年	2014年	2015年	2016年
东北地区	12.2	8.2	6.7	5.7	5.2	4.3	3.4
全国平均	17.2	12.7	10.2	8.5	7.2	5.7	4.5

资料来源：根据《2017中国农村贫困监测报告》第348页的数据整理而来，地区划分同表3-4。

必须引起重视的是，国家的精准扶贫政策在落地过程中也可能会带来一些不良后果。将贫困地区农村常住居民2016年的人均可支配收入从低到高进行五等份分组后统计发现，低收入组、中等偏下组、中等收入组、中等偏上组、高收入组的人均可支配收入依次为3 006元、7 828元、11 159元、15 727元、28 448元，低收入组的人均可支配收入不仅远远低于其他组，更为重要的是，其人均可支配收入不仅没有增长反而减少了2.6%，而其他组的人均可支配均实现了8.2%及以上的增长。[①] 可见，国家精准扶贫政策更有利于农村贫困地区中高收入居民的收入增长，而对低收入农民群体的增收效果并不明显。因此，在短期的产业扶贫之后，长期的教育扶贫、文化扶贫等需持续推进，才能巩固已有的扶贫成效，阻断贫困的代际传递。

（二）妇女教育贫困的地区差异

特雷曼（Treiman）认为，经济发展会降低性别等先赋因素对教育获得的影响。[②] 受经济发展、教育投入、人才流动等多种因素的影响，不同地区之间的教育资源与教育获得差异显著。基于CGSS 2003年至2015年的数据分

① 国家统计局住户调查办公室：《2017中国农村贫困监测报告》，中国统计出版社，2017，第31页。

② Treiman D. J.，"Industrialization and Social Stratification，" *Sociological Inquiry* 40，no. 2 (2007)：207-234.

析，我们发现性别的教育不平等具有显著的空间差异，静态表现为东、中、西部地区的不平等程度依次递增。① 如表 3－7 所示，全国文盲人口中，女性占了 73％，并且在东、中、西部和东北地区的文盲人口中，女性占绝大多数。文盲人口占 15 岁及以上人口的比例呈现了类似的性别不平等，但是西部地区的女性文盲人口比例是其他地区的两倍以上。

表 3－7　分地区按性别分的 15 岁及以上文盲人口（2015 年）　　单位：％

地　区	文盲人口比例		文盲人口占 15 岁及以上人口比例		
	男	女	合计	男	女
东部地区	23.7	76.3	4.36	1.96	6.88
中部地区	26.9	73.1	4.79	2.35	7.07
西部地区	29.6	70.4	10.85	7.05	14.78
东北地区	20.4	69.6	2.42	1.49	3.36
全国平均	27.0	73.0	5.42	2.89	8.01

资料来源：根据《2017 中国教育统计年鉴》第 697 页的数据整理而来，地区划分同表 3－4。

在教育回报方面，2005 年 1％的人口抽样调查数据和 2011 年流动人口动态监测调查数据显示，无论是 2005 年还是 2011 年，农民工教育回报率的地区差异都十分明显，表现为东部地区明显高于其他地区。② 这使得受教育程度相对较高的农民工由西部、中部向东部地区流动，进一步加剧了中部和西部地区农村人口空心化的问题，导致地区经济社会发展更滞后，相应地，农村妇女收入贫困的地区差异将进一步扩大。

① 张学敏、吴振华：《教育性别公平的多维测度与比较》，《教育与经济》2019 年第 1 期。

② 邢春冰、贾淑艳、李实：《教育回报率的地区差异及其对劳动力流动的影响》，《经济研究》2013 年第 11 期。

（三）妇女健康贫困的地区差异

健康不仅由个体特质、生活方式等决定，还受到所处的自然环境和社会环境的影响。地域空间的自然资源禀赋不平衡、收入不平等、教育不平等、医疗资源配置失衡，加之性别不平等，使得妇女健康贫困分布也呈现明显的地区差异。1997—2006 年中国营养与健康调查发现，每万人病床数量、每万人卫生技术人员数量、人均卫生经费都是东部地区最高、西部地区最低；在空气质量方面，西部地区最差；在身体质量指数方面，东部地区居民最高、西部地区居民最低。① 工业化、城市化进程的加快，人口老龄化程度的加剧，以及生态环境的日益恶化，给人们的健康带来更多的复杂性和不确定性。表 3－8 显示了我国的人口死亡率呈现下降趋势，但也表现出一定的波动性。总体来看，东部地区的人口死亡率明显低于其他地区，中、西部地区的人口死亡率相对更高。

表 3－8　2000—2015 年分地区人口死亡率　　单位：‰

地　区	2000 年	2005 年	2010 年	2015 年
东部地区	6.37	5.84	5.52	5.7
中部地区	5.9	6.16	6.11	6.25
西部地区	6.28	6.22	5.96	6.01
东北地区	6.02	5.52	5.72	6.24

数据来源：根据《2017 中国卫生和计划生育统计年鉴》第 232 页的数据整理而来，地区划分同表 3－4。

健康脆弱性是衡量健康水平的重要指标之一。它反映人们的健康受到损害的程度。基于《2014 中国统计年鉴》数据，研究发现中国人口健康

① 解垩：《中国地区间健康差异的因素分解》，《山西财经大学学报》2011 年第 8 期。

系统脆弱性明显呈现出东、中、西部依次递增的格局，并且与健康敏感性地域分布一致。[①]

国家的卫生服务和社会保障对国民健康促进与健康保护发挥着重要作用。《2013 第五次国家卫生服务调查分析报告》显示，距离最近医疗机构在一公里以内的比例，东、中、西部农村分别为 63.2%、60.0%、47.1%，东、中、西部城市分别为 72.1%、74.6%、66.3%。[②] 可见，无论是城市还是农村，居民卫生服务的便捷性均是西部地区最差。中国社会保障的发展呈现出东、中、西部依次递减的趋势。以 2013 年为例，与中部和西部地区相比，东部地区社会保障支出和覆盖人次均占有绝对优势。[③]

综上所述，东、中、西部等不同地区的妇女身处不同的自然与社会环境中，个体的营养与健康水平、疾病风险应对能力、医疗卫生资源与服务的可及性、可获得的社会保障水平等都明显不同。从总体上看，与收入贫困和教育贫困一样，西部地区的妇女面临着更严重的健康贫困风险。

第三节　妇女反贫困的区域任务

一、农村地区是妇女反贫困的重点地区

城乡发展的巨大差异决定了当前妇女反贫困的重点在农村地区。

---

① 杨振、丁启燕、王念等：《中国人口健康脆弱性地区差异与影响因素分析》，《地理科学》2018 年第 1 期。

② 国家卫生计生委统计信息中心：《2013 第五次国家卫生服务调查分析报告》，中国协和医科大学出版社，2015，第 183 页。

③ 吕承超：《中国社会保障发展空间非均衡及影响因素研究》，《中央财经大学学报》2016 年第 2 期。

第一，要努力增加农村贫困妇女的就业和收入。经济资本不足不仅是妇女贫困的表现，也是影响其自身健康水平的重要原因，还可能通过子女教育投入等方式导致贫困的代际传递。因此，增加就业、提升收入水平是农村妇女反贫困的直接途径。从现实情况来看，不少贫困妇女因履行照顾子女、老人等各种家庭责任而留守农村，但农村地区的经济发展相对滞后，缺乏充足的非农就业机会。在人多地少的情形下，大量农村贫困妇女成为剩余劳动力。因此，我们应以充分就业的理念因地制宜地引导和培育农村地区的第二、第三产业发展。在乡村振兴的背景下，我们尤其应大力推进农村三大产业的融合发展，进而提供灵活且充足的就业机会，优先吸纳农村贫困妇女就地就近就业。如近年来在广大农村推行的扶贫车间反贫困模式便是良好的探索。这一模式通过在贫困村建立生产车间，出租给返乡创业的农民工、农村能人等，既推动了当地第二、第三产业的转型升级，又带动了当地留守妇女等群体的就业，实现了双赢。对农村贫困妇女来说，就地就近的灵活就业可以使其从繁重的家庭事务中适当地解脱出来，增加个人收入，同时还有助于提升其人力资本，扩大其社会资本，丰富其精神生活。扶贫车间的成功推行还启发我们，贫困的农村地区固然落后，但经过精准扶贫，农村在基础设施、公共服务等方面的贫困已经得到很好的解决。在此情形下，农村产业发展有着一定的上升空间。未来我们还应继续坚持探索与创新，努力推进农村三大产业的跨越式发展，助推农村妇女脱贫致富。

第二，要做好农村贫困妇女的教育扶贫工作。受教育程度是人力资本的核心，因而也是就业能力的直接表现。农村贫困妇女受教育程度的提升不仅关系到她们自身的就业，也将通过子女教育理念、教育期望、教育方式等文化资本的再生产阻断贫困的代际传递。因此,教育扶贫是阻断贫困恶性循环尤其是代际循环的逻辑起点。一方面,各级政府要继续加大对农村地区的基础教育投入。在技术更新、加快的背景下,农村教育的硬件设施要得到及时更新。最为关键的是,要做好农村师资水平的提升工作,让农村留住优秀的教师人才。众多研究发现,受教育市场和人才自由流动的影响,农村大批优秀教师流入城市,尤其是县级高中优秀教师流失现象十分严重,出现了传统老牌知名县级高中没落的现象。在国家普及初中、将普通高中与职业高中的录取比例调整为 5∶5 的情况下,高中教育成为农村女青少年实现社会流动的基础。但从学界研究看,农村生源主要流入了专科层次的大学,城乡高层次教育的差距进一步加剧。另一方面,有关方面要加大对农村贫困妇女的教育帮扶,通过开展各种技能培训来提升贫困妇女的生存技能水平。结合不同地区的资源,尤其是要注重农村贫困妇女的生活经验,利用已有的库存知识,学习切实有效的技能,帮助她们顺利实现就业。

第三,要做好农村贫困妇女的健康扶贫工作。从宏观层面来看,要进一步加大农村医疗卫生保健公共服务的供给力度,提升农村贫困妇女医疗资源的可及性;要加大对农村贫困妇女的疾病监测和医疗救助力度,做好妇科卫生保健知识教育和免费妇科检查工作,增加对农村贫困妇女的大病援助。从微观层面来看,农村贫困妇女的健康问题往往隐藏在家庭内部。受经济资源的限制,贫困妇女不仅是在医疗救治方面让位于家庭其他成员,而且也在日常生活中将营养物品优先用于保障家庭成员,加之日积月累的隐性家务劳动,使得农村贫困妇女普遍处于亚健康状态甚至多种疾病缠身。因此,微观层面的女性关爱工作不容忽视。我们要在农村地区营造男女平等的文化氛围，引导男性正视女性的特殊需求，分担家庭劳务，减轻贫困妇女的家庭劳动压力；同时，还应积极发展农村贫困妇女的社会组织，扩大贫困妇女的社会支持网络，丰富其业余文化生活，促进其身心健康。

二、西部贫困地区是妇女反贫困的难点

（一）西部贫困地区妇女反贫困的困境

长期以来，西部贫困地区因相对恶劣的自然条件而发展缓慢。在资源禀赋差、发展基础不足、人才流失的情况下，农村的产业空心化、政治空心化、人口空心化程度均很高，深度贫困区域范围广。作为整体性贫困中的女性，因受性别不平等机制的影响而更易陷入深度贫困中，反贫困的难度非常大。

首先，西部贫困地区妇女的产业扶贫和就业扶贫面临很大困难。一方面，西部贫困地区的农业生产条件普遍较差，通过现代技术改善土壤质量、提升灌溉技术的成本巨大，面临规模不经济的难题；同时，脆弱的生态系统还难以承受农业的深度开发。这决定了西部地区通过农业产业的转型升级来带动妇女脱贫面临较大的压力。另一方面，西部贫困地区工业化起步晚，第二、第三产业发展滞后。在精准扶贫的大力推进下，其他贫困地区的第二、第三产业有所发展，但西部贫困地区的第二、第三产业仍相对滞后，产业的规模与集聚效应远未形成。这在西部贫困农村地区扶贫车间的实践困境中体现得较为明显。源于东部地区山东菏泽的扶贫车间创新模式被推广到西部地区时，不同程度地遭遇了短期内难以跨越的实践困境。受本地过于薄弱的工业化基础的限制，不少贫困农村地区扶贫车间难以充分地被企业利用起来，不可避免地面临空闲的窘境。这使得通过产业扶贫带动贫困妇女就业的路径受阻。

其次，在教育扶贫方面，西部贫困地区的教育资源十分欠缺，尤其是优质的教育资源稀缺。这就决定了西部贫困地区的教育投资回报率较低，使得贫困人口教育投资信心不足。加之贫困人口的家庭教育理念相对落后，对女性的教育重视程度尤其不够。在家庭资源紧缺的情况下，女孩更容易被迫辍学。2017 年的教育统计年鉴显示，西部地区 15 岁及以上人口中的女性文盲的比例几乎是其他地区的两倍。尤其是在非义务教育阶段，不少贫困家庭选择让女孩放弃继续接受教育的机会，从而导致扶贫进程中反贫困结果的性别不平等。

最后，在健康扶贫方面，西部贫困地区的医疗卫生保健资源仍然不足，尤其是优质的医疗资源十分缺乏。这成为西部地区贫困妇女反贫困的空间结构性困境。同时，在性别不平等的影响下，贫困家庭中的妇女往往难以获得有限的家庭资源来保障自己的身体健康，更容易出现营养不良等健康问题。而当身体出现疾病时，贫困妇女更可能考虑家庭整体性利益而选择放弃治疗的机会。

（二）西部贫困地区妇女反贫困的策略

如何建立妇女反贫困的长效机制，对西部贫困妇女脱贫十分关键。国家在反贫困的政策调整中，需结合西部的生态资源和文化资源优势，强化教育的基础性作用，引入性别视角，聚焦妇女贫困问题，才能更有针对性地帮助妇女脱贫。

第一，国家要建立可持续的西部贫困地区发展投入机制，形成资金、技术、人才等全要素投入。加强西部贫困地区交通、通信、能源等基础设施建设，为产业发展提供物质条件；建立多种激励机制，引导资金、技术、人才向西部地区流动。

第二，西部贫困地区的产业发展要充分利用生态资源优势和文化资源优势，与女性的知识传统、生活经验等结合起来，通过创新性的产品设计来提升商品化程度，从而推动贫困妇女的就业和增收。一是要发展绿色农业、有机农业等，提升农产品的附加值，在政府或社会组织的支持下，与城市社区、商场等建立稳定的合作关系，畅通农产品的销售渠道，增加留守妇女的收入。二是要挖掘西部少数民族特色文化，将女性的传统手工艺和生活经验与概念性消费、文化性消费、原生态消费等新的消费理念有机结合，通过设计多种文化创意产品来提升商品化率，以此增加贫困妇女收入。例如，通过提高西部少数民族贫困地区妇女的纯手工纺织品、纯手工食品等的商品化程度和商品附加值来促进妇女增收。

第三，保障女性的受教育权利，建立教育扶贫的长效机制。除了保障基础性的义务教育以外，政府应进一步延伸高层次教育，免费普及西部贫困地区的中等职业技术教育，保障学习能力较强的青少年免费接受高中教育，提高高考录取比例，并引导这些大学生回家乡工作，承担建设家乡的责任。教育是破解贫困亚文化、提升就业能力与收入水平的重要方式，也是通过家庭教育和文化资本再生产来阻断贫困代际传递的重要方式，还是破除父权制、应对性别不平等的重要途径。有研究者于 2017 年在对甘肃省 15 个贫困村进行调查的基础上提出，贫困地区农村教育的收入效应较强并具有一定的代际传递效应，女性的受教育程度对子女接受高中和大学阶段教育具有显著的正向效应。①

① 张永丽、李青原、郭世慧：《贫困地区农村教育收益率的性别差异——基于 PSM 模型的计量分析》，《中国农村经济》2018 年第 5 期。

因此,提高西部地区女性的受教育程度具有多重功能,是反贫困的长期任务。此外,受文化差异的影响,对西部贫困地区女性开展各种技能培训或就业培训,不仅要准确把握劳动力市场的需求,而且要结合地方实际,尊重女性的需求和意见,做好前期调研和项目的可行性论证,避免因“水土不服”造成资源浪费。

第四,加强健康教育,提升女性的健康素养和健康水平。现代医学研究发现,个体的健康不仅与个人的营养水平、体质、卫生知识、生活方式、劳动负荷等相关,也与其所处的环境如环境卫生条件、医疗卫生服务的便捷性和可利用率等相关。因此,西部贫困地区女性的健康贫困应对需要个人努力与环境改善双向作用。国家要加强对西部贫困地区环境卫生的治理,确保居民的健康饮水,妥善处理污水与垃圾;破除医疗资源东、西部分配不均的壁垒,加大对西部地区医疗资源的投入,加强医疗卫生保健公共服务,避免“因病致贫”“因病返贫”。根据女性特殊的健康需求和家庭内部资源竞争导致的医疗困境,在保障妇女卫生保健服务的同时,国家要尝试建立贫困妇女的疾病救助制度;还要通过信息化建设,结合西部贫困地区的文化传统和语言特色,利用电视、网络等传播途径将双语化的卫生与健康知识输送到千家万户。此外,妇女个体也应学习现代卫生与健康知识,树立现代健康意识,破除不利于健康的传统观念,养成良好的卫生习惯,做好疾病预防。

总之,西部贫困地区的妇女反贫困将是一个漫长的过程。除了自然、资金、技术等以外,最根本的是人的问题。在全球现代化不断深入的过程中,不确定性成为常态。风险社会中的经济发展依靠的是人才,而不是密集型的普通劳动力,因此人才竞争与流动成为发展中最突出的问题。在这个过程中，如果西部地区人才一如既往地流向中部和东部，那么东、中、西部的差距只会进一步拉大。因此，西部贫困地区要在保障基础教育、扩大高层次教育范围的同时，通过多种激励措施优化人力资源的市场配置，尽力确保本地人才不外流。“十年树木，百年树人”，这可能需要几代人的努力。

第四章　妇女反贫困社会工作的典型模式

第一节　生态系统模式

一、生态系统模式概述

(一) 生态系统模式的基本概念

生态系统模式建立在生态系统理论的基础上。生态系统理论源自生态学和一般系统理论,强调个人与环境之间的相互作用及影响,应充分认识人的生命过程这一系统的连续性与综合性。[①] 布朗芬布伦纳(Bronfenbrenner)认为,生态环境是一套有层级的嵌套结构,按与个体的互动频率和密切程度依次向外分为微系统、中间系统、外层系统和宏系统。该模型还包含一个"时间系统"。随着时间的变化,个体成长的环境也可能随之发生变化,即"生态转变",它会带来社会角色的改变。[②] 后来扎斯特罗(Zastrow)把人类

---

① 何雪松:《社会工作理论》,上海人民出版社,2007,第 84 页。

② Bronfenbrenner U. , *The Ecology of Human Development-Experiments by Nature and Design* (Boston: Harvard University Press, 1981), pp. 146 - 181.

所处的生态系统区分为微观系统、中观系统和宏观系统三种类型。微观系统是指生态环境中的个体，中观系统包括家庭、职业群体或其他小规模的社会群体，宏观系统包括社区、机构、组织、文化等。这三种系统之间相互作用、相互影响。①

20 世纪 70 年代，杰曼(Germain)、杰特曼(Gitterman)、迈耶(Meyer)等学者将生态系统理论引入社会工作领域，强调社会工作实务的干预焦点应将人置于其生活的场域内，重视个人的生活经验、生活空间、生态资源分布等，重视个人与环境之间的交流与互动，从生活变迁、环境品质、调和程度三个层面之间的互动关系来引导社会工作的实施。② 杰曼和杰特曼归纳了生态系统理论的主要概念③，如表 4-1 所示。

表 4-1 生态系统理论中的主要概念

概 念	定 义
适应	是以改变为导向，通过认知、感官知觉和行为调节的持续不断的过程，用以维持或提升自我与环境之间的适合程度
交互性适应	在特定的文化和历史条件下，个人或小组的需求、权利、目标、能力和他们所在的物理和社会环境的质量与运作之间的适应程度，可划分为适应、基本适应和不适应
生活压力	由人们感知的主要生活问题形成后，其解决将超出个人能力和环境资源的范围。压力会显示出严重的伤害或损失，个人感觉深陷危险之中
压力	对生活压力的内在反应，伴随有精神或生理的问题

① 师海玲、范燕宁：《社会生态系统理论阐释下的人类行为与社会环境》，《首都师范大学学报(社会科学版)》2005 年第 4 期。

② Meyer C. H., *Clinical Social Work in the Ecosystems Perspectives* (New York: Columbia University Press, 1983), pp. 27-28.

③ Germain C. B. and Gitterman A., "Ecological perspective," R. L. Edward, J. G. Hopps(eds). *Encyclopedia of Social Work (19nd edn)* (Washington, DC: NASW Press, 1995), pp. 817-820.

续　表

概　念	定　　义
应变方式	特殊的行为，通常是异常行为
关联	涉及依恋、友谊、积极的亲属关系和支持性的社交网络
自尊	个人表现出感受到被信任、被尊重及有价值的程度
自我方向	个人掌控自己生活的能力，愿意为自己的决定和行为负责，同时能够尊重他人的权利和需求。压迫、歧视和缺乏权利会限制个人的自我方向
栖息地	城市和农村社区的地理位置布局；学校、工作场所、医院、社会机构、购物区、宗教场所、公园及其他设施
生态位	个体或家庭在社会结构中所处的位置；受压迫的存在是与权利问题相关的
强权	在个人所在的群体利益基础上拒绝给予弱势群体权利，结果是对弱势群体的压迫致使他们呈现无权的状态
剥削的权力	污染空气、食品、水、土壤和海洋的强势群体在住所、学校、工作场所及社区增加有毒化学物和危险废物的排放量
生命历程	将个体身心的发展过程构想为在不同的环境、文化和历史时期，从出生到死亡的不确定的发展历程
个人时间	在生命历程中连续且富有意义的个人生命经验
历史时间	历史和社会的改变对出生群体的生命发展历程的影响
社会时间	个人和家庭过渡到下一个阶段所发生的生命事件会受到当时生理、经济、社会、人口和文化因素的影响

（二）生态系统模式的基本假设

根据格林（Green）的归纳，生态系统理论的基本假设主要包括以下内容①：

（1）个人有能力与其所处的环境互动；

（2）基因和其他生物因素被视为个人与环境交互作用的结果；

①　何雪松：《社会工作理论》，上海人民出版社，2007，第89页。

(3) 个人与环境相互影响并形成互惠性关系；

(4) 个人与环境之间相互作用，个体通过与环境的互动交流，增强对环境的适应性；

(5) 个人的行动是目标取向的，人类有利用环境资源改善生存状况的基本动机，这种动机对个人的发展是重要的；

(6) 只有将个人置于其生长的自然生态环境与社会生态环境中，才能更好地理解个人及其问题；

(7) 人格是个人与其环境长期互动的结果，有一个形塑的过程；

(8) 个人的生活经验是在实践中不断生成的，因而是可以改变的，尤其是向积极方向改变；

(9) 问题的产生有其复杂的机制，需要从整体上分析相互嵌套的多重影响因素；

(10) 为了更好地帮助案主，社会工作者应同时从时间系统和空间系统两个维度去分析，从案主所处生态系统的各个层面去干预。

二、生态系统理论视角下妇女贫困的原因

人的发展受自然生态系统和社会生态系统的双重影响。发展困境的产生是由人与其所处的环境之间和环境中各要素之间整合或互动不良导致的。当个体需求无法与环境系统匹配时，就会出现暂时性的问题状态[①]。生态系统理论将妇女置于其所处的生活场域中去分析，妇女贫困问题的产生

① 廉婷婷、乔东平、方香廷：《群落生态视角下社会工作实务模型构建》，《华东理工大学学报(社会科学版)》2018 年第 5 期。

源自环境资源的不足与障碍，源自妇女个体、家庭、组织、社区和所处环境之间的不良互动，源自个体由年幼到年老的发展转变过程中的不良适应。程名望等基于精准扶贫视角，采用2003—2010年全国农村固定观察点微观住户调查数据，发现农户贫困不仅是个体及其家庭的人力资本、经济资本、政治资本与社会资本等不足造成的，而且受到区域经济发展不平衡、公共政策、行业与职业发展等外在因素的影响。[①] 农村女性个体作为农户的一员，其贫困问题的产生也如上述研究所指出的，既受个体资本状况的影响，也受外在社会结构的制约。

（一）妇女因资源匮乏而贫困

第一，自然资源不足限制了妇女的发展。人的行为与发展受物理环境（气候、地理位置、建筑物的位置、基础设施等）的制约。一是因土地、气候及其他自然资源匮乏、资源结构天然的不合理而导致贫困。我国70%的贫困人口集中分布在中部和西部的山区、荒漠区、高原区等自然环境恶劣的区域。[②] 二是因交通、通信等基础设施落后，资金、人力、技术等不足，对自然资源的开发利用程度不高导致贫困。

第二，妇女因人力资本不足而陷入贫困。人力资本不仅影响初次就业，也影响失业后的再就业。妇女因人力资本不足而再就业的频率低于男性。控制人力资本因素后，妇女比男性失业后再就业的可能性也更低。[③] 从人力

① 程名望、张帅、史清华：《农户贫困及其决定因素——基于精准扶贫视角的实证分析》，《公共管理学报》2018年第1期。

② 张励仁：《性别公正与贫困地区女性健康促进》，《农业考古》2008年第3期。

③ Koeber C. and Wright D. W. , "Wright Gender differences in the reemployment status of displaced workers human capital as signals that mitigate effects of bias," *The Journal of Socio-Economics* 35, no. 5 (2006): 780 - 796.

资本的角度看，就业和收入直接与教育和培训联系在一起。贝克尔强调教育作为一种人力资本形式的作用。他指出，受过高层次教育和拥有较高技能的人几乎比其他人挣得更多。① 如前文所述，我国妇女的受教育程度往往比男性低。当农村贫困地区家庭的生计资本不足以满足所有子女的教育需求时，往往做出先男孩后女孩的选择，这是使妇女陷入多元贫困的主要原因。②

此外，健康也是人力资本的基本要素。妇女的健康状况和保健质量处于劣势，家庭内部营养品分配更偏向男性。妇女的生育活动也影响了她们享受其他权利的机会，还增加了妇科病等疾病风险，妇女的生理结构致使其难以承担繁重的体力劳动，从而造成贫困。③ 从地区分布来看，人力资本缺失主要集中在东北三省和中、西部地区，而社会服务缺失主要分布在新疆、吉林、四川、湖北等地。④

第三，妇女因社会资本不足而陷入贫困。社会资本代表个人在社会关系中现实或潜在的资源。研究发现，社会资本产生了许多积极的社会经济成果，特别是对发展中国家的扶贫工作具有积极影响。社会资本能够促使贫困家庭获得更多的扶贫资源，提升地方公共服务供给水平，降低家庭的

---

① Becker G. S., *Human Capital: A Theoretical and Empirical Analysis with Special Reference to Education* (New York: Columbia University Press, 1975), p. 2.

② 董强、李小云、杨洪萍等：《农村教育域的性别平等与贫困》，《社会科学》2007 年第 1 期。

③ 王冬梅、罗汝敏：《健康方面的性别不平等与贫困》，《妇女研究论丛》2005 年第 6 期。

④ 夏庆杰、陈燕凤、陈梦桑：《从人力资本缺失与社会服务缺失视角看我国农村多维贫困：基于 CLDS2012—2016 年微观数据》，《学习与探索》2019 年第 5 期。

贫困脆弱性。① 就农村居民而言，社会资本已不再是一种简单的非正式契约，而日益成为信息分享与资源配置的一种替代机制，是改善福利状况的重要因素。② 研究者在孟加拉国东北部农村地区进行的一项实证研究发现，社会网络、互惠性规范、社会信任和公民参与同贫困呈负相关。③ 就贫困妇女而言，研究者采用 MPI 指数的 A－F 方法，利用 2015 年福建省妇女联合会“巾帼扶贫”五年攻坚计划专项调研数据，从 11 个维度对贫困妇女进行多维贫困测量，发现教育、健康、卫生设施、社会关系和决策权对其多维贫困影响较大，其中社会关系的影响最大。④ 以流动妇女（女性农民工）为样本的实证研究指出，社会关系维度对流动妇女多维贫困指数的贡献率最高。⑤

（二）妇女因与环境互动不足而贫困

在生态系统理论视角下，困境是人与环境或环境中各要素整合、互动而产生的问题。动态环境作为人类发展有效背景的能力在很大程度上取决于第三方，如配偶、亲属、朋友和邻居的存在和参与。如果这样的第三方缺席，或者他们扮演的是破坏性而非支持性的角色，那么个体的发展过程就会受阻。家庭、学校或工作场所等作为个体的发展环境，有效发挥作用的能力取

① 刘红、Clement Tisdell、李文静：《边疆深度贫困地区社会资本、生计策略与精准扶贫》，《商业研究》2019 年第 2 期。

② 车四方、谢家智、姚领：《社会资本、农村劳动力流动与农户家庭多维贫困》，《西南大学学报（社会科学版）》2019 年第 2 期。

③ Shahidul I. M. and Khurshed A.，“Does social capital reduce poverty? A cross-sectional study of rural household in Bangladesh,” *International Journal of Social Economics* 11 (2018)：1515－1532.

④ 黄森慰、姜畅、郑逸芳：《妇女多维贫困测量、分解与精准扶贫——基于福建省“巾帼扶贫”五年攻坚计划调研数据》，《中国农业大学学报》2019 年第 4 期。

⑤ 张赟：《多维视角下的贫困群体的实证分析》，《经济问题》2018 年第 6 期。

决于各类发展环境之间的相互联系及联系的性质，包括共同参与、交流及在每一种环境中是否存在与另一种环境有关的信息。只有多方参与，建立各种间接联系，提供交互知识与交互通信，才能促进人的发展。① 实践表明，贫困妇女并非没有发展能力，而是缺乏呈现发展能力的机会和条件。只要将贫困妇女按照一定的形式组织起来，给她们提供各种发展性条件与支持，她们便可以加强自身的能力建设，提升生存的本领与技能，从而促进其自身和家庭收入的根本改变，促进所在地区的经济持续性发展。②

（三）妇女的生命历程与贫困

贫困是一个贯穿个体整个生命历程的动态过程，在不同的阶段可能会经历单次，或者反复经历短期、中期或长期贫困。由于个体的发展需求及其需求满足的条件不同、应对风险的能力和外部政策环境的不同，妇女陷入贫困的概率是有差异的。朗特里（Rowntree）指出，贫困在各个年龄阶段大致呈 W 形分布，即儿童时期、初为父母时期和老年时期是贫困发生的主要时期。③ 对贫困的集中研究也表明，贫困当中可能存在年龄的两极分化现象。从 20 世纪 80 年代到 90 年代中期，几乎所有国家的儿童、老年人贫困比例都在上升。④ 统计资料显示，2016 年中国农村贫困发生率的年龄分布特征是两边高中间低，即儿童和老年人贫困发生率相对较高，尤其是高龄老年

---

① Bronfenbrenner U. , *The Ecology of Human Development-Experiments by Nature and Design* (Boston: Harvard University Press, 1981), pp. 220 - 264.

② 徐鲜梅：《“社会性别、贫困与农村发展”研讨会综述》，《妇女研究论丛》1999 年第 1 期。

③ Rowntree B. S. , *Poverty: A Study of Town Life* (London: Macmillan, 1901), p. 103.

④ 哥斯塔·埃斯平-安德森、周军华：《收入不平等与机会不平等》，《马克思主义与现实》2007 年第 4 期。

人的贫困发生率很高,0～20岁、21～40岁、41～60岁、61～80岁、81岁及以上农村人口贫困发生率分别为5.3%、4.7%、2.9%、5.7%、6.4%。① 同样,不同年龄阶段的女性面临的贫困风险也不同。

首先,儿童容易陷入贫困。索希尔(Sohier)指出,在弱势背景中成长的孩子们所居住的环境差、机会少,往往没有能力做出负责任的正确选择。年幼和依赖性的特点使儿童更容易受贫困的影响,而且这种影响是不可逆的。② 母亲文化程度低、家庭人口多、家中经济条件差的儿童群体贫困率更高。③

其次,妇女在初为父母时容易陷入贫困。受劳动力市场性别歧视的影响,妇女往往因生儿育女而失去工作,生完小孩再就业时可能会面临更大的困难。研究表明,仅对妇女而言,未结婚的妇女从事全职和白领高职的可能性显著增加。④

再次,妇女在老年期容易陷入贫困。一方面,由于人的老化,各种生理机能不断衰退,疾病困扰和配偶去世等各种生活负性事件使得老年人更容易陷入贫困;另一方面,社会系统对老年人的偏见与歧视制约着老年人的发展机会和可掌握的资源结构,限制其发展行动的自由,导致老年群体贫困化

---

① 国家统计局住户调查办公室:《2017中国农村贫困监测报告》,中国统计出版社,2017,第348页。

② 魏乾伟、王晓莉、郝波:《儿童贫困与儿童早期发展》,《中国儿童保健杂志》2014年第12期。

③ 魏乾伟、王晓莉、郝波等:《山西和贵州贫困地区儿童多维贫困测量及现状分析》,《中国公共卫生》2017年第2期。

④ Koeber C. and David W., "Wright Gender differences in the reemployment status of displaced workers human capital as signals that mitigate effects of bias," *The Journal of Socio-Economics* 2006 (35): 780 - 796.

及边缘化。[①] 此外，老年贫困也可能由贯穿整个生命历程的弱势累积所致[②]，如早年的教育与就业经历[③]、重大生命事件[④]等都有可能对老年贫困产生持续性影响。

最后，重大生命事件容易让妇女陷入贫困。妇女所经历的发展转变、社会转变和创伤性生活事件等是其陷入贫困的重要原因。发展转变包括了生命历程中的不同角色阶段，如青少年、成年、为人父母、老年等。每一阶段的发展转变都要求她们做出相应的调整。社会转变主要包括开始工作或者开始新工作、拥有孩子或者结束一段婚姻关系。创伤性事件主要包括身患重大疾病、失业、失去爱人或子女、失去心爱之物等。这些重大生命事件给妇女带来巨大压力，如果主流文化或亚文化中的社会规范、社会制度及环境中资源的可获取程度低，妇女陷入贫困的可能性就比较大。

三、妇女反贫困的生态系统模式

妇女反贫困的生态系统模式强调，有效的社会工作干预不仅要直接服务于案主，同时还要进行倡导，促进社会政策和公共政策的落实，协助贫困

---

① Angus J. and Reeve P., "Ageism: A Threat to 'Aging Well' in the 21st Century," *The Journal of Applied Gerontology* 25, no. 2 (2006): 137 - 152.

② Dannefer D., "Cumulative advantage / disadvantage and the life course: cross-fertilizing age and social science theory," *Journals of Gerontology Series B: Psychological Sciences and Social Sciences* 2003, 58(6): 327 - 337.

③ McLaughlin D. K. and Jensen L., "Work history and U. S. elders' transitions into poverty," *The Gerontologist* 40, no. 4 (2000): 469 - 479.

④ Davis P. and Baulch B., "Parallel realities: exploring poverty dynamics using mixed methods in rural Bangladesh," *The Journal of Development Studies* 47, no. 1 (2011): 118 - 142.

妇女改善她们与所处环境的交互适应度。虽然生态系统模式也探讨贫困妇女的行为发展，但最重要的还在于社会服务的输送体系部分，透过友善的服务输送体系来改善贫困妇女与其所处环境之间的适应度。

（一）干预原则

第一，将贫困妇女置于其所处的生态环境中来看待，其个人与家庭的贫困是与环境互动不良的结果，即因环境资源匮乏或者利用环境资源的条件与能力不足，不能将贫困归因于个人或家庭。社会工作者在评估贫困妇女与环境的适应度时，既要考虑自然生态环境，也要考虑社会生态环境，两者都受社会文化、价值观和社会规范的影响。因此，社会工作者要重点识别导致贫困妇女及其家庭与环境互动不良的各种因素，致力于发展妇女与儿童关爱型社区，建立积极的伙伴关系，提高妇女的健康水平，增强妇女的社会适应力。

第二，贫困妇女个人及其家庭的贫困问题是多系统和多因素所致的，尤其是贫困妇女与其家庭、群体、社区以及更宏大的环境之间互动不良、贫困妇女的环境适应不良所致。[①] 社会工作者应关注贫困妇女的成长、发展和潜能，评估她们所拥有的环境资源能否满足她们的需要，贫困妇女是否有表达需求与意见的渠道，要促进决策的地方化和去中心化，引导妇女积极参与。

第三，以构建非正式社会支持网络作为社会工作干预的切入点。通过寻求贫困妇女的家庭成员、亲属、邻里等群体的支持，社会工作者在情感表达、能力提升、信息和就业机会获得、社会交往等方面给予支持和帮助。此

---

① Gitterman A. and Germain C. B., *The Life Model of Social Work Practice: Advances in Theory and Practice* (*3nd edn*)(New York: Carolina Press, 2008), p. 8.

外，社会工作者应善于运用妇女个体的生活经验，尊重她们已有的库存知识，促使贫困妇女自我赋权或由社会工作者帮助她们进行个体赋权。

第四，贫困妇女所处的生态系统是一个相互影响的嵌套结构，部分系统的改变将影响或推动其他系统的联动反应。社会工作者要通过同贫困妇女以及与其相关的群体和组织进行沟通，找出不同系统、不同层面的影响因素，通过介入最关键的、易改变的因素来提升贫困妇女的环境调适度，从而有效干预贫困问题。

（二）影响系统

扎斯特罗在其《理解人类行为与社会环境》一书中提出了生态系统的影响模式，详见图 4－1①。

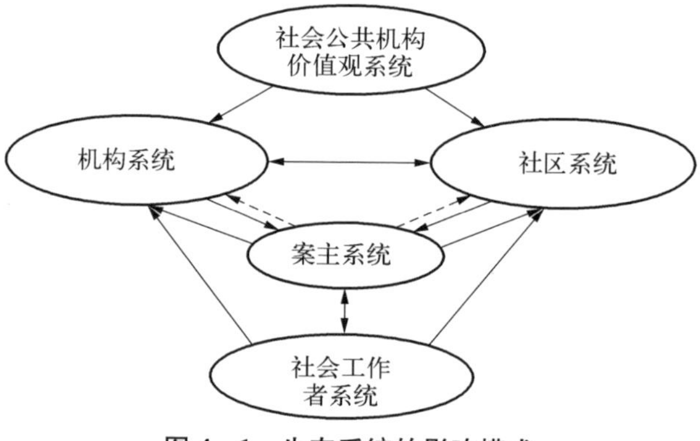

图 4－1 生态系统的影响模式

1. 案主系统

根据扎斯特罗的理解，妇女贫困干预的案主系统可以是一名贫困妇女、一个贫困妇女家庭、一个小规模的贫困妇女群体，也可以是地区发展模式中

① 师海玲、范燕宁：《社会生态系统理论阐释下的人类行为与社会环境》，《首都师范大学学报（社会科学版）》2005 年第 4 期。

力图解决妇女贫困问题的社区。在生态系统模式中，社会工作者一般把贫困妇女个人及其家庭、小规模的贫困妇女群体作为社会工作者服务的基本案主系统，将社区系统和机构系统作为影响案主系统的更大的系统。

2. 社区系统对案主系统的影响

生活在社区中的贫困妇女深受社区发展状况、权力结构、文化观念等多种因素的影响。社会工作者要分析贫困妇女如何与社区中的组织、群体和个人互动，社区的资源分配、工作职业、社会支持系统等机制如何造成对贫困妇女的隔离与排斥。社会工作者可以运用他们的宏观实践技能，将社区组织起来，使贫困妇女共同努力，增强彼此的权能，解决她们共同面临的贫困问题。

3. 机构系统对案主系统的影响

扎斯特罗认为，机构系统包括那些审查案主系统并向其分配资源的机构，用其所得到的资源向社会提供服务，以满足案主的需求。常见的机构系统如社会服务部门、私人收养机构、无家可归人士庇护所等。机构系统在保持案主的身心健康、促进自决和独立、加强家庭联系、提高素质方面发挥了重要的作用。与贫困妇女相关的机构系统主要包括社会工作服务机构、妇女联合会、中国扶贫基金会、中国妇女发展基金会、民间妇女研究机构（如海外中华妇女学会）、国际发展援助机构（如福特基金会、英国救助儿童会、香港乐施会、行动援助、世界宣明会、国际计划、国际小母牛等），以及本土草根NGO（如北京农家女文化发展中心、云南省社会性别与发展小组、云南省生育健康研究会、河南社区教育研究中心）等。这些机构所开展的旨在促进妇女发展与性别平等的项目实践，为中国妇女反贫困做出了突出的贡献，取得了明显服务成效。

4. 机构系统与社区系统间的关系

机构与社区这两类宏观系统相互影响、相互作用。提供服务的机构系统对作为社区居民的贫困妇女可得的资源有特殊影响。同时，社区发展问题和贫困妇女的需求也会影响机构服务的性质、资源分配、干预策略等。

5. 社会公共机构价值观系统

扎斯特罗将社会公共机构价值观系统界定为决定资源分配的强有力的、植根于历史的价值观和信念。社会工作者既要与贫困妇女个体相联系，又要同那些与贫困妇女相关联的系统共同解决问题。这意味着社会工作者要综合运用个案工作、小组工作、社区工作方法，既向贫困妇女个体提供服务，也将贫困妇女组织起来构建小组，运用小组动力实现改变，还需要代表贫困妇女与机构和组织协同工作，改变或改进服务与资源的分配方式，以及在社区内改善服务的条件和质量。①

（三）处置过程

杰特曼将生态系统实务模式分为初期阶段、持续阶段和结案阶段三个阶段。初期阶段主要是信任环境的营造，涉及评估当前的交互性适应，包括个人的生理、心理、社会功能、环境资源等。交互性适应评估需要考量个人所表现出来的紧张程度和应变策略。案主的问题和目标在与社会工作者的分享中得到澄清和确认，从而一起参与到问题解决中来，启动持续阶段。在持续阶段，社会工作者针对案主的需求进行干预，包括提升案主的自尊、自

① 师海玲、范燕宁：《社会生态系统理论阐释下的人类行为与社会环境》，《首都师范大学学报(社会科学版)》2005 年第 4 期。

我价值、自主能力、改变地理环境和社会环境，以营造更好的交互性适应。在结案阶段，社会工作者和案主均表达终止服务前后的感受并为未来可能发生的压力事件做好准备。①

妇女反贫困的生态系统实务模式旨在协助贫困妇女利用她们的优势和资源，营造贫困妇女与其所处环境之间积极的交互性适应，从而缓解压力，以达到积极的成长与发展。

1. 初期阶段

该阶段的目标是帮助贫困妇女创造一个可接受的支持性的服务环境。社会工作者需要在与贫困妇女的接触与合作中表达同感，澄清社会工作机构与社会工作者的角色与期望，鼓励贫困妇女表达自己的期望和选择，消除贫困妇女遭受不公的影响。社会工作者基于对贫困妇女个人、家庭及环境资料的收集，界定贫困妇女所面临的问题，分析其优势与局限；根据贫困问题归因和贫困妇女的选择来考虑需要介入的个人、家庭、群体、社区等系统。在开始阶段，社会工作者主要结合实际选择暂时的、应急的、短期的、有时间限制的和允许更改的服务。社会工作者的角色主要是启动者、引导者和推动者。

2. 持续阶段

该阶段的目标是通过社会工作者介入来促进贫困妇女的能力提升。根据妇女贫困问题干预需要介入的系统的不同，我们可以把社会工作者介入分为贫困妇女个体系统介入、贫困妇女家庭系统介入、贫困妇女群体系统介入和贫困妇女社区系统介入。个体系统的介入目标是帮助贫困妇女转移生命压力和平复创伤。家庭系统的介入目标是通过介入贫困妇女的家庭生

① 转自何雪松：《社会工作理论》，上海人民出版社，2015，第 93—95 页。

活，改变其家庭的权力结构和沟通方式，再造性别平等概念，根据家庭实际情况重新分配家务工作，引导家庭成员关注贫困妇女的情绪、健康与需求。群体系统介入目标是协助由贫困妇女组成的群体开展活动，引导她们识别共同的问题与需要，相互提供支持，确定焦点目标并一起行动。社区系统介入的目标是帮助贫困妇女提供环境刺激，增强个体与环境的交互适应性。社会工作者要引导贫困妇女探究自然环境的影响，调整并链接各类社会资源，引导贫困妇女与组织、社区等进行具有指导性的、确定性的、有说服力的互动，构建贫困妇女的社会支持网络。

3. 结案阶段

在服务的结案阶段，社会工作者要识别导致机构政策、时间范围和方法合理使用发生终止的各种因素，识别并回应贫困妇女对服务结束的积极情绪与消极情绪，帮助她们巩固已经取得的进步和成绩，让她们对未来生活充满信心。

根据帕德克（Pardeck）关于生态系统模式处置过程的研究①，妇女反贫困的生态系统实务模式的处置过程可以细分为以下七个步骤。

（1）进入系统。为贫困妇女提供社会工作服务，干预的第一步就是进入案主的生态系统，主要包括两个方面的任务：一是找出贫困妇女生态系统中的关键关系，二是确定进入贫困妇女生活世界的切入点。社会工作者通过与贫困妇女及其家人、所在组织或社区等相关人员的会谈，收集贫困妇女的个人资料、身体情况、特点、能力、社会环境等方面的资料，分析贫困妇女的

① Pardeck J. T., *Social Work Practice: An Ecological Approach* (Auburn: Greenwood Pubishing Group, Inc, 1996), pp. 15 - 19.

问题与需要，描述贫困妇女的处境及其社会系统，探究贫困的原因和贫困干预的障碍，分析、鉴别贫困妇女所拥有的资源状况和社会支持网络。社会工作者通过分析贫困妇女的重要他人、某件有兴趣讨论的事件等找出进入其生活世界的入口，与其建立专业关系。

(2) 绘制生态图。生态图是以案主系统中的人物为中心，描绘个人与其所处环境交流的互动方向和关系强弱的图。社会工作者要以贫困妇女所处系统中的人、事件和时间为重心，分析她们所在的家庭、群体、组织、社区等系统并绘制成生态图。社会工作者应关注那些增强贫困妇女积极或消极感觉与行为的典型事件，分析其生态系统的流动方向和关系强弱。常见的识别贫困妇女生态系统中关键人物和事件的方法主要有结构化访谈、小组座谈等，所使用的工具主要有社会图、家庭结构图等。

(3) 评量生态。社会工作者基于初期的资料收集和绘制的生态图，对贫困妇女的生态系统进行评量。生态评量的目的主要是了解贫困妇女的生活环境及其影响程度，寻找贫困妇女生命中的重要事件和重要关系。在评量过程中，不仅要注重贫困妇女的参与，也要和重要他人一起探讨，评估那些被贫困妇女及其重要他人同时提及的重要事件和人，这些可能是影响妇女贫困的因素；向贫困妇女及其重要他人解释这些资料，以确定评量结果的客观性和准确性。

(4) 创造改变的愿景。这个阶段，社会工作者着重考虑案主需要改变的系统，以恢复和改善她们的社会功能。基于生态系统的评量，社会工作者与贫困妇女一起分析和决定哪些系统需要干预和改变，系统改变的优先顺序是什么，可以采取哪些可行的系统干预与改变方法，并和贫困妇女一起订立服务计划。

(5) 沟通与协调。妇女贫困的一个重要原因是她们与自己所处的各系统之间的互动不良和交互性适应不良。因此,社会工作者要扮演协调者的角色,与贫困妇女的各系统进行沟通与协调,推动各系统的资源与支持流向贫困妇女。社会工作者可以通过访谈、座谈、焦点小组等方式开展各系统之间的沟通与合作,共同致力于妇女贫困问题的解决。贫困妇女的大部分改变都和重要他人有关,社会工作者尤其需要和他们沟通。

(6) 再评量。由于贫困妇女的生态系统不是静态的,而是处于动态的变化之中,社会工作者对贫困妇女的生态评量和干预策略相应地也需要做出动态调整。这就需要在介入过程中,对其生态系统再评量。此外,如果原有的干预方案进展得不是很顺利,就需要再评量。社会工作者需要再度和贫困妇女及其重要他人进行会谈,以获取更多的资料,重新找到切入口,调整干预方案,确保服务目标的完成。

(7) 评估。在服务结束期,社会工作者需要结合过程评估和结果评估对所开展的妇女反贫困服务进行全面评估,检验服务目标是否完成。

(四) 社会工作者的角色

帕德克总结了生态系统模式中社会工作者的六种专业角色①。这些角色对社会工作实践至关重要,它们能帮助社会工作者在个人、家庭、团体、组织和社区等各个层面开展有效的工作。在妇女反贫困实践中,社会工作者扮演着如下几种专业角色。

---

① Pardeck J. T., *Social Work Practice: An Ecological Approach* (Auburn: Greenwood Pubishing Group, Inc, 1996), pp. 3 - 4.

（1）服务提供者：社会工作者通过分析贫困妇女面临的困难或问题，为其提供直接的、具体的服务，激发其潜能，使其受到损害的功能得以恢复。

（2）使能者：社会工作者给予贫困妇女支持，专注改善她们的社会功能，协助她们控制情绪，强化她们改变的动机，促使她们提升自我效能感，发现和掌握解决问题的方法。

（3）经纪人：社会工作者协助贫困妇女与家庭、社区等各系统的接触与互动，将系统中可用的资源（或服务）与其链接起来。与贫困妇女共同评估特殊状况，引导她们在不同的资源中做选择，促使她们与其他机构联系起来。

（4）协调者：社会工作者以系统的方式将那些与贫困妇女相关的因素组织起来，当社会工作者的目标是调和对立或不同的观点并将参与者团结在一起时，这一角色就集中在其所采取的行动上。

（5）倡导者：社会工作者倡导包括向别的个体、机构、组织乃至社会施压去介入，引导其关注贫困妇女的问题并正视妇女的需要。

（6）教导者：社会工作者协助贫困妇女学习问题解决的技巧，澄清对贫困问题、对性别角色等的认知，为贫困妇女提供就业、培训等信息以及示范行为等。

上述社会工作者角色不是单一的，它们往往是重叠的。例如，服务提供者与使能者的角色很难分开。不同角色之间的互补性很重要，而且它们往往是集中在一起的而不是保持不同。① 比如在持续阶段，社会工作者扮演服务提供者、使能者、教导者、经纪人、倡导者等多种角色。

---

① Pardeck J. T., *Social Work Practice: An Ecological Approach* (Auburn: Greenwood Pubishing Group, Inc, 1996), p. 4.

第二节　社区发展模式

一、社区发展模式概述

（一）社区发展模式的基本概念

社区发展模式是由美国学者罗思曼（Rothman）根据社区发展和社区建设的有关经验所提出的社区工作实务模式。它是在第二次世界大战之后，在联合国的推动下产生并发展的。进入20世纪70年代后，社区发展成为“农村综合发展”战略的一个组成部分。在联合国和世界银行的推动下，社区发展逐渐成为一项世界性运动①。社区发展模式强调，在一个较大的社区范围内鼓励社区居民通过自助或互助的方式，广泛参与社区事务、解决社会问题、推动社区发展。② 社区发展模式的基本概念主要包括社区、社区资本、社区运行机制、社区参与、社区意见领袖、社区教育等。

1. 社区

社区的概念是由德国社会学家滕尼斯（Tönnies）提出的。他认为，社区与社会是两种不同的社会生活类型。在社区里，人们基于亲密的私人关系来建立联系，基于生活的统一性原则，以血缘、情感和伦理团结为纽带；人际互动频繁而直接，具有很强的情感性取向。在社会里，人际关系建立在目的、利益以及以此为条件的人际距离的基础上，基于自由与理智的思考，以规则、政策、公众舆论和特殊利益为纽带；人际互动是非人格化的，具有强烈

---

① 文军：《社会工作模式：理论与应用》，高等教育出版社，2010，第283页。
② 顾正品：《社区工作的主要模式：地区发展模式》，《中国社会工作》2018年第13期。

的工具理性和机械化色彩。

沃伦(Warren)在《美国的社区》一书中将社区界定为满足当地人需要的、能够履行主要社会功能的众多社会单元的结合体,包含那些能够满足社区居民日常生活所需的各类组织,如学校、商店、医院等。社区建设、社区发展语境中的社区包含以下五个基本要素,即一定数量的人口、一定的区域边界、社区互动、社区规范与社区认同感。

随着人类社会进入信息时代,人们利用互联网构建了多种形式的网络社区,突破了社区物理意义上的地域空间,拓展了社区的虚拟空间。网络社区有利于增进邻里关系,促进居民参与社区活动,更加轻松地共享信息,构建和催生弱关系,提供更好的、不同种类的资源。①

2. 社区资本

当社区内部的各类资源或资产被挖掘、利用产生新的资源时,他们就转化为社区资本了。美国学者弗洛拉(Flora)认为,社区里存在七种重要的社区资本,即自然资本、文化资本、人力资本、社会资本、政治资本、金融资本和建设资本。② 自然资本包括气候、土壤、景观,以及森林、草原、沼泽等生态系统及生物多样性。文化资本是任何与文化及文化活动有关的有形资产和无形资产。人力资本是社区内每个人的技术和才能,也包括潜能。社会资本包括社区关系网络、社区互动规则和社区居民相互间的信任。日本的地域货币是社区中最典型的社会资本形式。地域货币在特定的社区网络中运行,以物和服务的循环为对象,每个社区成员都有自己的账户。它适用于与

① 贺佐成:《社会资本视角下城市虚拟社区治理研究》,华南理工大学出版社,2014,第9—13页。

② 福罗拉:《农村社区资本与农村发展》,肖迎译,民族出版社,2011,第16—18页。

福利、环境、教育、文化等相关的社区活动，构筑了循环经济模式。① 政治资本包括组织、联系、声音和权利，是一个社区影响市场、国家和公民社会标准的能力，决定着资源分配。金融资本是用于投资的金钱，目的是实现资本增值。建设资本是指基本设施建设所需的资本，通过特定的利益部门得以建设，被所有社区居民广泛利用。这些资本能够从一种形式转换成另一种形式，因而资本之间彼此增进，也彼此减损。

3. 社区参与

社区参与是指社区发展主体以各种方式直接或间接地介入社区治理或社区发展的行为与过程。社区参与的主体包括政府、社区组织、居民、企业、非营利组织等。社区参与的客体是社区公共事务和公共活动。需要层次理论视角下的社区参与的内容如表 4 - 2 所示②。社区发展主体只有广泛、深入、有效地参与社区建设中有关决策、实施、管理和利益分享的全过程，才能推动社区福利与社区各个方面的发展。

表 4 - 2　需要层次理论视角下的社区参与

	社区公共需求（选择偏好）	社区公共事务（公共产品）	社区公共问题（公共需求与供给失衡）
生存需要	设施完善、环境优美	社区基础设施建设、垃圾清理、绿化管理	经常性停水断电、无社区菜场、垃圾成山、蚊蝇乱飞
安全需要	生命安全、财产安全	社区消防、社区照顾、社区巡逻	社区就医难、刑事案件频发、社区治安差、偷盗事件常见

① 郭济：《行政管理体制改革：思路和重点》，国家行政学院出版社，2007，第 110—111 页。
② 冯敏良：《社区参与的内生逻辑与现实路径——基于参与—回报理论的分析》，《社会科学辑刊》2014 年第 1 期。

续　表

	社区公共需求 （选择偏好）	社区公共事务 （公共产品）	社区公共问题 （公共需求与供给失衡）
社交需要	人际互动良好、人际关系和谐	社区活动的开展、邻里网络的建立	邻里关系冷漠、社区纠纷不断
尊重需要	相互尊重、草根民主培育	社区公约制订、社区三会建设	居民矛盾不断、邻里缺乏信任、居民的知情权、参与权被剥夺
自我实现需要	社区资源发掘、居民能力培养	社区活动的组织与参与、社区社会组织的培养、社区参与机制的建设	无社区领袖、居民能力弱

4. 社区发展

社区发展是指社区居民在政府及其他组织机构的指导、支持下，充分挖掘社区资源，依靠本社区的力量，改善社区经济、社会、文化、生态状况，解决社区问题，提高居民生活质量和促进社会协调发展的过程。根据美国社会学家桑德斯（Sanders）的研究，社区发展的内涵大致可从以下四个方面来划分和理解：一是过程说，强调一系列有计划的步骤和居民社会心态与关系的转变过程；二是方法说，强调组织和教育社区居民积极参与；三是方案说，强调社区卫生、农业生产、文化娱乐等实务，一般在社区发展的初期采用；四是运动说，强调动员社区参与并建立自己的组织结构、设置自己的运作程序、组建自己的专业人员队伍。①

5. 参与式发展

参与式发展是指通过社区成员的广泛参与来实现可持续发展，基本原则包括建立伙伴关系、尊重乡土知识和群众的技能、重视过程②。根据社区

① 文军：《社会工作模式：理论与应用》，高等教育出版社，2010，第 286—287 页。
② 崔效辉：《论参与式方法在农村社区发展中的应用》，《农村经济》2008 年第 11 期。

成员在发展项目中参与内容和参与程度的不同，我们可以把参与式发展分为社区参与发展、以社区为基础的发展和社区主导发展三种方法或三个阶段。在社区参与发展阶段，社区没有决策权，主要是政府在社区发展项目的规划、实施、运营与维护过程中充分听取社区居民的意见和建议。以社区为基础的发展是指政府将决策权和控制权交给社区，但项目资金仍由政府控制。社区主导发展是指政府将社区项目的决策权和项目资金的控制权都交给社区。其中，社区主导发展方法是最佳方法，因为它使社区成员尤其是穷人可以表达自己的需要，赋权于社区成员，注重他们平等、自愿地参与社区集体事务，培养合作精神，挖掘潜能，自我管理，同时最大限度地消除信息不对称，保障社区成员的发展利益。①

6. 社区运行机制

弗洛拉归纳了地方社区三种基本的运行机制：市场、国家和公民社会。② 市场包括很多公司和机构，它按照一定的利益交换货物和服务，以营利为目的。城市社区治理要求越来越多地发挥市场的作用，除了社区中传统的商业活动、物业管理、社区家政等以外，社区福利服务（如智慧养老服务）中市场的作用日益明显。农村社区中，农业是市场部门的一个部分。市场在农业现代化的过程中发挥着主导作用。市场需要国家或政府有效管理和规范运作，在提升效率的同时彰显社会公平，即一方面要建立并加强市场运作的规则，另一方面要提供公共福利。

根据市场、国家和公民社会三种力量之间的关系与互动的不同，社区治

① 刘胜安：《社区自主型发展：国际经验与中国实践》，光明日报出版社，2012，第1—16页。

② 福罗拉：《农村社区资本与农村发展》，肖迎译，民族出版社，2011，第14—16页。

理形成了不同的治理模式，如社区自治型、社会合作型、政府主导型和混合治理型等。社区自治型模式以美国为代表，政府与社区相对分离，政府主要职责是制度供给，以协调社区利益主体之间的关系，保障民主参与。社会合作型模式以英国为代表，政府对社区公共事务实行社会化管理，将大量社区服务事务委托给非营利组织和私营部门承担，形成了政府出资、社区组织承办的格局。政府主导型模式以新加坡为代表，政府对社区公共事务的干预较为直接和具体，社区发展的行政性和官方色彩浓厚。混合治理型模式以日本为代表，形成政府管理与民间治理相结合的格局。政府虽设有职能部门主管社区发展事务，但干预力度较小，主要职责是制定规划、实施指导、提供财政支持。中国的经济体制改革释放了市场和政府很多服务职能，转由社区来承担。社区在社会福利服务、社会救助、居民生活需求满足与生活质量提升，以及加强精神文明建设、维护社会稳定等方面意义重大，但还需要在政府管理与社区自治方面进一步平衡。

（二）社区发展模式的基本假设

社区发展模式的基本理念是："让我们聚在一起，我们就能发现要做什么，然后完成它。"社区发展模式主张，社区变革最好的途径是广泛的社区参与。通过居民参与、互动合作，居民自助与教育，培养地方领导人才，挖掘地方资源，重建和谐的社区关系，增强社区居民的归属感和安全感，解决社区治理方面的困难。社区发展模式假定可通过建设性的方式处理各利益主体之间的冲突，鼓励人们表达意见，即先将自己的利益暂时放在一边，倾听并考虑对方的意见或分歧，通过让步式合作来维护自己的利益。罗夫曼(Roffman)认为，社区发展模式的基本假设包括：强调社区居民广泛参与社会治理和社会变迁；在社区层面制订计划并确定目标；强调过程而非结果。基于这些基本认识，结合社区参与的要素和过程，社区发展模式的基本假设包括以下几个方面①。

1. 关于社区发展和变迁的假设

在工业化和城市化的推动下，社会逐渐丧失与传统社区的自然联系。城市社区因生产活动与生活的分离，日益成为一个生活共同体。正如哈贝马斯所言的系统世界对生活世界的“殖民”，工具理性也日益被嵌入人们的日常生活中，消解了人与人之间的温情，人际冷漠成了一种“城市病”。重塑社区认同，增强社区归属感，成为城市社区治理的重要目标。农村社区在寻求发展的过程中，日益变成一种工具理性的制度化组织关系和市场交换关系，过度关注经济增长，忽视了生态价值。自科学发展观推行之后，当前农村社区发展越来越走向可持续发展的生态发展模式。城市社区和农村社区都将以人为本、满足多元需求、广泛参与的多元共治作为新的治理理念。

2. 关于个人的假设

在传统的自然社区里，人们基于血缘和地缘而建立亲属、邻里、朋友等亲密关系，基于农业生产活动而形成共同的目标和利益，团结合作，互帮互助。但随着工业化和城市化的不断推进，生活世界被殖民化，个人主义盛行，工具理性至上。人们的生产与生活场域分离，城市社区主要蜕变为生活共同体，居民之间的利益联结不复存在，情感联结也日趋减少。因此，社区居民对社区公共事务变得漠不关心，社区参与热情不高，社区公共问题难以得到妥善解决。

---

① 谢建社主编《社区工作教程》，江西人民出版社，2006，第110页。

3. 关于行动动机的假设

受工具理性的影响，社区居民追求个人利益最大化。因此，社会工作者要充分尊重和考虑社区居民的需求和利益，寻求共同的需求和目标，促使社区居民与他人合作，共同参与社区活动，积极主动地解决社区共性问题，实现居民个人利益和社区集体利益的统一。

二、社区发展理论视角下妇女贫困的原因

社区发展不足是妇女贫困的首要原因。政治家们认为，女性应该被灌输的是“要举手奋斗，不要伸手施舍”。但是，如社会工作者所指出的，没有资源作为支撑，就像将一根稻草放到不断扩大的裂口上当作桥一样容易断裂，而留给毫无准备的女性的只能是更多有待处理的问题。[①] 本书第三章对中国妇女贫困空间生产逻辑的分析显示，中国尚处于现代化进程中，空间上的城乡发展不平衡决定了农村妇女的贫困更加严重。同时，中国为了实现超常规发展，制定了东、中、西部不均衡的空间发展战略，导致贫困发生率自东向西逐渐升高，中小城市、资源型城市和少数民族聚居型城市也相对拥有更高的贫困发生率。东北地区资源型城市呈现高人均 GDP 和高贫困发生率的“隐藏性贫困”，西南地区部分少数民族聚居型城市呈现低人均 GDP 和相对低贫困发生率的“特殊性低贫”。[②] 由此，中部和西部地区的妇女比东部地区的妇女更容易陷入贫困。许春淑与闫殊基于 30 个省级动态面板数据

① Lena Dominelli：《女性主义社会工作：理论与实务》，王瑞鸿、张宇莲、李太斌译，华东理工大学出版社，2014，第 4 页。

② 袁媛、古叶恒、陈志灏：《中国城市贫困的空间差异特征》，《地理科学进展》2016 年第 2 期。

GMM方法的实证研究发现,城乡义务教育均等化的减贫效果显著。但是,因中部和西部地区人力资本源源不断地流入中部地区、教育资源投入产出效率低下、社会保障制度不健全等,使得中部和西部地区城乡义务教育均等化对降低农村贫困率的路径依然受阻。①

从贫困的类型来看,城市贫困主要因为失业、伤残疾病和低收入等导致个人或家庭收入不能满足基本需求。因此,城市妇女贫困主要是财富占有差距所体现的相对贫困。② 而在农村,特别是第三世界的农村,贫困主要表现为居住环境恶劣,劳动生产率水平低下,人们的受教育程度、就业水平和生活水平较低,身体素质差等方面。因此,农村的妇女贫困不仅是收入贫困,还包括教育贫困、健康贫困等诸多方面。随着国家精准扶贫取得阶段性胜利,农村妇女贫困也由绝对贫困阶段向相对贫困阶段转变。从贫困的成因来看,城乡之间差异显著。城市空间结构的变化是政府、市场、社会、个人的共同作用,尤以政府和市场的影响为主。住房体制改革是城市居住空间分异③最主要的动力机制,保障性住房区、部分老工业区、城市外围、老城区等成为城市贫困人口聚集的贫困空间。④ 改革开放后,城市贫困空间存在"剥夺式"重构现象,贫困人口在工作机会、医疗服务、子女教育和公共交通

① 许春淑、闫殊:《城乡义务教育均等化减贫效应及地区差异》,《经济问题》2017年第9期。

② 王昆:《转型期中国城市贫困问题制度研究》,硕士学位论文,复旦大学经济学院,2007,第19页。

③ 空间分异是空间分层异质性的简称。城市居住空间分异是这样一种居住现象,即在一个城市中,不同社会属性(如贫穷与富裕)的居民聚居在不同的空间范围内,整个城市形成一种居住分化甚至相互隔离的状况。

④ 慈勤英、张芳:《城市贫困空间固化的社会治理研究》,《西南民族大学学报(人文社会科学版)》2017年第3期。

等方面被部分剥夺与侵占，进一步发展的机会减少。[①] 农村贫困是环境制约、制度排斥等多重因素导致的结果。首先，生态环境恶劣使得我国农村贫困地区集中连片分布，存在经济贫困与环境贫困互为相关的恶性循环[②]。其次，受城乡二元体制的影响，农村的教育、医疗、养老、基础设施建设等普遍落后于城市，导致在燕山—太行山以及黑龙港流域连片贫困地区的贫困发生率高达 39%，其中纯老年人家庭贫困发生率为 76.2%，存在贫困家庭老龄化、老年人家庭贫困化的趋势。

三、妇女反贫困的社区发展模式

（一）主要目标

妇女反贫困社区发展模式的处置目标包括以下几个方面：解决妇女贫困问题；提高妇女及其家庭的生活质量；妇女通过社区参与学会自决、自助来增强解决问题的能力；改善妇女家庭沟通及其与组织之间沟通与合作的关系；增强妇女的社区认同感与归属感。

从工作程序来看，社区发展模式的目标分为任务目标和过程目标。任务目标是指完成一系列实质性的工作，或者解决一系列具体的问题。过程目标是为了增进人们的信心、增加人们的知识、提高人们的技能或促使态度改变。妇女反贫困社区发展模式的任务目标主要包括：（1）通过社区自然

① 吕陈、石楠：《北京城市贫困空间历史演变特征分析》，《现代城市研究》2016 年第 9 期。

② 李霞、韩保江：《我国城乡双重贫困的表现、原因与对策》，《宁夏社会科学》2012 年第 5 期。

资源的开发与利用、产业发展等实现社区的经济发展，提升贫困妇女的收入水平。(2) 促进社区的社会事业发展，包括社区教育、医疗卫生、福利服务等，提升贫困妇女的受教育程度和健康水平，改善贫困妇女的福利服务。(3) 加强社区基础设施建设，包括社区供电供水、道路建设、垃圾处理、农村社区的农田水利设施建设等，改善贫困妇女的居住环境。(4) 促进社区文化发展，丰富贫困妇女的文化生活，改善贫困妇女的精神面貌；尊重地方知识，挖掘社区文化资本，将社区经济活动与特色文化资源相结合，实现文化资本向经济资本的转化。(5) 推动贫困妇女与男性一起共享社区发展的成果，改变贫困妇女在家庭和社区中的弱势地位。

结合托马斯(Thomas)关于过程目标的观点，妇女反贫困社区发展模式的过程目标主要包括：(1) 贫困妇女意识到社区参与的重要性，并愿意承担推动社区发展的责任。(2) 贫困妇女之间、贫困妇女与其他居民之间的互动与交往增加。(3) 邻里互动与关系改善。(4) 贫困妇女与社区组织之间重建紧密的联系。(5) 贫困妇女的各种社会支持网络重新建立，尤其是政府、市场、社会组织等正式社会支持网络的建立。(6) 贫困妇女意识到个人和家庭的发展同社区发展的紧密联系，积极投身于社区建设当中，增强自己的社区认同感与归属感。

(二) 主要原则

美国社会学家邓纳姆(Dunham)在阐述社区发展的基本原则时，主要强调了共同需求、自主、外部协助、计划等核心。根据学界有关研究成果，结合我国社区发展与妇女反贫困的具体实践，妇女反贫困社区发展模式的处置原则主要包括：(1) 全面规划原则。受历史进程、自然地理、生态环境、民族文化及国家发展战略等多重因素的影响，中国贫困人口以农村人口为主，且呈现范围广、相对集中的空间分布规律，具有贫困户、贫困村、贫困县、贫困区(片)等多级并存的组织结构和空间集聚分布格局。[①] 因此，贫困治理必须结合城乡协调发展、区域协调发展、乡村振兴等国家战略，全面、科学地规划，提高贫困治理的有效性，阻断贫困的代际传递。(2) 因地制宜原则。由于各个社区的地理环境、历史传统、文化背景、社会基础、经济发展程度等各不相同，地方政府应尊重现实与差异，挖掘优势资源，选择切实可行的社区发展路径与策略。(3) 自上而下与自下而上相结合的原则。社区发展与贫困治理离不开国家自上而下的政策支持、资金投入、服务供给等。同时，为了使社区发展目标能够反映大多数社区居民尤其是贫困妇女的实际需求，在进行社区规划时需自下而上地征求社区居民尤其是贫困妇女的意见，寻求社区居民的认同与支持。(4) 妇女参与原则。社区发展模式尤其强调妇女特别是贫困妇女的社区参与。贫困妇女在参与中表达自己的需求和愿望，理解社区发展的有关政策，习得生存本领与沟通技巧。(5) 满足妇女需要、保障妇女权益原则。贫困妇女处于双重弱势地位，她们的实际需求往往被家庭所忽视，被正式制度安排所排斥。妇女反贫困的社区发展模式，要将贫困妇女的需求与愿望放在中心位置，区分问题的轻重缓急，努力解决她们最急迫的问题，保障妇女权益不受损害。

(三) 主要模式

从社区概念出发，社区发展有社会体系模式、社会冲突模式和社会场域

① 刘彦随、周扬、刘继来：《中国农村贫困化地域分异特征及其精准扶贫策略》，《中国科学院院刊》2016 年第 3 期。

模式等存在模式;从社区发展概念出发,社区发展有计划变迁模式、政府授权模式、社会参与模式和文化创新模式等功能模式。[①] (1) 社会体系模式,强调社区发展要坚持系统联动、功能互补、互动沟通、整体发展的理论和实践取向。(2) 社会冲突模式,强调社区发展必须认清社区内的基本矛盾及其在不同时空的主要表现,解决好利益冲突、代际隔阂、压力适应等问题。(3) 社会场域模式,强调社区发展必须充分调动社区的自然、社会和人文资源,处理好个人与组织、局部与整体等关系。(4) 计划变迁模式,认为制定好社区发展规划至关重要。(5) 政府授权模式,强调社区发展是一种自上而下的社区政策执行过程。(6) 社会参与模式,强调社区发展中的居民参与,尊重居民的意愿和需求,充分挖掘社区资源,调动居民参与的积极性。根据场合、对象、项目的不同,参与式方法主要有四种类型:以社区为基础的方法,如参与式评估法(PRA);社会分析方法,如性别分析、社会评估等;咨询项目利益拥有者方法,如受益评估、系统性客户咨询、参与式贫困评估等;以研习班为基础的方法。[②] 社区主导发展方式(CDD)是社会参与模式中的典型,常以项目形式出现,通过在社会、市场和政府之间建立起一套制度使社区成员在这套制度下运用各种资源来提高自己的福利水平,运作的逻辑框架如图 4-2 所示。[③] (7) 文化创新模式,强调融信息集约、技术革新、文化嬗变和观念扩散为一体的综合性发展。

---

① 常铁威:《新社区论》,中国社会出版社,2005,第 47—49 页。

② Bhatnagar B., Kearns J. and Sequeira D., *The World Bank participation sourcebook* (Washington DC: The World Bank, 1996), pp. 181-204.

③ 孙同全、孙贝贝:《社区主导发展理论与实践述评》,《中国农村观察》2013 年第 2 期。

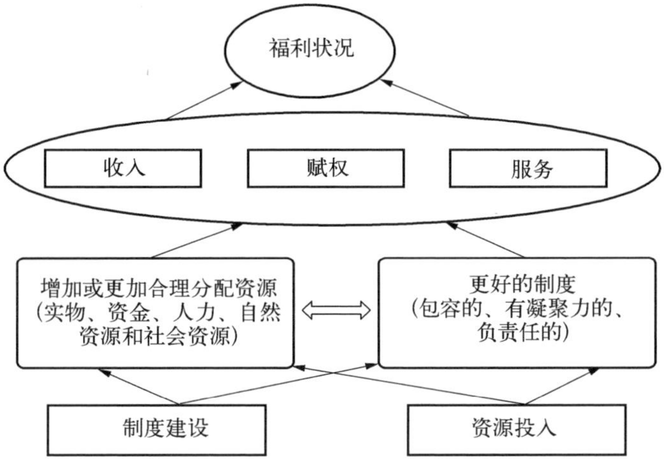

图 4－2　CDD 项目运作的逻辑框架

(四) 主要过程

亨德森(Henderson)和托马斯将社区工作过程分为九个阶段：规划和协商进入；了解社区；规划下一步该做的事；建立联系和将人们集合在一起；建立组织；帮助理清目标及优先次序；使组织继续进行；与朋友和敌人交往；离开和结束。妇女反贫困的社区发展模式的处置过程，需从妇女贫困问题入手，分析造成妇女贫困的原因，引导贫困妇女积极表达，组织她们采取行动，以获得社会支持，从而实现脱贫致富。

在这个过程中，首要的是社会工作者能顺利融入社区，获得贫困妇女的信任，与其建立良好的专业关系。作为他者，社会工作者要进入贫困妇女的生活世界，在深入理解其日常生活的基础上，不带任何偏见、主体间性地解读妇女贫困的现状及原因，客观地评估贫困妇女的需求。同时，社会工作者只有融入贫困妇女的生活，才能获得贫困妇女的信任，引导她们一起行动。因此，社会工作者必须扎根社区，入户访谈，拜访社区关键人物，还要深入田间地头，同贫困妇女进行探索性和招揽性接触。在接触的过程中，社会工作者要以真诚、热情、认真、开放的态度去与贫困妇女沟通，倾听她们的想法，并在互动的过程中与贫困妇女建立良好的专业关系。

而最重要的工作是赋权，包括引导贫困妇女自我赋权、协助她们个体赋权、组织她们群体赋权。社会工作者要将贫困妇女组织起来，引导她们积极参与，拓宽沟通和合作的渠道，善用地区资源解决妇女的贫困问题。参与式评估法和口述史评估法是两种涉及赋权过程的方法，也是社会工作者使用较多的方法。

此外，妇女反贫困的社区发展模式离不开政府部门和其他组织的支持。在中国现有的行政体制与文化背景下，与政府部门和其他组织沟通常用的技巧包括刚柔并济、多接触、闲话家常、隐弱扬强、旁敲侧击、求同存异等。①

（五）社会工作者的角色

妇女反贫困的社区发展模式尤其注重贫困妇女的社区参与，让她们在参与中增强权利意识，学习生存技能，掌握组织、沟通和协调技巧，实现“自觉、自主与自助”。因此，社会工作者在妇女反贫困的社区发展模式中，主要扮演使能者、教育者、协调者和资源链接者等角色。

1. 使能者的角色

增强贫困妇女的生存能力和解决实际问题的能力是社区发展模式的重要目标。社会工作者要做好赋权使能的角色，将贫困妇女组织起来，让她们表达自己的需求和愿望，分析自己在家庭和社区中的处境与地位，讨论问题

① 冯国坚：《如何处理与地方团体及政府部门的关系》，载甘炳光等编《社区工作技巧》，香港中文大学出版社，1997，第128—130页。

并分析原因，探讨贫困妇女群体的共同需要及发展目标，促使贫困妇女之间加强合作，充分发挥其积极性，激发其潜能。

2. 教育者的角色

社会工作者要培养贫困妇女分析问题和解决问题的能力，向她们传授信息获取与信息处理、科学决策、人际沟通、组织协调、亲子教育等方面的知识与技巧，引导贫困妇女积极参与，培养独立自主、自助互助的精神。

3. 协调者的角色

妇女反贫困的社区发展模式通常是政府自上而下的支持与居民自下而上的参与相结合的。社会工作者需要在政府部门之间、政府与社区之间、社区与社区各组织之间、社区居民与各组织之间进行沟通与协调，增进了解与理解，减少误解与分歧，促进团结与合作。

4. 资源链接者的角色

社区发展离不开多样化的资源。社会工作者不仅要引导贫困妇女及其他社区居民充分挖掘和利用社区内部的资源，还要多方动员、联络社区外部资源，尤其是要认真分析和利用现有的政策资源和市场资源，通过发展好项目、特色项目帮助贫困妇女脱贫致富。

第三节　女性主义模式

一、女性主义模式概述

女性主义社会工作发端于女性主义的社会运动，将社会性别这个概念引入社会工作，从女性的经验出发，专注于女性社会地位与其个人困苦之间的联结,回应女性的独特需要,创设社会工作者与“案主”间的平等关系,并探讨结构上的不平等,以此增进女性的福祉。传统指导社会工作实务的理论与方法假定性别是中立的,主要由男性基于他们的生活经验、发展、意见和需求建立的。例如:哈丁(Harding)指出,女性主义社会工作挑战了传统社会工作性别盲区的理论与实务,倡导对女性案主和女性工作者的需要做出敏感的性别化回应;西格尔(Segal)认为,传统的社会工作实务假定女性在家庭中处于附属地位,女性的主要任务就是照顾丈夫、儿童和老人,“家庭照顾女性化”成为普遍事实;威尔逊(Wilson)研究发现,在性别隔离化的社会分工体系中,早期社会工作主要是女性对女性的工作;哈利特(Hallet)指出,女性被视为社会工作者,男性则是做出影响实务和资源整合的政策管理者。[①] 社会性别体制是一套确定两性社会地位与社会角色的社会制度安排,它使女性从属于男性。[②]

(一)女性主义模式的基本概念

1. 社会性别体制

社会性别体制是一整套确定两性社会地位和社会角色的社会制度,它通过文化、政治和经济等多方面的作用,使女性处于从属地位。[③] 首先,社会性别体制延续着一整套父权制度,维持着男尊女卑、男性特权的性别不平等秩序。其次,社会性别体制与社会中的文化、政治、经济以及个人的亲密关

① 莉娜·多米内利:《女性主义社会工作:理论与实务》,王瑞鸿、张宇莲、李太斌译,华东理工大学出版社,2014,第8—11页,23页。

② 盖尔·鲁宾:《女人交易——性的“政治经济学”初探》,载王政、杜芳琴主编《社会性别研究选译》,生活·读书·新知三联书店出版社,1998,第24页。

③ 佟新:《社会性别研究导论——两性不平等的社会机制分析》,北京大学出版社,2005,第4—5页。

系等因素相互作用。最后，作为一种历史现象的社会性别体制具有可变性。进入现代社会，父权制受到怀疑，各种女权运动推动了性别关系的变革，性别平等观念不仅进入了学术视野，也进入了国家法律及其他制度框架中。

2. 性别政治

性别政治这一概念由米利特（Millett）提出，是指占据主导地位的性别一方（通常是男性）对处于从属地位的性别一方（通常是女性）施加权威的过程。在此过程中，身体与权力交织在一起，身体具有了社会性和政治性。性别与种族、阶层和阶级一样具有政治的特点，在男人与女人之间存在着各种权力关系。性别成为权力的场域，不同性别阶层之间展开了权力的较量。① 社会在截然对立的男女性别二分基础上被分化。这种二分强调男性注定优于女性，使得男性和女性之间的个人关系变成了一种政治关系，女性处于不利地位。② 在这场权力斗争中，金钱、权威、尊重、服务、安全、房舍供给、进入体制权力的门路、掌控自己生活的权力等是性别政治中最主要的利害关系，它的受益者是全体男性，受害者则是全体女性。③

3. 日常生活政治

性别政治遍布于日常生活中的每一个角落，男性在日常生活中处于主导地位，而女性则处于被动、边缘的位置。女性的日常生活围绕其抚育者的角色，话语体系也围绕着女性作为特殊族群标志的身体而展开。女性通过

① 段成利：《论性别政治的终结》，博士学位论文，浙江大学思想政治理论与教学科研部，2013，第13—15页。
② 凯特·米利特：《性的政治》，钟良明译，社会科学文献出版社，1999，第26—88页。
③ 艾尤：《日常生活·身体叙事·性别政治》，《首都师范大学学报（社会科学版）》2013年第1期。

母亲角色进行生育、抚养和子女社会化的活动，由此将文化融入程序化的日常生活之中。通过性别化的方式，文化变得政治化，政治变得文化化。新管理主义者在公共领域的工作实践中增加了政治化的性别文化。学者们指出，社会工作是一种女性的职业，却在很大程度上被掌握资源和控制决策的男性所决定。①

4. 女性主义

学界从政治、理论和实践层面来阐释女性主义，认为女性主义是一场提高女性地位的政治斗争，是一种强调两性平等的价值观念、学说或方法论原则，是一场争取妇女解放的社会运动。② 19 世纪中叶至 20 世纪 20 年代，世界上掀起了第一次女性主义浪潮，主要是争取与男子平等的政治权利、选举权利。第二次浪潮发生于 20 世纪 60 年代，主要从“权力”角度分析性别不平等的根源，着重探讨父权制的社会性别机制。第三次浪潮发生于 20 世纪 90 年代，主张“差异平等观”，探讨如何以正当的方式理解、尊重和保护两性差异。③ 在社交媒体的助推下，女性运动于 2012 年出现第四波浪潮，2018 年前后进入高峰期。

（二）女性主义理论流派的基本观点

关于女性受压迫的根源和如何终结这种压迫，不同的女性主义理论流派存在意见分歧。

---

① Lena Dominelli：《女性主义社会工作：理论与实务》，王瑞鸿、张宇莲、李太斌译，华东理工大学出版社，2014，第 49—50 页。

② 肖巍：《女性主义与女性主义伦理学》，《现代哲学》1998 年第 3 期。

③ 魏坚、孙丹：《女性主义对西方考古学的建构——女性主义与性别考古》，《中国人民大学学报》2019 年第 4 期。

自由主义女性主义在论证了男女具有同等的理性和能力的基础上，提出女性和男性应当享有平等的权利和同等的发展机会，倡导女性通过获取和男性一样的机会实现自身的解放。[①] 自由主义女性主义理论流派的基本观点如下：(1) 理性和能力同等论。反对过分强调性别差异，主张强调男性和女性在理性和能力方面的相似性。(2) 权利和机会同等论。主张纠正对女性个人利益和选择不公正的法律和教育体制，女性要从教育和经济体制中争取机会，寻求经济上和人格上的独立，摆脱对男性的依赖。(3) 女性个人奋斗论。该观点认为，如果女性得到了与男性同等的竞争机会，就会成功，社会不需要对女性实施特别的保护性待遇。[②] 自由主义女性主义应用到社会工作中的主要目标在于，鼓励女性通过有偿劳动获得经济独立和人格独立，主张职场中男女同工同酬，女性应基于能力获得更多的管理职位，走向职业发展的更高层次。[③]

激进女性主义的核心观念认为，女性遭受的压迫来自父权制，并从母性的分析、性别批判和女性的解放三个层面对父权制进行批判。虽然生育孩子是由女性的生物属性决定的，但抚养孩子却是由其社会属性决定的。父权制用女性生物属性的“母性”掩盖了社会属性的“母性”，并用母性制度压倒了母性经验，从而维持了男人对女人的统治。[④] 费尔斯通(Firestone)指出，性成了男性压迫女性的一个重要因素，女性被建构成了一个“性阶级”。

---

① 贝蒂·弗里丹：《女性的奥秘》，程锡麟等译，四川人民出版社，1988，第 448—472 页。

② 张广利、杨明光：《后现代女权理论与女性发展》，天津人民出版社，2005，第 16—19 页。

③ Lena Dominelli：《女性主义社会工作：理论与实务》，王瑞鸿、张宇莲、李太斌译，华东理工大学出版社，2014，第 28—29 页。

④ 姚大志：《激进主义的女权主义评析》，《世界哲学》2017 年第 3 期。

麦金农(MacKinnon)认为,男性通过暴力对女性滥用权力。生育是父权制压迫女性的武器,是男性对女性身体的殖民。医疗技术因“缺乏女性的声音、立场和视角”而使女性在医疗技术系统中成为“他者”。① 有些激进的女性主义者主张,只有不与男性产生任何关系才能摆脱男性的压迫。② 也有的人认为,女性可以建立自己的空间和女性文化来满足需要、解决困难,过上女性解放的生活。③

马克思主义女性主义和社会主义女性主义这两个理论流派在根本观点上有很多重合之处,均强调女性承担的家务劳动在资本主义再生产中所起到的作用,但两者在理论基础、关注点和妇女解放的前提条件认识等方面存在差异。④ 马克思主义女性主义者指出,私有财产是妇女受压迫的根源。阶级社会倾向于把男性的工作社会化,把女性的工作家庭化。妇女解放的首要条件是妇女参加社会生产,使家务劳动社会化。⑤ 推翻资本主义、消灭私有制,让女性进入有偿的劳动体系,是妇女解放的途径。社会主义女性主义认为,不能仅从经济的角度剖析两性关系的实质,应从社会主义生产关系发展历史和性别分工历史的角度结合现实的社会政治经济生活,从生活中的各个领域来解释妇女受压迫的根源,关注性别关系的社会建构性和交互性

① 易显飞:《现代技术与“性别统治”:激进女性主义的技术观》,《世界哲学》2019年第1期。

② Lena Dominelli:《女性主义社会工作:理论与实务》,王瑞鸿、张宇莲、李太斌译,华东理工大学出版社,2014,第30页。

③ 姚大志:《激进主义的女权主义评析》,《世界哲学》2017年第3期。

④ 张广利、杨明光:《后现代女权理论与女性发展》,天津人民出版社,2005,第38—40页。

⑤ 钟路:《马克思主义女性主义的演进与挑战》,《东北大学学报(社会科学版)》2017年第11期。

本质。例如，马尔库塞(Marcuse)指出，女性的身心都物化了，身体成为一种商品。女性只有从消费圣殿的虚幻满足中抽离出来，注重培养自身的价值主体意识，认识到自身的社会责任①，才能获得解放。

黑人女性主义者认为，自由主义女性主义、激进女性主义等反映的主要是基于中产阶层白人女性的性别平等主张，忽略了黑人女性的特殊性。黑人女性经受的不平等具有种族边缘化和性别边缘化的双重特征。因此，黑人女性主义者反对基于白人女性研究理论的普适性应用，主张更多关注阶级、种族等的差异性。性别之外的种族和阶级因素成为黑人女性主义者关注的焦点②，理论目标不仅在于社会变迁，还在于个人层面的自我成长，帮助微观个体从种族、阶级、性别的多重压迫中发展出更具韧性的种族、性别和自我认同，增强个体的自主性与适应性。

张广利和杨明光归纳了后现代女性主义的五个理论向度：一是解构主体的后现代女性主义，认为没有固定不变的女性本质，即使有也是男权中心文化强加的，强调女性主体的建构性和女性主体行为的宣成性，认为破除男权制度最有效的方法是男女混装。二是重构以女性为主体的后现代女性主义，反对解构主体的女性主义对女性经验、女性本质特征及主体性特征存在意义的彻底否定，在解构男权中心文化对女性本质特征的设定和歪曲的基础上，寻找、认识和实现女性真实的自我。三是重建女性话语的后现代女性主义，认为女性一直生活在男性霸权话语中，失去应有的话语权是女性受压

---

① 戴雪红、刘雪梅：《马尔库塞女性主义社会主义理论及其当代价值》，《理论视野》2019年第4期。

② 赵思奇：《美国黑人女性主义批评的理论建构》，《河南大学学报(社会科学版)》2017年第5期。

迫的根源，致力于重建女性话语。四是生态女性主义，认为现代社会中人与人、男性与女性、人与自然的关系是一种支配、控制的统治关系模式，因此要清除其与男权中心文化的二元对立和理性模式，只有做到人与自然的和谐相处，性别平等、男性与女性的和谐才有可能。五是理想的后现代女性主义，把追求后男权制社会作为奋斗目标，更关心广泛的平等，反对目前的全球经济秩序，希望建立一种多元化、有差别，但没有等级压迫的平等的理想社会，倡导重构我们的文化系统，树立多元文化、平等、协作的价值理念。①

综上可见，女性主义的理论发展就如其本身所倡导的一样，呈现出多元化的发展趋向，即使如此，这些存在诸多差异性的理论流派也恪守一些共同的理念。首先，它们都质疑二元对立的思维方式，在二元对立思维的视域下，容易形成等级观念，使得占据优势地位的一方的权力关系自然化。其次，它们大多采用建构性思维来分析问题，认为不存在内在于性别角色的本质规定性，男权主义者眼中那些女性所固有的行为和性格特质，实质是在男权主导的社会中被人为建构起来的。最后，它们的实践目标是追求男女在社会关系上的平等，在这一点上女性主义与自由、平等等各类的解放运动紧密关联。②

（三）女性主义模式的基本特征

1. 重视权利

女性主义反对父权制文化，认为性别平等是妇女社会解放的内容和实

---

① 张广利、杨明光：《后现代女权理论与女性发展》，天津人民出版社，2005，第 76—106 页。

② 凯西・E. 弗格森：《当代女性主义理论》，李泽明、赵开开译，《国外理论动态》2018 年第 7 期。

质,试图重新定义权利,强调权利的无限性、可培养性、效力和责任。

2. 强调立场理论

立场理论始于这样一个想法,即处于受支配或被压迫的群体往往具有更多的敏感性,她们能够同时感受到自己的想法和权力支配群体的想法。受压迫群体的成员必须运用多元视角去发展应对压迫的生存技艺。女性主义模式通过女性立场、女性视角和女性观点来透视和揭露针对女性的偏见、歧视和控制,从而增强性别研究的客观性。

3. 主张意识觉醒

意识觉醒来源于马克思关于工人阶级从“自在阶级”到“自为阶级”的意识分析,每个工人个体的意识觉醒是实现无产阶级解放的基本前提。女性主义所倡导的意识觉醒实际上是指提升女性群体的女性意识,强调女性必须了解自我、认识自我、发展自我,批判性、反思性地认识自我及自己扮演的各种角色,认识女性在经济、社会、文化、政治等领域面临的多重不平等。女性要意识到影响自己生活的周遭事物,并且通过对生活环境质量的评估,提出必要的改善措施,从而在发展过程中不断增强自己的思维、交际、学习和合作的能力。

二、女性主义理论视角下妇女贫困的原因

从女性主义的理论视角分析,妇女贫困的产生主要根源于不平等的性别关系。在男权社会背景下,一切涉及男女关系的场所,诸如家庭、职场、公共领域等都缺乏女性的声音,导致女性在个人发展上处于不利地位。具体而言,主要有以下几个方面的结构性因素。

（一）女性刻板印象

传统文化和性别刻板印象将女性限制在家庭空间中，扮演着操持家务者与家庭照顾者的角色。女性不断地被卷入周而复始照顾子女和老人的过程中。她们往往牺牲自己的利益以确保家人生活得更好一些[①]。由于相信女性在照顾方面的可获得性，政策制定者忽略了女性当今的生存背景，混淆了她们作为照顾者和有薪职业的复杂关系，限制了女性在公共领域和私人领域中的自由选择[②]。研究发现，女性受教育程度、劳动参与率、工作时间和职业地位获得有利于改变传统的性别角色观念。[③]

（二）性别分层与劳动分工相关

劳动分工是以性别为基础的，社会通过三种方式建构等级化的劳动性别分工：一是建构"女性以家庭为主、男性以社会为主"的劳动性别分工信仰，认为这是合情、合理、合法的。二是建构性别角色意识，女性扮演家庭照顾者的角色。三是将女性劳动视为情感劳动的信仰，即女性的付出尤其是承担家务劳动是她们心甘情愿的。等级化的性别分工不仅将两性分配到不同的劳动和工作岗位上，还意味着这些岗位有着高低之差。[④] 在性别分工中，男性比女性能够获得更多的资源，从而导致个体层面男女之间的权力差异。在新家庭经济模型中，当家务劳动的价格高于在市场上获得的工资时，

① Lena Dominelli：《女性主义社会工作：理论与实务》，王瑞鸿、张宇莲、李太斌译，华东理工大学出版社，2014，第 3 页。

② 同上书，第 56 页。

③ 卿石松：《中国性别收入差距的社会文化根源——基于性别角色观念的经验分析》，《社会学研究》2019 年第 1 期。

④ 佟新：《社会性别研究导论——两性不平等的社会机制分析》，北京大学出版社，2005，第 145—146 页。

女性会主动放弃就业而选择家务劳动。① 换言之，家务劳动让女性从劳动力市场中撤离。

（三）两性的职业发展充斥着不平等

即使女性进入公共领域，参与社会劳动，在职场中也面临着性别歧视，即在职业获得、晋升和收入上因性别而受到区别对待。这些性别歧视主要表现在两个方面：一是劳动力市场的性别分割。劳动力市场包括内部劳动力市场和外部劳动力市场。由于内部劳动力市场也存在着工作队列的性别化，女性往往处于双重缺失发展机会的境地。大多数女性只能在外部劳动力市场上就业，即使进入了内部劳动力市场，也依然缺少发展机会，因为职业晋升等级链条中的许多位置对女性是封闭的。同时，劳动力市场是等级化的，分为高级劳动力市场和次级劳动力市场。劳动力市场存在的性别分隔使得女性多被牢牢地局限于次级劳动力市场上。即使具有同样的学历、经验及其他能力与技能，女性由于承担生育和养育的责任，也无法与男性平等竞争。这样，女性被制度化地隔离在高级劳动力市场和职业晋升链条之外。女性选择非全日制工作并非出于自己的喜好，而是为了照看家庭和孩子。在不确定的就业市场中，女性的机会更多的是接受施予和被剥夺，而不是进行真实的自由选择。② 二是两性的收入差距很大。劳动力市场上的性别分割直接决定了不同性别劳动者的收入差距。联合国有关调查表明，世

---

① 李国正、艾小青、李晨曦：《流动人口家庭束缚和收入不平等影响因素分析》，《统计与决策》2017 年第 8 期。

② Lena Dominelli：《女性主义社会工作：理论与实务》，王瑞鸿、张宇莲、李太斌译，华东理工大学出版社，2014，第 58—59 页。

界上所有国家的女性劳动者都比男性劳动者的收入低，女性劳动者的平均收入大约是男性劳动者的平均收入的四分之三。①

（四）女性的弱势地位

各种制度安排使女性处于弱势地位甚至被排斥于制度保障之外。制度不仅使职业场域中的女性的劳动报酬低于男性的，而且仅对劳动男性给予优厚的福利待遇而忽视了女性的无酬劳动。② 从社会保障制度的设计原则来看，我国的社会保障是按照先城市后农村的时序建立的。那些居住在农村、位于体制外、处于非正规就业状态的女性很难获得良好的社会保障。③

三、妇女反贫困的女性主义模式

（一）主要目标

结合沙夫（Sharf）对女性主义实践目标的论述④，妇女反贫困女性主义的处置目标主要包括以下几个方面。

1. 解决贫困问题

妇女反贫困实践应包括解决贫困问题的症状和问题本身，即反贫困实践要聚焦于贫困的表现和原因。如对贫困妇女的物质援助只能暂时消除饥饿的贫困症状，不能根除致贫的因素。只有聚焦导致妇女贫困的不公正制

① 佟新：《社会性别研究导论——两性不平等的社会机制分析》，北京大学出版社，2005，第168—174页。

② 宁满秀、荆彩龙：《贫困女性化内涵、成因及其政策思考》，《电子科技大学学报（社科版）》2015年第6期。

③ 王淑婕、解彩霞：《中国贫困女性化的社会制度根源——基于可行能力视角的分析》，《青海师范大学学报（哲学社会科学版）》2011年第6期。

④ 转自巴伯尔·泰特：《社会工作理论与方法》，余潇、刘艳霞、黄玺等译，华东理工大学出版社，2016，第110—111页。

度安排、教育不平等、性别歧视、性别压迫等问题，才能从根本上解决妇女贫困问题。

2. 树立自尊与独立意识

在妇女反贫困实践中，社会工作者应通过赋权重建女性积极的自尊，聚焦于女性自己的愿望和目标，使她们意识到独立自主的重要性，改变她们的依赖性人格。

3. 参与意识和社会行动

社会工作者要引导贫困妇女增强对社会和家庭中所经受的性别歧视与压迫的意识觉醒，积极参与旨在脱贫的社区建设及其他脱贫项目，注重参与的深度和能动性的提升。

4. 构建社会支持网络，改善人际关系

资源缺乏是妇女贫困的重要原因。社会工作者要注重贫困妇女正式社会支持网络的构建，积极引导她们更直接地、更肯定地表达自己的需要，改变她们在与组织和家庭沟通中的弱势地位。

（二）主要原则

基于伯格（Burger）和阿什曼（Ashman）、豪尔（Haul）等对女性主义社会工作实务原则的论述[①]，我们认为妇女反贫困的处置原则主要包括如下几个方面。

1. 建立分析框架

社会工作者应将妇女贫困问题置于社会政治的框架内进行分析，整合生活中个人和政治的维度，寻求更加平等的社会关系。社会工作者在回应

① 文军：《社会工作模式：理论与应用》，高等教育出版社，2010，第418—419页。

贫困妇女的服务需求时，应注重增强其作为整体的人的幸福，理解社会结构中的性别压迫和这种压迫与其他形式压迫的联系。贫困干预要关注男女性别之间不平等的权力关系，同时要考虑贫困妇女内部的区域、民族、阶层、年龄等差异，着重分析资源配置与区域发展、阶层再生产与阶层固化、婚姻家庭制度、生育制度、社会保障制度和市场制度等结构性制度安排中的性别不平等所导致的妇女贫困。

2. 强化意识觉醒

社会工作者要帮助贫困妇女见证她们的困境是如何同传统的性别角色和刻板印象相关联的，引导贫困妇女意识到自己被动的、屈服的家庭角色，鼓励她们根据家庭实际情况，在确保家庭分工优化的基础上，积极参与到社会化的劳动市场之中。

3. 注重赋权过程

社会工作者在采取干预行动时应注重贫困妇女的赋权过程，帮助贫困妇女获得两性平等和权力意识，使她们能够有能力主宰和影响自己的生活。赋权过程是贫困妇女获得资源、掌握知识、习得技能、强化意识的过程。自尊和自信是赋权的关键。社会工作者要引导贫困妇女识别和认可她们优秀的品质与独特的优势，果断地表达自己，从而使贫困妇女的自尊与自信得到强化；鼓励她们基于自身的优势、属性、素质和成就等形成积极的自我认知，纠正以男性评价为参照的自我认知偏差。

4. 构建社会支持网络

社会工作者应帮助贫困妇女构建社会支持网络，重点帮助贫困妇女学习如何建立和利用社会支持网络，评估现有的社会支持网络，明确可以建立哪些新的社会支持网络。具体来说包括如下几点：一是将贫困妇女组织起来，分享经验，共同解决贫困问题。二是积极构建贫困妇女的正式社会支持网络。在扶贫过程中，问题识别、政策制定、项目落实等均应有性别意识，考虑贫困妇女的边缘地位和独特需要。三是构建贫困妇女的非正式社会支持网络，尤其要积极寻求邻里与丈夫的支持。

5. 妇女反贫困的实践需要男性参与

父权制是妇女弱势和贫困的重要原因。男性掌握着权力，决定着资源的分配，对女性的需求视而不见。因此，要实现两性平等和妇女脱贫，社会工作者需要对男性社会进行倡导，呼吁男性正视女性的需求，在制度安排中尊重女性的发展需要，在家庭场域内理解妻子无偿劳动的价值和对家庭的贡献，关注妻子自我发展与自我实现的需要。

6. 社会工作者与案主的关系尽可能地实现平等

女性主义的使命是全面变革社会关系，包括社会工作者自身与案主、同事、雇主和政府的关系。社会工作者不应把自己看作解决妇女贫困问题的专家，而应将自己视为帮助妇女赋权的催化剂。在开展实务的过程中，社会工作者尽量不用贫困妇女难以理解的名称和术语，而要从贫困妇女的角度看问题，引导贫困妇女自我表达，而不是替她们做决定。社会工作者应通过女性主义价值观对贫困妇女产生影响。在与贫困妇女互动的过程中，社会工作者将对女性复杂、多层次的人格带入彼此的对话中，并不断反思自己的行动，检视自己是否无形地支持了压迫性的社会关系，避免“假平等陷阱”。[1]

---

① Lena Dominelli：《女性主义社会工作：理论与实务》，王瑞鸿、张宇莲、李太斌译，华东理工大学出版社，2014，第89—94页。

（三）主要方法

1．性别角色分析与干预

社会工作者与贫困妇女一起围绕以下问题进行性别角色分析：社会情境是如何影响贫困妇女当前的处境的，在何种程度上社会政治性别议题削弱了贫困妇女的能量，性别刻板印象是否正在影响贫困妇女的劳动、权力和报酬的分配，家庭成员呈现怎样的叙事，他们在何种程度上阻碍贫困妇女的发展，家庭的权利动态机制是否与性别角色相关？① 性别角色干预的目标是缓解所呈现的问题，并通过教育引导贫困妇女认识女性遭受性别压迫的根源与方式来促进赋权。社会工作者要内化性别意识。一些研究者考察了广东省77个女性服务项目，发现这些服务的项目设计普遍缺乏社会性别理念，项目给女性带来的效果值得商榷。他们指出，必须培养社会工作者的性别意识，并建立有社会性别意识的资助和评估机制。②

2．权利分析与干预

权利分析的目标是探讨两性之间的权利差别是如何导致妇女贫困的，通过这个过程确认需要改变的领域。首先，社会工作者要引导贫困妇女学习国家促进性别平等的有关法律知识，认识到女性权利是受法律保护的。中国已形成以《中华人民共和国宪法》为基础，以《中华人民共和国妇女权益保障法》为主体，包括国家各种单行法律法规、地方性法规和政府各部门行

① 文军：《社会工作模式：理论与应用》，高等教育出版社，2010，第420—421页。
② 郜宪达、童菲菲、刘亚：《社会性别视角下的女性服务——对广东省女性服务项目的分析》，《社会工作》2016年第2期。

政规章在内的一整套保护妇女权益和促进性别平等的法律体系。[①] 其次，社会工作者要分析和确定在教育、就业、医疗及其他资源分配领域、家庭照料与家务劳动等方面存在的权利差别，肯定贫困妇女对权利的正面陈述，并提供信息进行强化。

3. 再框架[②]与再评价

再框架与再评价的目的是对贫困妇女的问题去污名化，引导贫困妇女认识到自己的贫困问题是社会性的压迫与不平等导致的，而非出于个人的原因。社会工作者要用积极的、贫困妇女可接受的方式重新定义那些对女性污名的词语、短语或情景。对于那些在家庭里照顾老人和小孩的贫困妇女，社会工作者不能盲目地引导她们通过外出务工来增加收入，而要将贫困妇女置于复杂的生态系统中，从家庭的整体收益去衡量家庭劳动力的分工与合作，引导贫困妇女及其家人认识到照顾老人和孩子、完成家务等隐性劳动对家庭收益的贡献，分析如何进一步优化分工与合作，从而增加家庭的收入。有学者指出，通过挖掘社区资源和利用妇女自身的技能，将妇女的家庭劳动技能直接与市场需求相对接，在传统乡村社区打造新的经济创收空间，是经济赋权的可行路径，但这类项目也要防止妇女贫困路径的性别福利异化现象。[③]

4. 赋权

赋权的目的是激发贫困妇女内在的掌控感和行动力。首先，社会工作

① 第三期中国妇女社会地位调查课题组：《第三期中国妇女社会地位调查主要数据报告》，《妇女研究论丛》2011 年第 6 期。

② 再框架是指社会工作者引导贫困妇女重新分析和解释自己贫困的原因。

③ 李小云、陈邦炼、宋海燕等：《“妇女贫困”路径的减贫溢出与赋权异化——一个少数民族妇女扶贫实践的发展学观察》，《妇女研究论丛》2019 年第 2 期。

者要聚焦贫困妇女的个人经验，让她们以自己的语言述说自己的生命历程和生活境况，并赋予其意义。如对那些参加“妇女小额贷款”的贫困妇女，引导她们述说自己参与该项目的动机、过程、困惑以及由此带来的自我成长与改变。其次，社会工作者要协助贫困妇女根据自己的经验认识自己的观点、需求和感觉，并采取积极行动来解决问题。

5. 意识觉醒与社会行动

首先，社会工作者要引导贫困妇女认识到自己当前的困境是同更宏大的社会结构相关联的，是制度安排、资源供给、性别分工等造成了贫困问题，并且自己的这种情形具有普遍性，很多人和自己的处境一样，只有团结起来共同行动才能有效地解决贫困问题。其次，社会工作者要引导贫困妇女认识自己对男性的依附意识。当女性以弱者的心态去理解其在家庭中的地位及其与丈夫的关系时，依附意识便形成了。女性在价值观上的依附性决定了她们的社会支持网络以家庭为中心。① 最后，社会工作者要引导贫困妇女自下而上地组建女性组织，注重拓展、维系和动用自己的社会支持网络；要引导贫困妇女交流经验、共享信息、争取资源、提升技能，共同面对和解决贫困问题。

6. 倡导

社会工作者不仅自己要为弱势的贫困妇女发声，而且要努力联合社会人士、社会组织、媒体和政府积极关注贫困妇女的处境，正视她们的权利，勇敢地与社会中的强者和有关机构进行对话，从而促进社会变革，从根本上解决妇女贫困问题。

① 程艳敏编著《妇女社会工作概论》，黑龙江人民出版社，2016，第 73—77 页。

第四节　赋权模式

一、赋权模式概述

（一）赋权的含义

所罗门(Solomon)在其著作《黑人赋权：社会工作与被压迫的社区》中首次使用“赋权”一词，他将社会工作者和当事人一起参与的旨在减少被“标签化”为弱势群体无力感的活动定义为赋权。在所罗门看来，弱势群体对资源的获取能力和内在效应感是赋权的两个核心要素。按照字面意思，赋权意味着“变得有力”。它是一个创造性地获取与运用个人权力的过程，经由这一过程，个体得以支配自己的生活，从而实现个人目标、改善人际关系、增进社区福祉[①]。社会工作实务领域将赋权操作性定义为个体、团体和社群掌管其境况，行使其权利并实现自身目的的能力。赋权是通过个别和集体的方式，帮助自己和他人将生命的品质提高到最大限度的过程，包含能力、行使权利的过程、成就三个基本要素。[②] 古铁雷斯(Gutierrez)等认为，赋权主要包括对自身生活的控制、自己解决重要问题的能力、认清并发展自身行动力的意识、在决策和行动过程中认识并获取更多的选择，以及相对于他人的独立性[③]。

① 巴伯尔·泰特：《社会工作理论与方法》，余潇、刘艳霞、黄玺等译，华东理工大学出版社，2016，第65页。

② 罗伯特·亚当斯：《赋权、参与和社会工作》，汪冬冬译，华东理工大学出版社，2013，第19—20页。

③ 吴帆、吴佩伦：《社会工作中的“赋权陷阱”：识别与行动策略》，《华东理工大学学报(社会科学版)》2018年第5期。

1. 赋权源自自助与互助的传统

自助是人们自我帮助的方法，目的在于增进个体的自觉。自助不止是一种个人主义的表达，它所产生的集体性利益以成就整个民族的健全共同体为目的。[①] 贫困群体只有通过克己、节俭和个体的自我改善，才能脱贫。相较于专业服务，自助服务是更加行动主义的、以消费者为中心的、非正式的、开放的和低花费的。自助所强调的倡导与自我倡导、自我管理、反科层体制、合作、共同的经验等要素有助于赋权。[②]

2. 参与是赋权的一种重要方式

在许多国家和地区，赋权和参与式的积极行动尤其是发展中国家抵抗贫穷、饥饿、疾病、受压迫的参与式行动关联在一起。研究发现，由低层次的介入到赋权需经历由经验转变为原则、由原则转变为政策、由政策转变为权利三个阶段。在社会工作实务中，只有承认人们有赋权的权利，一项参与式政策才能得到良好的执行。[③]

3. 赋权是一个具有政治性色彩的概念

赋权是从各种反种族歧视、反性别歧视、反残障歧视等反压迫运动中发展而来的，旨在减少权力行使中的各种障碍，增强案主行使权力的能力和信心。[④] 赋权可以用来使那些在根本上代表各种不同意识形态立场与政治立

① Burns D., Williams C. C. and Windebank J., *Community Self-help*, Basingstoke, Palgrave Macmillan, 2004: 6-11.

② 罗伯特·亚当斯：《赋权、参与和社会工作》，汪冬冬译，华东理工大学出版社，2013，第9—17页。

③ 同上书，第44—45页。

④ 马尔科姆·派恩：《现代社会工作理论（第三版）》，冯亚丽，叶鹏飞译，中国人民大学出版社，2008，第320页。

场的诉求正当化，其最强烈的立场是挑战不公平的社会，反抗那些压迫者和具有压迫性的社会结构。①

4. 赋权在社会工作领域中既是一种理论也是一种方法

作为理论，它认为个体有能力去获取资源、控制生活、进行自我发展和自我抗争。作为方法，社会工作通过赋权增加案主的力量、挑战那些压制性的个人与体系。② 赋权理论模式中，案主是有能力解决问题的行动者，社会工作者是案主可利用的资源或伙伴，权力结构尽管复杂但也有部分是开放的。③ 进入21世纪以来，赋权被视为超越社会性、政治性和政策性等诸多限制的办法，目标是让社会工作者与案主都得到解放。

（二）赋权模式的基本假设

李（Lee）指出，赋权理论模式有以下四个方面的基本假设。④

1. 压制是一种影响个体与群体的结构性现象

因为压制的存在，人们更容易陷入无助的情景中，并由此产生怀疑、失落或错误的理念。当人们处于结构性压制中时，应从环境和个体两个方面努力去突破这种压制。社会工作者应当为具有相同经历的贫困妇女提供强大的社会支持网络，挑战那些性别不平等的负面理念与观点，将其重构为被人们接受的、积极有效的现实。

---

① 罗伯特·亚当斯：《赋权、参与和社会工作》，汪冬冬译，华东理工大学出版社，2013，第7、18、27页。

② 转自巴伯尔·泰特：《社会工作理论与方法》，余潇、刘艳霞、黄玺等译，华东理工大学出版社，2016，第66页。

③ Solomon B. , *Black Empowerment: Social Work in Oppressed Community* (New York: Columbia University Press, 1976), p. 26.

④ 转自巴伯尔·泰特：《社会工作理论与方法》，余潇、刘艳霞、黄玺等译，华东理工大学出版社，2016，第67—68页。

2. 赋权的目标是解决问题

赋权的目标是帮助人们认识与运用优势与资源，解决问题，抵抗压制与歧视，并创造条件以获得当前不可得的资源。

3. 赋权将个人与环境紧密地结合起来

在赋权过程中，案主必须运用自身的优势与潜能，积极参与社区环境的改变。社会工作者要将工作重点同时放在施压群体和受压群体上，才能撼动案主所处环境中的结构性压制体系。

4. 赋权既是过程又是结果

赋权的最终目的是拥有权力，获得成长与发展的必要优势、资源和控制力。赋权是一个发展的过程，可以发生在个体层面、群体层面、组织层面或社区层面，以改变社会、实现社会公平为最终目标。

二、赋权理论视角下妇女贫困的原因

（一）从赋权的对象来看，主要有生理弱势与社会弱势两类弱势群体

生理弱势贫困妇女因个人因素而产生，如残疾妇女、精神障碍妇女、无子女的老年妇女等。社会弱势贫困妇女因结构性因素而产生，具有“体制性”失权的特点，容易产生“被剥夺感”。戈拉（Golla）等指出，结构性因素主要包括制度（政治制度、劳动力市场制度、教育制度等）和社会性别规范（社会文化、性别角色、性别分工）。[①] 首先，职业、年龄、受教育程度、经济贡献等资源禀赋不足是妇女贫困的重要原因。资源禀赋是权力的重要来源。在父权制社会中，男性比女性掌握更多的经济资源，因而受教育程度更高，男性

① 王永洁：《劳动力市场性别差异与女性赋权》，《人口与经济》2019 年第 1 期。

在职场中往往扮演领导者的角色。在精准扶贫实践中,国家在落实各类扶贫资源时,男性在扶贫资金、土地资源、信贷、新技术引进等资源获取方面比女性拥有更多的机会。[①] 在农村贫困地区,无论是从事农业生产还是外出务工,男性都处于优势地位,加上家政服务的市场化程度低,妇女往往陷入“资源禀赋差—无权无地位”的恶性循环中。其次,社会性别规范是造成妇女贫困的另一重要原因。有学者指出,即使男女的资源禀赋相同,妇女的决策权也会在“父系社会”中受到抑制。[②] 妇女无法规避的角色扮演——孕育子女活动——将影响她们的资源积累,“得子而止”的农村生育模式不断增加妇女的孕育时间[③],且随着子女数量的增多,养育时间和劳动付出也大幅增加,从而减少了妇女的人力资本积累和工作机会,也降低了妇女的健康水平,使妇女被更牢固地嵌入“女主内”的角色之中。值得注意的是,“生育儿子”的行为并不一定导致贫困妇女家庭话语权的缺失。“母凭子贵”的文化传统也可能提升妇女的家庭地位。[④] 此外,妇女的产后抑郁症也会对其带来诸多不利的影响。而产后抑郁症的发生概率在贫困妇女、移民妇女、少数民族妇女等边缘化人群中明显更高。[⑤]

---

① 赵群:《尊重妇女的主体性是实现精准扶贫的关键》,《妇女研究论丛》2016 年第 6 期。

② 金一虹:《流动的父权:流动农民家庭的变迁》,《中国社会科学》2010 年第 4 期。

③ Chaudhuri S. , “The Desire for Sons and Excess Fertility: A Household-level Analysis of Parity Progression in India,” *International Perspectives on Sexual & Reproductive Health* 38, no. 4 (2012): 178 - 186.

④ 殷浩栋、毋亚男、汪三贵等:《“母凭子贵”:子女性别对贫困地区农村妇女家庭决策权的影响》,《中国农村经济》2018 年第 1 期。

⑤ Maxwell D. , Sarah R. R. and Rogers K. , “‘I keep it to myself’: A qualitative meta-interpretive synthesis of experiences of postpartum depression among marginalized women,” *Health and Social Care in the community* 9 (2018): 1 - 14.

（二）从贫困的类型来看，贫困可分为客体性贫困和主体性贫困

客体性贫困是一种客观性存在，是因资源短缺或匮乏而导致的物质层面的贫困。主体性贫困是一种主观性存在，是精神层面的贫困。妇女的主体性贫困不仅影响她们的自我发展，还会影响家庭教育和儿童发展，从而导致贫困的代际传递。主体性贫困是贫困妇女与其所处环境互动不良造成的。基于父权制的社会性别机制，各种社会安排、社会政策乃至具体的精准扶贫实践，均忽视了女性的主体性地位。贫困妇女在资源、知识、机会和能力等方面受到的限制，导致其处于一种消沉、被动和自我否定的境地，从而丧失获取基本社会权利的能力。在男性的技术理性、专家主义的影响下，贫困妇女处于社会边缘，往往会丧失主体性地位。① 一方面，我国当前的贫困治理更多的是面向客体性贫困。扶贫工作中的过度治理消解了贫困妇女的主体性，使她们丧失动力、被动服从，沦为扶贫工作中的"客体"或"沉默的大多数"。在精准扶贫实践中，贫困妇女主体性的丧失和平衡机制的破坏是导致"干部干、群众看""年年扶贫年年贫"等不良现象的重要原因。妇女在扶贫实践中参与不充分，部分人会歧视性地将之归因于"妇女素质低"，而不是主动地创造条件，让妇女突破障碍，参与各种扶贫计划和管理。妇女更多的是作为"劳动力"参加到基础设施修建和农业开发中。② 另一方面，农村户主一般为男性，以户为单位的精准测量法模糊了妇女贫困的现实，忽视了家庭中妇女贫困的特殊性。

---

① 卫小将：《精准扶贫中群众的主体性塑造——基于赋权理论视角》，《中国特色社会主义研究》2017 年第 5 期。

② 赵群：《尊重妇女的主体性是实现精准扶贫的关键》，《妇女研究论丛》2016 年第 6 期。

三、妇女反贫困的赋权模式

妇女赋权模式由来自发展中国家的几位女权主义者于 20 世纪 80 年代提出。她们认为,妇女的从属地位不仅是受到男性压迫的结果,也是殖民主义和新殖民主义共同压迫的结果,需要从阶级、民族、种族和性别等综合因素来考虑女性的联盟问题,包括与男性达成和解、共同发展。无论是 20 世纪 70 年代之后出现的"发展中的妇女"还是"性别与发展",其核心都是针对妇女的赋权。① 2015 年是历史的又一拐点,"性别平等和妇女赋权"被纳入联合国 2015 年后可持续发展的议程。妇女权利的维护对于贫困人口的脱贫具有积极影响。女性赋权不仅可以直接发挥减贫的作用,还可以减少她们的下一代陷入贫困的概率。② 妇女反贫困的赋权模式旨在强调培育与开发贫困妇女的主体意识和主体性,从而增强她们进行自我选择和自我决定的能力。

(一) 处置原则

赋权实践的目标在于协助贫困妇女从压制性的生活中走出来。根据李关于赋权原则的论述③,妇女反贫困赋权实践应遵循以下原则。

1. 认清社会性别结构对妇女的压制

所有基于性别的结构性压制对贫困妇女来说都是破坏性的,社会工作

---

① 李小云、陈邦炼、宋海燕等:《"妇女贫困"路径的减贫溢出与赋权异化》,《妇女研究论丛》2019 年第 2 期。

② 汪三贵、张伟宾、杨浩等:《城乡一体化中反贫困问题研究》,中国农业出版社,2016,第 161—163 页。

③ Lee J. A. B., *The empowerment Approach to Social Work Practice: Building the Beloved Community* (*2nd edn*) (New York: Columbia University press, 2001), pp. 56 - 82.

者和贫困妇女都应该觉察并挑战它，致力于社会性别体制变迁、性别公正、女性解放等。

2. 运用整体性视角进行分析

社会工作者应从整体性视角去分析贫困妇女所面临的压制性情景，看到全面而深入地嵌入政治、经济、文化中的社会性别体制是如何通过日常生活政治对贫困妇女的发展产生抑制作用的。

3. 建立良好的专业关系

社会工作者与贫困妇女之间要建立良好的专业关系，重视每一位贫困妇女的独特性。在赋权实践中，社会工作者与贫困妇女是一种双向的合作关系，即平等、互惠、共享的关系。

4. 协助贫困妇女自我赋权

自我赋权并不仅仅是自我决定，它超越了自决的原则，着重强调赋权过程中的责任意识、能力培育和权力增长。

5. 协助贫困妇女群体赋权

具有贫困等共同特征、脱贫等共同目标的妇女需要相互赋权。社会工作者要通过群体赋权的方式聚焦赋权过程中的集体权力，把贫困妇女组织起来，协助她们集体赋权。

6. 鼓励贫困妇女用自己的话语进行表达

由于压制性结构深嵌于文化之中，通过性别社会化的过程，贫困妇女习得了一套男性话语表达体系，习以为常地运用男性思维方式。社会工作者要引导贫困妇女在沟通中形塑平等与对称的原则，引导她们对自己的处境进行再框架和再评价。

（二）处置方法

妇女反贫困的赋权实践是多层面的，它包括自我赋权、个体赋权、团体赋权、组织赋权、社区赋权等。

1. 自我赋权

自我赋权是指人们掌控他们自己生命的权力。一种全面的赋权方法需要让人们的内在经验——感觉和思考——与他们的外显行为和外在行动协调一致，因而自我赋权是赋权的中心领域。[①] 除了引导服务对象积极地进行自我赋权以外，还要挑战一种顺从的、受压迫的机构文化并发展一种以自我赋权和服务接受者赋权为目标的民主工作方法，社会工作者的自我赋权也是必不可少的，是他们去赋权他人之前的先决条件。[②]

自我赋权是一种反思性实践，其过程由"能力培育"的活动构成。贫困妇女通过能力培育，能够积极参与满足自身和他人需要的行动。政府直接拨款进行物质扶贫，本质上只是"授人以鱼"，而要实现反贫困的持续效果和阻断代际贫困，还需要以贫困妇女能力提升为核心的知识扶贫。[③] 贫困妇女在自我能力培育的过程中，要明确需要培育哪些能力，确定能力培育的适当性，确保能力培育的可及性；要建立知识与技巧的优先顺序，思考在独立无依的情况下需要哪些支持，并反思自己获得的能力是否具有赋权性质。通常来看，教育是贫困妇女能力培育的重要方式。如：南苏丹妇女关怀组织通

---

① 罗伯特·亚当斯：《赋权、参与和社会工作》，汪冬冬译，华东理工大学出版社，2013，第7、18、27页。

② Stanton A., "Empowerment of Staff: A Prerequisite for the Empowerment of Users?," in Carter P., Jeffs T. and Smith M. (eds) *Social Work and Social Welfare Yearbook* (Buckingham: Open University Press, 1990), pp. 122 - 133.

③ 徐永春：《阻断贫困代际传递的关键是"授人以渔"》，《人民论坛》2017年第1期。

过教育来促使妇女自我赋权，方法是让她们从农业技术、管理技术、创业技术、健康促进技术、读写能力、倡导、协商等专门训练中获得所需的知识与技能①；中国的国仁工友之家推行工友自我赋权实践，鼓励外来打工妹参加自学考试，并力所能及地为工友们寻找资源、创造条件，让工友们通过教育寻求自身的突破和提高②。在精准扶贫实践中，农村贫困妇女需要接受法律知识培训、手工技能培训、文化知识培训等。③

自我赋权的过程包括评估与规划、行动、反思三个阶段④。(1) 评估与规划。首先，要寻找自我赋权的起点。社会工作者要引导贫困妇女认真分析自己的优势与劣势，哪些因素阻碍了自我的发展和权力的获得，学习与改变的机会在哪里，有哪些不同层面的资源可以利用，等等。社会工作者在分析时要结合国家的扶贫政策、具体可及的扶贫项目、社会组织提供的各类服务等，确保自我赋权的起点确实可行。其次，要聚焦自我发展。社会工作者要引导贫困妇女从父权制的性别压迫视角重新审视自我发展的现状与障碍，列出与自我发展相关的领域清单。再次，识别有关技巧，合理选择学习方式。贫困妇女普遍缺乏与赋权相关的知识与技巧。社会工作者要结合具体的扶贫政策与项目，合理选择学习内容与学习方式：可以有针对性地编纂学习手册，通过培训的方式引导贫困妇女学习赋权知识与技巧；可以

① 罗伯特·亚当斯：《赋权、参与和社会工作》，汪冬冬译，华东理工大学出版社，2013，第101—102页。

② 沈博雅、姚进忠：《非政府组织推进外来务工人员城市融入的路径分析——基于赋权理论视角》，《南京人口管理干部学院学报》2012年第2期。

③ 朱纹：《增能视角下农村妇女脱贫策略研究》，硕士学位论文，黑龙江省社会科学院社会学系，2019，第31—32页。

④ 罗伯特·亚当斯：《赋权、参与和社会工作》，汪冬冬译，华东理工大学出版社，2013，第7、18、27页。

引导贫困妇女积极参与社区事务和活动，在行动中学习，提升自尊与自信。最后，要制订自我赋权计划，内容包括目标、方法、个人现在和将来所需要的专业知识领域、何时及如何获得这些知识、所需资源和计划实施的时间段等。(2) 行动。一是实施自我赋权计划。社会工作者要协助贫困妇女找到获取各类资源的渠道，结合贫困妇女的生产与生活谨慎安排时间和精力，尤其要进行实时激励，防止贫困妇女赋权半途而废。二是要清除贫困妇女自我赋权的各类障碍，处理不平等问题，例如资源分配、机会获得过程中的女性歧视，对贫困妇女的各种污名等。社会工作者要引导贫困妇女树立性别意识，积极表达真实的自我发展需要。三是树立自信，完成自我成长与自我实现。(3) 反思。反思即对自我赋权行动进行思考。佩恩(Payne)等指出，自我察觉和自我批评是自我赋权的固有特质。① 社会工作者要引导贫困妇女对自我赋权行动过程中的点点滴滴进行描述和解释，从资源、能动性、福利实现程度三个方面来进行分析。资源分析即思考目前可获得的资源有哪些，未来需要的资源有哪些？这里的资源不仅包括经济资源，还包括劳动力资源、技术资源、信息资源、关系资源等。能动性分析即思考自己的决策权力范围有多大。福利实现程度分析即思考自己在营养与健康、医疗卫生与保健、教育与培训、休闲与娱乐等方面的福利受益程度如何。

2. 个体赋权

个体赋权涉及赋权实践者为他人进行的赋权或者赋权实践者与他人一

① Payne M. (eds), *Critical Practice in Social Work* (Basingstoke: Palfrave Macmillan, 2002), pp. 1 - 12.

起努力使得他人获得赋权。个体赋权的目标在于个体加强自我管理和自我肯定。① 社会工作者在团体赋权、社区赋权之前，需要掌握如何进行个体赋权。意义、能力、自决和影响是个体赋权的四个重要维度。② 个体赋权更多地倾向于个体调整自己去适应事物的常态，而不是参与到具有反压迫性质的重构活动之中。③

对贫困妇女的个体赋权来说，社会工作者要将贫困妇女视为可以自己解决问题的能动者，肯定她们的个人价值；引导她们表达自己的感受，公开地发表自己的意见，要将她们的实际需求纳入经济与社会发展目标中；让她们直接参与分析自己的处境，收集有关信息，参与反贫困项目的规划与执行，确保她们平等地享有扶贫政策与服务的机会；鼓励她们自我发现、自我引导生活和解决问题，建立自信，实现独立发展。赋权不仅要增强贫困妇女获取物质资源的能力，更为重要的是重塑其自信心，促进她们的心理健康。在贫困妇女个体赋权的过程中，社会工作者的角色是具有知识与技巧的协助者、合作者、促进者、支持者和倡导者。

在实践层面，个体赋权往往面临着来自外部的和个体内部的诸多障碍。性别不平等、年龄歧视、阶层歧视等结构性不平等机制不仅制约了贫困妇女的反贫困实践和全面发展，而且给她们带来了习得性无助、绝望等诸多心理

① Barber J. G., *Beyond Casework* (London: BASW / Macmillan-now Palgrave Macmillan, 1991), p. 41.

② Spreitzer G. M., Kizilos M. A. and Nason S. W., "A Dimensional Analysis of the Relationship Between Psycholofical Empowerment and Effectiveness, Satisfaction, and Strain," *Journal of Manafement* 23, no. 5 (1997): 679 - 704.

③ 罗伯特·亚当斯：《赋权、参与和社会工作》，汪冬冬译，华东理工大学出版社，2013，第 102—108 页。

困境。如果没有一个渠道将贫困妇女的个体赋权目标与范围更大的组织、社区和社会的赋权目标连接起来，那么她们会陷入无所适从的挣扎状态。因此，妇女反贫困还需要团体、组织、社区层面的赋权。

3. 团体赋权

大量的赋权活动是在团体中进行的。团体能够为团体成员提供支持，降低孤立风险；它提供一个环境，使团体成员能够最大限度地参与其中，激发其创造力和独特性，使其技能得到锻炼和发展。例如，可以为那些在日常生活中缺乏信息、资源以及在情感上缺乏支持与理解的贫困妇女设立支持小组，让她们在小组活动中获得表达的机会，倾听、理解与支持，以期减少她们的无力感，使她们正视自我。① 同时，团体也给出一种方法，让批判意识已得到提高的个体致力于实现其个人期待。团体赋权有利于促进反思和行动的持续性，使得团体成员能够体会到实践与存在、思考与感觉、反思与行动整合的赋权感。②

团体赋权的过程包括开始、持续和发展三个阶段。根据李关于团体赋权阶段的划分③，贫困妇女团体赋权的开始阶段的主要工作包括形成各种妇女反贫困团体、建立支持系统、评估团体的状况、共同确立赋权的目标和原则。在工作阶段，社会工作者要把握以下几点：运用专业的知识与技巧来发

① 朱纹：《增能视角下农村妇女脱贫策略研究》，硕士学位论文，黑龙江省社会科学院社会学系，2019，第32—33页。

② 罗伯特·亚当斯：《赋权、参与和社会工作》，汪冬冬译，华东理工大学出版社，2013，第139—140页。

③ Lee J. A. B., *The empowerment Approach to Social Work Practice: Building the Beloved Community* (*2nd edn*)(New York: Columbia University press, 2001), pp. 308 - 350.

展团体互助的力量；鼓励团体成员提出有挑战性的问题来引发讨论，如贫困妇女小额信贷项目收益如何分配；引导团体成员分享感受，并从个体、制度、系统层面进行分析；发展用以增强性别意识和批判意识的工具；团体成员采取行动；对持续的活动进行反思，直到活动完成为止。

4. 组织赋权

组织赋权是在组织中扩大居民参与来达到公民赋权的目标。从赋权的过程来看，组织赋权强调为组织成员提供发展的理论与实践机会，创造协商决策的组织结构，分享责任与领导能力。从赋权的结果来看，组织赋权将获得更有效的资源管理，加强与其他组织的联系，影响政治决策或创设替代性服务。①

妇女反贫困的组织赋权主要包括两个环节。首先，实现贫困妇女参与的组织化和制度化建设。组织建设将赋予贫困妇女参与的正式身份和合法地位。贫困妇女参与的各类组织的相应管理者和监督者要处理结构性的权力与歧视，在各种政策、法规和工作实践中以赋权的原则来减少性别不平等的状况，让贫困妇女成为扶贫工作的主要参与者，实现由边缘向中心位置的转变。贫困妇女的赋权式组织建设应具备如下特征：组织是一个利益团体，宗旨是满足贫困妇女的需要；它是一个开放式系统，可以跨越界限地通力合作；具有批判、自觉、创新、改革文化的功能，积极主动地寻求改变；权力是分散的、灵活的、民主的；沟通是多方向的，包括水平式、垂直式、对角式沟通；组织关系是以促进改变为目标的非正式关系，而非局限于正式的层级责任

---

① Zinmerman M. A. and Warschausky S., "Empowerment theory for rehabilitation research: Conceptual and methodological Issues," *Rehabilitation Psychology* 43, no. 1 (1998): 3 - 16.

之中[①]。其次，建立合作关系，塑造参与式组织文化。贫困妇女参与的各类组织，要避免被孤立，应根据发展目标和形势变化，与其他组织紧密联系、通力合作。政府对社区组织赋权，并设计相应的参与通道和行政力量加以支撑，实现合作治理。

5. 社区赋权

从社区自治的角度来看，社区赋权是社会管理部门把有关社区公共事务的决定权、行动权交给参与者，让居民在参与中增强自治、互助、协商能力[②]。社区赋权包含五个相互关联的维度，即：(1) 学习，通过学习来提升居民的技能、丰富居民的知识，从而增加其自信。(2) 公平，提倡机会平等，与各组织建立良好关系。(3) 参与，激励民众参与公共议题。(4) 合作，共同工作、发展与保持社区中的合作伙伴关系。(5) 社会公正，鼓励与强化社区参与、影响决策、服务与活动。[③] 从深层次来看，社区赋权被深嵌于"国家—社会"关系之中，涉及基层社会管理权力的拆解和重组[④]，涉及官僚机构的权力外移至社区，将公共组织对决策、资源和任务等的实质性控制转移给社区，使社区居民根据地方特点与地方需求形成适合利益相关者的使命和愿景，积极主动地解决问题。[⑤] 从赋权过程来看，社区赋权强调资源享用机会

① 罗伯特·亚当斯：《赋权、参与和社会工作》，汪冬冬译，华东理工大学出版社，2013，第 174—175 页。

② 陈伟东：《赋权社区：居民自治的一种可行性路径——以湖北省公益创投大赛为个案》，《社会科学家》2015 年第 6 期。

③ 张国芳：《蔡静如. 社区赋权视角下的乡村社区营造研究》，《浙江社会科学》2018 年第 1 期。

④ 吴晓林、张慧敏：《社区赋权引论》，《国外理论动态》2016 年第 9 期。

⑤ 郑晓华：《社区参与中的政府赋权逻辑——四种治理模式考察》，《经济社会体制比较》2014 年第 6 期。

的均等，容纳多元化观点的表达，在社区机构中建立有利于居民参与的组织结构。从赋权结果来看，社区赋权将组织联合影响政策决策内容和方向，维持集体行动或提高生活品质，居民参与能力获得提升。①

妇女反贫困的社区赋权的内容包括以下四点：一是经济赋权，旨在改善贫困妇女的经济条件；二是心理赋权，旨在调动贫困妇女的参与积极性；三是社会赋权，旨在培育社区带头人或社区领袖；四是政治赋权，旨在搭建社区平等的话语平台。

妇女反贫困的社区赋权过程，包括初期、中期和后期三个阶段。在初期阶段，妇女反贫困的社区赋权的主要目标是激活社区意识，进行社区能力建设。首先，社会工作者要引导贫困妇女分析自己的问题及根源，发掘自己的真实需要，并在个体、团体、组织、社区层面发展出应对策略。其次，妇女反贫困的社区赋权需要政府推动，向社区提供资金与实物、人力与智力的支持等。最后，在获得一定的物质基础之后，社会工作者要着手进行社区能力培育；要基于贫困妇女现有的知识、技巧和专门技术，通过教育、社区行动等方式，满足贫困妇女的需要和处理她们所认定的当务之急。在中期阶段，妇女反贫困的社区赋权的主要目标是通过调动社区精英、建设社区领导团队来增强社区能力，增加社区协作治理的经验。一要增强贫困妇女的信心，带领她们寻求进一步接受教育和培训的机会，获得更多的就业机会，以确保贫困妇女的持续参与。二要挖掘和培养贫困妇女中的精英，注重培养社区领袖，以确保反贫困行动的强有力执行。三要注重社区外部支持环

① Zinmerman M. A. and Warschausky S., "Empowerment theory for rehabilitation research: Conceptual and methodological Issues," *Rehabilitation Psychology* 43, no. 1 (1998): 3 - 16.

境建设,注重社区协作能力的培育,增强贫困妇女的自我管理能力和整体协作能力。在后期阶段,妇女反贫困的社区赋权的主要目标是通过赋权评估和权利巩固来促进贫困妇女的自我完善与发展。社会工作者要引导贫困妇女对赋权进行集体讨论并反馈,运用系统化的方法来改善赋权工作的质量。

总之,赋权既是一个过程,又是过程的结果。妇女赋权的实质是通过增加妇女在发展中的话语权、利益分享权,强调妇女在发展方面的重要作用,使妇女从被动从属转向主动行动。[①] 贫困妇女的赋权不仅意味着政府部门、社区、社会组织、贫困妇女群体等对社会与文化规范的重塑,更意味着这些社会角色群体之间对现有利益结构特别是权力结构的重新分配。这就需要改变贫困妇女参与仅仅是一种话语需要、贫困妇女被动参与、象征参与或无参与的"父权式"扶贫现状。赋权实践不仅要激发贫困妇女的内在动力,更要依靠社会组织、社区和政府,也就是说社会环境在其赋权中应担负更多的责任。

第五节 对模式的比较与反思

一、对模式的比较

妇女反贫困的生态系统模式、社区发展模式、女性主义模式和赋权模式是社会工作理论与实务模式中与妇女反贫困工作联系最紧密、运用最广泛

① 李强、许松:《走向增权的妇女发展——西方妇女增权理论研究述评》,《南京人口管理干部学院学报》2010 年第 3 期。

的四种模式。这四种理论模式对妇女贫困问题的解释视角明显不同，相应地社会工作实务干预的目标、原则、方法及社会工作者所扮演的角色等均有所差异。

妇女反贫困的生态系统模式强调社会工作的干预应将贫困妇女置于其生活的场域中，重视个人的生活经验、发展时间、生活空间、生态资源分布等，聚焦个人与环境之间的交流互动。干预旨在协助贫困妇女利用她们的优势和资源，引导贫困妇女与其所处环境（家庭、组织、社区乃至更大的环境）之间积极的互动，促进她们适应由年幼到年老的发展转变，从而缓解压力，达到积极成长与发展的目的。基于环境资源匮乏，社会工作者应致力于发展贫困妇女关爱型社区，建立积极的伙伴关系，提高贫困妇女的健康水平，增强其社会适应力。基于贫困妇女交互性适应不良，社会工作者应注意以下两点：一是关注贫困妇女的成长、发展和潜能，评估其资源能否支持需求的表达与满足，促进决策的地方化和去中心化，引导贫困妇女积极参与其中。二是要引导贫困妇女家庭系统权力与关系的改变，正视女性的正当权利；要善于运用贫困妇女个体的生活经验，将家庭、亲属、邻里等非正式系统的支持作为干预的切入点，进而致力于透过正面的关系和生活体验提高贫困妇女的个人存在感，聚焦于解决贫困问题的办法和对贫困妇女的赋权。

妇女反贫困的社区发展模式，强调社区层面的资源匮乏、发展不足、互动不畅是妇女贫困的重要原因，国家层面的全面规划与资源配置、社区层面的因地制宜与路径选择十分重要。因此，该模式中社会工作者的资源链接者和协调者角色相对突出：要引导贫困妇女充分挖掘和利用社区内外部资源，尤其要利用好现有的政策资源和市场资源，引导贫困妇女参与培训、积极就业；要在政府、社区、组织、贫困妇女之间沟通与协调，增进对贫困妇女需求的了解，促进合作。此外，社区参与是妇女反贫困社区发展模式的核心，社会工作者要通过多种方式引导贫困妇女在参与中增强权利意识，学习生存技能，掌握组织与沟通技巧，实现自觉、自主与自助。

妇女反贫困的女性主义模式强调将妇女贫困问题置于“社会政治的框架”和“社会性别机制”中去分析，聚焦导致妇女贫困的不公正制度安排、教育不平等、性别歧视与性别压迫等问题，寻求从根本上解决贫困问题。此外，该模式还反思了社会工作实践本身所蕴含的性别不平等，指出以女性为主的社会工作者因内化了一套基于父权制的性别角色规范，在工作中可能将贫困妇女作为男性的附属品，存在“照顾女性化”的偏见，忽视女性真实的、独特的需求。社会工作者要引导贫困妇女增强其对在社会和家庭中所经受的性别歧视与压迫的意识觉醒，树立自尊与独立的意识，改变依赖性人格；积极引导贫困妇女更直接地、更肯定地表达自己的需要，而不是家庭的需要，改变女性在家庭与组织沟通中的弱势地位；帮助贫困妇女构建和利用社会支持网络，尤其要注重正式社会支持网络的构建。此外，社会工作者要在全社会倡导性别平等的观念，呼吁男性关注女性的需求。

妇女反贫困的赋权模式涉及社会性别文化的重塑和现有权力、利益结构的调整，它包括自我赋权、个体赋权、团体赋权、组织赋权和社区赋权等多层面的实践活动。贫困妇女的自我赋权过程由“能力培育”活动构成，教育是其中重要的方式。贫困妇女的个体赋权是社会工作者与她们一起工作，重在促使贫困妇女加强自我肯定和自我管理，引导她们公开表达需求和意见，积极参与，增强资源获取的能力，重塑她们的自信心和能动性。贫困妇女的团体赋权要求建立支持小组，树立性别意识和批判意识，在小组中提升解决问题的能力，互助互进。贫困妇女的组织赋权包括两个环节：一是实现贫困妇女参与的组织化和制度化建设，政府要提供制度化的参与渠道，对贫困妇女小组赋权并提供支持；二是建立合作关系，塑造参与式组织文化。贫困妇女的社区赋权具体包括通过政治赋权搭建社区平等的话语平台，通过经济赋权来提升收入水平，通过心理赋权来调动她们参与的积极性，通过社会赋权来培育贫困妇女意见领袖。总之，赋权视角下的妇女反贫困强调以贫困妇女为中心，倾听她们的声音，鼓励她们的需求与意见表达，推动她们参与扶贫决策；保障她们对资源的掌握、控制和利用；发挥贫困妇女组织的作用；促进男性的积极配合等。

尽管上述四种妇女反贫困社会工作理论与实务模式有多方面的差异，但相互之间也有一定的联系。妇女反贫困的生态系统模式强调了妇女贫困问题的系统性、综合性、复杂性、动态性和时序性。它既从时间维度揭示了妇女在生命周期的不同阶段所面临的贫困风险与干预任务，又从空间维度揭示了妇女在家庭、小群体、组织、社区乃至更大空间系统中的资源不足和互动不良而导致的贫困问题。妇女反贫困是一个涉及微观、中观和宏观层面的复杂过程。妇女反贫困的社区发展模式是将社区系统作为妇女反贫困社会工作的案主系统来分析和干预的。妇女反贫困的女性主义模式从生态系统中更宏大的社会系统入手，揭示父权制文化对妇女贫困的根本性影响。父权制通过社会性别机制将性别不平等深深地嵌入家庭空间、教育空间、劳动空间及其他公共空间中，也使得妇女反贫困抗争无处不在、无时不有。在社会工作中，赋权既是一种理论也是一种方法。理论层面的赋权模式与女性主义模式都揭示了性别不平等对妇女贫困的影响，但不同的是，理论层面的赋权模式是直接从解决问题的角度出发强调社会性别文化重塑和权利结构调整。因此，在方法层面，作为解决问题的赋权成为一种重要的干预技术。赋权本质上是一种能力建设，可以在个人、小群体、组织、社区等多个层面加以运用，包括自我赋权、个体赋权、团体赋权、组织赋权和社区赋权等。因此，在妇女反贫困的生态系统模式、社区发展模式和女性主义模式中，我们都能用到赋权方法。

二、对模式的反思

妇女反贫困社会工作理论与实务模式为妇女的反贫困实践在理念、原则、方法与流程等方面提供了参考，规范了社会工作服务的实践活动，提升了社会工作服务的质量。妇女反贫困的生态系统模式为我们更系统地、全面地、深刻地认识妇女贫困问题提供了一个很好的框架。在妇女反贫困的社会工作实践中，人们通常将其作为问题评估的重要支撑，家庭与小群体也是最常介入的案主系统，生态图是最常用的分析工具。妇女反贫困的社区发展模式是集中连片贫困地区贫困干预最常用的实务模式，社会工作服务在促进贫困妇女的参与、行动、资源利用等方面发挥了重要作用。妇女反贫困的女性主义模式和赋权模式在充分发挥贫困妇女的主观能动性、引导贫困妇女追求自立自强、激发贫困妇女性别意识觉醒、改变贫困亚文化等方面的效果也比较明显。这些是上述社会工作理论与实务模式在中国妇女反贫困实践中体现出来的普适性价值。

不过，这些社会工作理论与实务模式毕竟都是舶来品，尽管在中国妇女反贫困实践中进行了一定范围的运用和探索，但目前还没有结合中国独特的文化背景，从理念、原则、方法上去系统地进行本土化的建构。本土化是一个涉及价值观整合、制度融入、方法融合等多个层面的系统工程，其中文化价值整合和制度体系融入是核心与关键。① 因此，妇女反贫困社会工作实践需要从以下三个方面去思考和总结这些模式的本土化问题。

（一）文化冲突与价值观的整合

西方社会坚持个体主义价值观，而中国坚持集体主义价值观。个体主义价值观主张以个体为出发点和归宿，认为个体的价值高于一切，强调个体的独立性和自主性。受这种价值观的影响，社会工作的女性主义模式和赋权模式强调女性作为独立个体的价值，女性与男性是二元对立的权力争夺者。在西方社会中，个体在18岁之后便慢慢脱离原生家庭寻求独立的生活。因此，社会工作的女性主义模式和赋权模式不仅揭示了职场及其他公共空间的性别不平等，更尖锐地抨击了家庭空间中男性对女性的压迫，主张女性为了个体权利可以抛家弃子，这也是西方社会离婚率居高不下、单亲妇女贫困率高的重要原因之一。而中国从天人合一的哲学观中衍生出家本位、家国同构的文化传统："我"的价值嵌于家，家的价值嵌于国。在这种文化传统中，女性的自我价值是需要通过家庭分工来体现的。女性会"为了这个家"自主地、自愿地做出牺牲，以追求家庭和睦和家庭美满。换言之，家庭关系和谐是两性关系发展的目标。因此，社会工作者在妇女反贫困实践中运用来源于西方文化背景中的女性主义模式和赋权模式时，不能简单地将模式

① 陆士桢、王志伟：《中国社会工作本土化发展的双重机理及其实践路径》，《新视野》2020年第1期。

中的原则与方法直接移植，而要尊重中国文化传统，不断地去尝试，在“试错”中去总结、调整，以完成模式的本土化。社会工作者的专业反思不能只有“应用”而没有“创造”，这意味着在实践过程中要不断地试错与纠错。[①] 尽管本研究基于文献资料和一部分社会工作服务实践，从中观层面梳理了可能的妇女反贫困社会工作实务模式，但必须通过长期的实践去调整和修订。

（二）制度差异与治理技术的整合

西方政治体制是基于个人主义文化，而中国政治体制是基于集体主义文化的。受西方民主政治体制的影响，社会工作的生态系统模式和社区发展模式均强调社区参与、组织沟通、权力结构调整等民主化的活动，这些方法在西方社会执行力强、有效性高。然而在中国，进行协商式的互动对话困难较多。目前社区参与的渠道不够顺畅，参与的广度和深度均不足，权力与资源分配的不公平问题需要自上而下的主动改变。因此，社会工作者在妇女反贫困实践中运用生态系统模式和社区参与模式的时候，要正视贫困妇女及其他居民社区参与途径不畅、参与意识不高、参与能力不足的现实背景，不要盲目地、直接地去推行。在具体实践中，社会工作者要进行社区能力建设，引导贫困妇女改变观念、提升技能，通过与政府部门的沟通与合作，破除影响社区参与和组织沟通的制度壁垒，而这一切需要一个过程，不能急于求成。值得期待的是，当前中国政府正在力推国家治理体系现代化和国家治理能力现代化，多元共治的理念已经形成，需要不断地在实践中去探索、去践行。社会工作者是多元共治的主体之一，要在妇女反贫困实践中贡献专业力量，不断积累经验，并对实践进行反思性总结与提升，形成一套本

① 卢玮：《社会工作实践中的反思：现状、成效与困境》，《探索》2019 年第 6 期。

土化的反贫困参与式治理理论模式。

（三）对象差异与方法的整合

西方社会的现代化是比较彻底的，除了工业化、城市化以外，更重要的是人的现代化。人获得了全面解放，具有了完整意义上的自主性。因此，作为社会工作服务对象个体的人，是具有独立人格、能够识别并主动表达自我需求的个体。他们遇到困难会主动寻求社会工作者的专业化帮助，有意识、有能力进行自决与参与。人的现代性是西方社会工作理论与实务的前提，社会工作的基本理念、原则、方法等都是以此为前提的。相应地，西方的社会工作主要是城市社会工作。中国作为发展中国家，尽管工业化与城市化进程不断加快，但人的现代化过程依然有待提速，尤其表现为农村人口的现代性获得进程相对缓慢。而贫困妇女群体主要分布在农村，尤其是集中连片贫困地区的农村。因此，妇女反贫困社会工作主要是农村社会工作。农村社会工作是社会工作知识图谱发展的新田野，乡土性和本土传承性是其典型特征。[①] 这意味着，在妇女反贫困社会工作的实践中，我们不能基于贫困妇女的表达性需要开展服务，而是要基于乡土社会的熟人关系特质，深入贫困妇女的日常生活中去体验、观察，在成为她们的“熟人”之后，从“关联度”和“影响度”两个方面去审视贫困妇女日常生活中的问题，从而更真实地、更准确地评估她们的问题与需要。我们不能直接地或生硬地套用各种理论模式所提供的评估框架。中国本土化实践中的社会工作服务尤其是农村社会工作服务往往是深入人们日常生活的“我找你”（社会工作者主动找

① 葛道顺：《地方性知识生产与农村社会工作话语体系建构》，《学习与实践》2019 年第 12 期。

服务对象）的场景化服务方式，与西方社会抽离日常生活的“你找我”（服务对象主动找社会工作者）的标准化服务方式①明显不同。

综上所述，社会工作者在实践中运用这些妇女反贫困社会工作理论与实务模式的时候，要时刻反思这些模式在中国文化背景和具体场景中的适用性，对实践中的调适方法进行总结，或与研究单位合作开展实践研究，以期在将来能够形成一种与中国的文化、制度等契合性更高且专业合法性更强的妇女反贫困社会工作理论模式，同时也提供一套实务操作手册。根据西方社会工作专业化发展的路径，一套因地制宜的社会工作实务操作手册就像医生和护士手中的临床操作手册一样重要，它是保证社会工作专业服务具有不可替代性的重要手段。

① 童敏、周燚：《从需求导向到问题导向：社会工作“中国道路”的专业合法性考察》，《社会工作》2019年第4期。

第五章　妇女反贫困社会工作的实践探索

第一节　妇女反贫困社会工作的实践案例

近年来，各类社会工作机构围绕着反贫困开展了大量的实践探索，为妇女反贫困社会工作积累了较为丰富的经验。这些实践的分类多种多样：从干预的主要方法来看，包括个案工作方法、小组工作方法、社区工作方法和综合工作方法等；从干预的对象来看，包括仅针对贫困妇女的特定对象干预和包含贫困妇女在内的一般对象干预；从干预的内容来看，包括家庭经济、心理状况、人际关系等。

总体来看，由于贫困并非单纯的经济问题，因而反贫困社会工作常常要选择一个具体问题作为切入点，尝试以此推动整体的改变。本章依托团队开展的社会工作实践，结合前文梳理的妇女反贫困社会工作理论与实务模式，针对不同生命周期中贫困妇女面临的问题与社会工作介入的重点不同，采用典型案例的方式进行描述与分析。我们将女性划分为女童、成年妇女和老年妇女三类，每类选择了一个案例。其中，女童的社会工作介入案例主要基于生态系统模式，以案主个体及其家庭、小群体作为案主系统，以改变案主的自我意识为切入点，达到促进案主发展和实现案主与其家庭、班级、朋辈群体等良性互动的服务目标。成年妇女的社会工作介入案例主要基于社区发展模式，直面当前农村贫困地区妇女的组织化程度低、社区参与渠道不畅的矛盾，通过培育和发展妇女组织，加强能力建设，促进妇女自我改变和互助合作，从而带动贫困妇女提升脱贫能力，共同参与社区治理，推动社区发展。对于老年妇女，由于现代化进程中大规模的农村劳动力进城务工直接影响了她们的生存与生活处境，她们在物质供养、生活照料、情感慰藉等方面获得的养老支持不足，这使得她们不仅需要依靠自己的劳动来养老，而且肩负着隔代教育和照顾配偶的重任。基于此，老年妇女的社会工作介入案例综合运用赋权模式、社区发展模式等多种妇女反贫困社会工作模式，通过多层面、立体化的服务促进老年贫困妇女的发展，实现老有所养、老有所医、老有所乐、老有所为的发展目标。

为了保护案主，我们依循学术惯例进行了匿名化处理。同时，考虑本书关注的是妇女反贫困，所以我们对服务实践中与本书主题关系不紧密的内容进行了删减。

一、未成年女童反贫困

儿童自我认知的发展对其长期发展具有重要的影响。因此，在儿童发展干预中，很多国家都非常重视儿童的自我认知发展问题。[①] 贫困女童一直以来是性别视角下反贫困社会工作干预的重点与难点，其社会工作干预不仅有助于打破贫困代际传递，而且有助于新型性别文化的重构。本案例主要聚焦于贫困女童小悦[②]的自我意识发展，具体实务活动由张翠娥教授指导华中农业大学社会工作硕士研究生方格子（简称“方社工”）实施完成，实务的详细过程参见其硕士学位论文[③]。

（一）个案选取缘由

选取小悦这一个案，我们主要是基于以下三点原因：

第一，个案介入的具体内容具有一定的新意。对贫困女童早期贫困的干预，国家在营养、教育、健康方面做了较多探索。从社会工作者的视角来看，除了物质上的支持，个体的自我意识发展是一个非常重要但是又常常被忽略的方面。因此，我们选择了一个对贫困女童的个案工作干预案例，尝试运用可能自我理论（possible selves theory）对其自我意识的发展进行个案干预。

第二，案主的情境具有较强的典型性。个案是在湖北省建始县开展的。建始县是华中农业大学定点帮扶的国家级贫困县，隶属于恩施土家族苗族自治州，位于全国十八个集中连片贫困地区之一的武陵山片区，既是国家级

① 邓锁：《贫困代际传递与儿童发展政策的干预可行性研究——基于陕西省白水县的实证调研数据》，《浙江工商大学学报》2016 年第 2 期。

② 小悦为案主的化名。

③ 本案例由华中农业大学社会工作硕士研究生方格子开展，主要依据方格子的硕士论文（《贫困地区女童自我意识提升的个案工作——基于可能自我理论视角的探索》，华中农业大学硕士学位论文，2018）、实务过程记录、案主家庭问卷调查以及笔者的有关观察与访谈进行写作。

贫困县，也是少数民族聚居区。虽然开展的只是一项社会工作个案服务，但我们从中可以一窥贫困地区女童的发展困境。

第三，案主的家庭具有较强的性别特色。研究者在开展社会工作实务时发现，当时案主家庭男性户主正在服刑，家中只有小悦母女三人，是一个特殊的纯女性家庭。案例较为突出地呈现了性别文化对贫困地区女童发展的影响，对妇女反贫困社会工作具有较强的典型性。

（二）需求评估

方社工第一次见到小悦，是缘于开展导师主持的以农村妇女反贫困为主题的国家级课题问卷调查。入户探访时，穿着一双明显偏大的鞋子、一件看起来脏兮兮的旧衣服的小悦给方社工留下了深刻印象。经询问得知，小悦的父亲由于涉及一桩刑事案件正在服刑，小悦的母亲带着她与妹妹一起生活。当小悦听方社工说接下来会在学校里开展一些儿童活动时，她非常感兴趣，主动报名参加。在参与活动的过程中，方社工发现小悦的自我意识可能存在偏差，后经使用“儿童自我意识量表”测量，结果显示小悦的自我意识得分明显低于常模（norm，通常是指有一定代表性且数量足够大的样本在某项检测上的分数分布）。于是，方社工经征询导师意见后将小悦作为个案，运用可能自我理论从增强其自我发展意识方面开展了个案工作介入。

在需求调查阶段，方社工通过多种途径收集小悦及其家庭的基本信息：一是与小悦及其母亲进行谈话；二是对村庄知情人士进行访谈；三是在小悦参与活动时，通过观察、相互交流和量表测试，对小悦的问题与需求进行详细调研。为了更好地呈现需求评估的结果，我们从个人、家庭和村庄三个方面对个案情况进行具体介绍。

1. 个人概况

小悦，女，12 岁，在本村小学上六年级。

从身体状况来看，小悦身体健康，很少生病。她的个子稍高于同龄人，五官端正，由于经常在外面玩，她的皮肤被晒得很黑。

从心理状况来看，小悦个性比较腼腆，较为自卑，时常有焦虑情绪出现。

从人际关系来看，因为家庭情况特殊，小悦在学校经常受到男生的欺负和嘲笑。她有两个好朋友，都是同班的女同学。两个好朋友与小悦在一个村组，其中一个是小悦的表妹，跟小悦家是邻居，两家共用一个院子，但是两家大人之间关系不好，所以很少来往，两个小孩子常常趁大人不在家的时候一起玩耍。小悦的两个好朋友成绩都比较好，性格外向，她们会在学习、生活上帮助小悦。

从学习情况来看，小悦的学习基础薄弱，学习能力较差，成绩在班上长期排在后面。学校老师对小悦的日常生活比较关心，但对其学习基本上采取放任不管的态度。

2. 家庭概况

(1) 家庭成员关系。如图 5-1 所示，小悦的家庭有 4 名家庭成员，即她的父亲、母亲、她本人和妹妹。小悦父亲(36 岁)，2016 年以前一直在外务工，因涉及一桩刑事案件正在监狱里服刑，刑期一年，调查时已经服刑近 11 个月，即将出狱。小悦母亲(35 岁)，在家务农，主要在村里的蔬菜大棚中给人家帮忙，每小时挣 8 元钱。小悦母亲脾气不好，与村里人交往较少，与小悦的关系也不好，经常会因为琐事打骂小

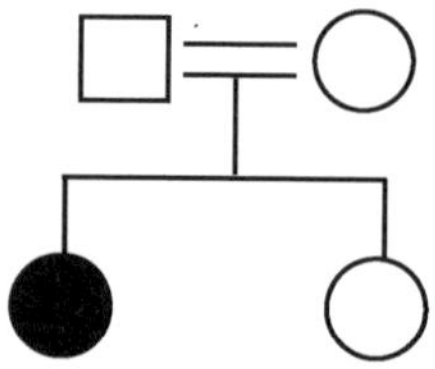

图 5-1　小悦的家庭结构图

悦。小悦妹妹(8 岁),与小悦在同一所小学上二年级,性格开朗,但比较娇气、爱哭。因为觉得母亲偏爱妹妹,所以小悦很不喜欢妹妹。

(2) 家庭经济状况。小悦家中共有两亩左右的水田,主要用于种植粮食作物,养了四头猪,在春节时会杀一头供自己家一年吃,其余的猪会被卖掉,卖猪的钱用于家庭日常开支。家里目前只有小悦母亲一人在工作,收入少且不稳定,在村中属于经济较为困难家庭。家里日常开支仅限于油、盐、水、电等方面的花费和孩子们的学习用品等,从来不上街买菜,家庭其他的日常支出很少。

(3) 家庭居住环境。小悦家离村委会和学校都比较远,步行到集市大约需要 40 分钟。房子门前已经通了水泥路,交通比较便利。房子是在小悦父母结婚时建的,属于砖瓦和混凝土结构,一共有三层,每层面积大约是 80 平方米,经鉴定为安全住房。因家庭经济条件有限,房子至今没有装修,仍是毛坯房。家具非常简单,只有几张木桌和几把木椅,另有电视、冰箱、洗衣机等家用电器。方社工观察发现:住房内比较阴暗和潮湿,看得出来长时间没有人打扫;做饭主要使用柴火和煤气;客厅的地上堆着一地的猪草,脏衣服和干净衣服混在一起,堆放在楼梯栏杆上。整体评估,家庭居住环境较差。

3. 村庄概况

小山村地处建始县 Y 镇,平均海拔为 700 米,距县城有 10 000 米,最近的村组距县城仅有 1 000 米,属于县城的郊区村。全村辖 21 个村民小组 960 余户,大约有 3 500 人。村内设有小学 1 个、卫生室 1 所。村内公路大多得到了硬化,交通总体上较为便利。村民的经济收入主要来源于务工与经商,土地种植以粮食作物为主。2015 年，全村人均纯收入为 8 000 元左右，在建始县属于一般贫困村。据统计，2016 年在册贫困户共 82 户，涉及 155 人。

小山村具有以下几个基本特征：一是超大型村庄，人口众多。村庄的村小组数、户数、人口数在县里均位居前列。二是郊区村，公共设施基础条件总体上较好。村庄距县城近，与县城之间有公交车通行。公交车每天定时定点往返于小山村小学与县城汽车站之间，沿线经过大多数村组。村庄主要交通线路上都设有垃圾定点回收站，便于垃圾的统一回收与处理。村庄网络信号较好，通信设备使用正常。自来水供应覆盖较广，大约涵括了村内三分之二的家庭。三是包容性强，外来人口多。各村组居住分散，姓氏杂，宗族家族势力弱，对外来人口的包容性强。据统计，该村近年来自外村迁入的人口超过 200 人，因而该村庄没有呈现出一般农村在城市化进程中不断衰落、人口减少、空心化严重的特点。四是自然资源条件差，家庭经济较为贫困。当地不仅耕地资源少，而且土壤贫瘠、洪涝灾害多，土地产出价值低，留守在村里的居民家庭经济较为贫困。

4. 问题分析与需求评估

调查发现，小悦及其家庭面临的较为突出的问题主要有：第一，小悦的自我认知不清、缺乏自信。小悦不能清楚地认识自我，对未来没有明确的目标，不知道自己长大以后想要做什么以及想成为什么样的人，也不知道自己到底有什么优点和缺点。小悦对待生活的态度十分消极，她认为自己在各个方面都比别人差，每天晚上都会因为各种事情心烦，有时会因此失眠。第二，小悦的人际交往能力差。小悦在班上朋友很少。由于学习成绩差，家庭情况特殊，她经常被班级同学嘲笑。第三，家庭生活条件较差。小悦家离学校较远，每次去上学需步行40分钟左右。小悦家只有其母亲一个劳动力，经济条件较差，家庭居住环境脏乱。第四，家庭关系紧张。小悦现阶段与母亲、妹妹一起生活，小悦母亲经常打骂小悦，小悦与妹妹的关系也不好；小悦父亲对小悦很好，但他目前正在服刑。

经过分析，方社工决定以小悦的自我意识发展为切入点来开展个案工作。为了使服务方案更具有可行性和合理性，方社工运用“儿童自我意识量表”①对小悦进行了测量。常模和小悦的测量得分如表5-1所示。

表5-1　“儿童自我意识量表”常模和小悦的得分

类　　别	常模(8～12岁女童)②	小悦得分	类别得分是否低于常模
(1) 行为	12～16	9	是
(2) 智力与学校情况	9～17	11	否
(3) 躯体外貌与属性	6～13	6	否
(4) 焦虑	8～14	7	是
(5) 合群	8～12	7	是
(6) 幸福与满足	7～10	6	是
总分	52～80	43	是

注：此表中的总分并非“(1)”至“(6)”几个方面的分值/得分的简单相加，系对受测人员在总体层面上设定的域值和实测情况。

依据“儿童自我意识量表”的使用规定，总分在第30百分位到第70百分

① 注：该量表由美国心理学家皮尔斯和哈里斯于1969年编制、1974年修订，2001年由中南大学精神卫生研究所苏林雁教授联合国内20多家单位，将此量表进行了标准化处理并制定了全国常模。量表由行为、智力与学校情况、躯体外貌与属性、焦虑、合群、幸福与满足六个分量表组成，一共包含80项选择型测试题，适用于8～16岁儿童(本表内选用了其中的8～12岁年龄段)，主要用于评价儿童的自我意识发展状况。参见张玉梅、宋鲁平：《康复评定常用量表》，科学技术文献出版社，2018，第379—384页。

② 张玉梅、宋鲁平：《康复评定常用量表》，科学技术文献出版社，2018，第379—384页。

位之间为正常范围，得分低于第 30 百分位（粗分 46 分）为自我意识水平偏低，提示其可能存在某些情绪、行为问题或社会适应不良，有自信心不足、自我贬低或自暴自弃的倾向。[①] 小悦的量表得分为 43 分，低于 46 分，更低于 8～12 岁女童得分的正常范围的下限（52 分）。这说明小悦的自我意识不强，需要社会工作的介入来强化其自我意识。

具体来看，小悦的分项得分中，有四项即行为、焦虑、合群、幸福与满足低于常模，智力与学校情况、躯体外貌与属性则在正常范围内。这说明小悦的智力与身体并不是社会工作需要介入的重点，其社会交往与情绪问题是社会工作介入的关键。

（三）理论依据与介入目标

1. 理论依据

方社工主要依据可能自我理论进行服务方案设计。可能自我理论由美国心理学家黑兹尔·马库斯（Hazel Markus）及其同事提出。所谓可能自我，是指自我意识中与个体的潜能和未来有关的、自我概念中的未来定向成分。可能自我理论由三个部分组成：第一，希望可能自我，即是个人对自己未来的期望。第二，预期可能自我，即个人对自己认为会达到的状态进行评估，它比希望可能自我更加贴近于现实。第三，恐惧可能自我，即个人害怕自己会陷入的状态。[②] 既有实践显示，可能自我理论适用范围较广。可能自我是个体持久的目标、动机、希望和恐惧的认知体现，对于贫困女童在既有社会性别文化背景下重新塑造自我意识具有重要的指导作用。

---

① 张玉梅、宋鲁平：《康复评定常用量表》，科学技术文献出版社，2018，第 379—384 页。

② 朱诗敏：《可能自我理论及其在青少年社会工作中的运用》，《社会工作与管理》2015 年第 3 期。

2. 介入目标

方社工依据可能自我理论，经需求分析，确定如下介入目标：

总目标：通过对可能自我的探索，方社工帮助小悦强化自我发展意识，以此促进其摆脱贫困家庭的不良影响，获得更好的学业与人际发展。

具体目标：(1) 明确未来发展目标，让小悦明确自己的学业与人际发展目标。(2) 认识“现在的我”和“未来的我”的紧密关系，重新认识“现在的我”面临的问题，探索“现在的我”要成为“未来的我”所具有的优势和需要做出的改变。(3) 指导小悦制订一份可行性强的学习计划，使之能够不断向“未来的我”努力。(4) 针对小悦的发展劣势与存在的不足，培养其战胜困难、实现目标的能力，提升其实现目标的信心。(5) 缓和小悦的家庭关系，提升小悦家庭的反贫困能力。

(四) 实施过程

1. 认识“现在的我”

个案工作介入的第一次面谈和第二次面谈主要致力于建立关系并了解小悦的具体情况，面谈的重心是帮助小悦了解“现在的我”。

第一次面谈着重深入了解小悦的家庭情况，进一步确认小悦目前存在的主要问题与困难。方社工和小悦一起绘制了家庭结构图和家庭生态系统图。为了了解父亲入狱对小悦及其家庭的影响，方社工还与小悦一起对“过去的我”进行了初步探索。方社工在面谈中得知，受到父亲入狱和家庭贫困的双重影响，小悦常常受到其他同学的欺负，这对小悦的成长产生了不利的影响。

第二次面谈着重于帮助小悦全面了解“现在的我”，明确自己的优缺点。

通过方社工的鼓励和启发，小悦进一步认识了自己，分析了自己的优点与缺点。

2. 规划“未来的我”

在第二次面谈后，方社工给小悦布置了一项自我探索的作业，要求她思考自己以后想要成为什么样的人，未来想要从事什么样的职业。但小悦交上来的作业很简单，用她的话来说就是“我也不知道”。这个“不知道”虽然可能是她目前的真实想法，但是也说明她并没有认真对待这项作业，因为她在交作业的时候表示，自己不会写作文，不知道要怎么写。

为此，方社工略微调整了介入的方式，决定先与小悦进行交流，帮助小悦理解什么是理想，为什么要思考未来，让她通过描述自己的发展目标。通过面谈方社工了解到，小悦并不清楚什么是理想，也无法说出自己有什么理想，以及未来自己想成为什么样的人。她只是认识到家里很穷，妈妈干活很累，自己要帮助妈妈干活，也很累。她的理想生活就是没那么累就好了。为了帮助小悦更进一步明确未来的方向，方社工肯定了小悦对家庭的付出，同时进一步对她进行了启发。没有急于着眼于职业，而是先讨论了学习。方社工结合自身经历，给小悦介绍了大学与大学生活，吸引了小悦的兴趣。方社工以角色扮演的方式，让小悦体验成为大学生与农民这两种角色的区别，小悦在两者中选择了大学生。方社工告诉小悦，成为有知识的人后，可以用知识的力量帮助妈妈，让她干轻松一点的活儿，甚至以后自己挣钱了就不需要妈妈干活儿了。小悦听后很开心，表示一定要成为有知识的人。在此基础上，方社工指出，很多职业都要求具有较高的学历，大学学历不仅可以扩展人的视野，而且可以使人有更多的职业选择。

在“未来的我”这一阶段，方社工主要协助小悦更多地了解自己，确定自己的发展目标。在会谈中，方社工一直微笑着与小悦进行交流，这不仅表达了对小悦的友好，而且使小悦在访谈中逐渐放松下来。同时，方社工也对小悦表达了支持与肯定，她没有急于让小悦确定遥远抽象的未来目标，而是从第二天的学习开始着手，先确定小目标。在后面的学习过程中，通过方社工的观察及其他社会工作者的反馈，小悦的学习态度明显转变，与同学们一起学习时，小悦表现得很积极。其他同学在休息的时候，她还找到社会工作者，请求社会工作者给她辅导功课。

3. 成就“未来的我”

一是学习计划的制订与落实。在与小悦讨论确定了未来的发展目标后，方社工要求小悦从现在做起，先将暑假的学习目标确定下来。经过讨论，方社工与小悦一起制订暑假学习计划。为了增强计划的可行性，方社工建议首先结合暑假作业的完成情况来制订学习计划。在此基础上，方社工指导小悦有针对性地制订和实施复习计划，不仅关注小悦学习的情况，更关注其良好学习习惯的养成。

二是战胜困难。提高小悦解决问题的能力是个案介入的一个重要目标，也是需要解决的一个关键问题。在暑假学习计划实施的第三天，小悦碰到了一个不认识的英语单词，当她鼓起勇气请教其他同学时，同学不是很热情的态度，让小悦认为同学是觉得自己笨，不愿意帮助自己，她觉得其他同学都在嘲笑自己。方社工注意到了小悦情绪的低落。为了帮助小悦提升解决困难的能力，方社工一方面引导小悦正确面对问题，另一方面让小悦参加了社工站开展的学习小组和发展小组的活动。在活动中，方社工不断鼓励小悦克服困难,提升自己。

三是提升自信。方社工一方面通过优点轰炸的方式帮助小悦一起认识自身的优点,另一方面帮助小悦增强学习能力和解决人际冲突的能力,减少自卑感。

4. 获取家庭支持

个案工作进入中期,在一次布置家庭作业时,小悦写出了自己现阶段最大的烦恼:“妈妈经常骂我,有时候还打我。”“妹妹经常欺负我,很霸道,让我觉得很讨厌。”这段话充分体现了小悦的问题并不是她一个人的问题,而是与她的家庭紧密联系在一起的。方社工了解到小悦的这一烦恼后,从“人在情境中”出发,认为改善小悦与家人的关系对强化她的自我发展意识非常重要。于是,方社工将小悦的整个家庭纳入个案工作,尝试改善小悦的家庭关系,以此使小悦的发展获得更多的家庭支持。

方社工与小悦妹妹进行了一次面谈,了解到妹妹很喜欢姐姐,觉得姐姐很能干,但是她认为姐姐爱发脾气,一发脾气就不理自己或者批评自己。方社工发现,妹妹也爱发脾气,而且比较以自我为中心,自己喜欢的就一定要达到目的,不行就哭闹。借助小组活动和个人面谈,方社工有意识地帮助妹妹养成良好的学习与生活习惯。方社工告诉妹妹:妈妈很辛苦,姐姐也很辛苦,你平时要帮姐姐做一些力所能及的家务;要与姐姐相亲相爱,即使受了一点儿委屈,也不能总是去向妈妈告状,要和姐姐多沟通,这样妈妈就不用总为她和姐姐烦恼,妈妈的心情会变好,生活也会更加有动力。借助于社工团队开展的服务,妹妹逐渐改掉了自己的一些缺点。

在与小悦的面谈中,方社工着重帮助她重新认识自己与家人的关系。

在方社工的帮助下，小悦逐步认识到，其实妹妹是喜欢自己的。父母和妹妹都是这个世界上最亲的人。妹妹年纪小，才 7 岁，自己作为姐姐，要照顾妹妹。妈妈很忙，没有太多时间管自己和妹妹，自己要像一个小老师一样，好好教妹妹才行。如果把妹妹带好了，妈妈忙了一天回到家里，看到自己和妹妹在一起开开心心的，也会非常开心。在后来的相处中，小悦与妹妹的关系越来越好，小悦向方社工反映，妹妹的变化很大，不再喜欢哭和告状了，现在也会主动帮自己扫地、烧火、扔垃圾，妈妈看到小悦和妹妹的变化非常开心。

由于小悦妈妈比较忙，因而计划开展的家庭座谈一直难以进行。在同小悦妈妈进行了短暂的谈话后，方社工决定还是以小悦为中心来解决问题。方社工给小悦布置了一项家庭作业，要求小悦找妈妈好好谈一次心，说出自己内心的想法，并在交流结束时跟妈妈说一声“我爱你”，让妈妈感受到小悦是能体会到妈妈的辛苦的。小悦在之后的面谈中告诉方社工，妈妈也认识到自己在有些地方做得不好，不应该打骂小悦。经过谈心，小悦对妈妈更为理解了，性格变得越来越开朗，与家人的关系也越来越亲密。

（五）项目评估

经过 8 次正式的面谈，小悦的问题得到了较好的解决，个案介入的目标基本实现，达到了结案的条件而正式结案。个案结束后，方社工运用多种方法对个案介入成效进行了评估，同时运用电话沟通等方式在结案后对小悦的发展进行了近两个月的跟踪了解。

1. 自我评估

小悦表示，经过个案服务后，她变得开心多了，以前每天都会因为一些小事生气，现在已经学会不再为小事计较和烦恼了。她与家人的关系变得好多了，母亲比以前更关心理解她，现在会给她买新衣服和新书包，有时候她们还会一起谈谈心，更重要的是妈妈不再打她了；妹妹现在会自己动手做一些力所能及的事情，有好吃的也愿意与她一起分享。小悦比以前喜欢学习，学习更加认真，学习成绩也取得进步，她认为一定可以实现自己的梦想。

2. 同学评估

个案结案后，方社工对小悦的两个好朋友的访谈显示：小悦生气的次数变少了，与妹妹的关系变好了，在妹妹被欺负时她会主动保护妹妹；小悦现在的学习积极性很高，上课能认真听讲，再也没有抄作业的现象了，有不会做的题目会主动问同学；三个好朋友之间的关系越来越好，有什么事情都会相互帮助，班上有更多的同学愿意与小悦来往。但是，小悦与班上男生的关系依旧不好，还是会受到男生的欺负，而即将步入青春期的女生已经开始回避与男生的交往，不愿意与男生有过多的接触。

3. 家长评估

方社工在结案时与小悦母亲也进行了交流，小悦母亲认为小悦变化很大，尤其是小悦与其母亲深入交流以后，让母亲了解了她的想法，也让母亲意识到了自己错误的教育方式。深入交流后，小悦母亲也有了很多改变，并且很欣喜地看到，小悦比以前开朗了许多。小悦母亲很感谢方社工，她觉得自己的女儿懂事了许多，学习劲头也足了，与自己的关系也变得更亲密了。

4. 社会工作者评估

方社工采用参与观察法与量表法对个案成效进行了评估。从过程评估来看，据方社工的观察与了解，在个案干预以后，小悦在各个方面都有了一定的改善。从行为习惯来看，小悦逐渐形成了良好的行为习惯，在家里主动帮助妈妈干一些力所能及的家务。从智力与学校情况上看，小悦的学习能力有了提升，学习目标日益明确，能认真完成作业，并开始有意识地进行预习与复习，开始为自己的理想去努力奋斗。在学习小组期间，当其他小朋友在休息的时候，小悦经常主动找社会工作者问问题；小悦在自己的外貌方面一直都比较自信；在焦虑方面，小悦在个案介入之前经常会失眠，睡觉的时候会胡思乱想，现在睡眠情况得到了明显的改善；在合群方面，小悦与四点半课堂的同伴们关系越来越好，在遇到矛盾时，学会了用交流、沟通的方式来解决；从幸福与满足方面看，自从修复了小悦与妈妈、妹妹的关系以后，家庭成员的关系也越来越融洽，小悦的幸福感明显提升了很多，她表示现在每天都过得很开心。

从结果评估来看，方社工运用"儿童自我意识量表"对小悦进行了后测。测试结果显示，经过个案介入以后，由前测时的 43 分提升至 57 分，说明干预成效明显，具体情况如表 5－2 所示。

表 5－2　小悦的自我意识得分前后变化情况

类　　别	前测分数	后测分数	后测分数是否在正常范围	前后测差值	前后测差值排序
(1) 行为	9	10	否	1	5
(2) 智力与学校情况	11	14	是	3	2
(3) 躯体外貌与属性	6	9	是	3	2
(4) 焦虑	7	11	是	4	1
(5) 合群	7	7	否	0	6
(6) 幸福与满足	6	9	是	3	2
总分	43	57	是	14	

注：此表中的总分并非"(1)"至"(6)"几个方面的分数的简单相加，系对受测人员在总体层面进行测试的得分情况。

由表5-2可见,经过干预,小悦的各分项得分中只有两项即行为与合群未达到正常范围。其中合群的得分是所有项目中唯一没有变化的。改善最明显的是焦虑,这是当时小悦最突出的问题之一。改善的另外三项,有两项在前测时属于正常范围,即智力与学校情况、躯体外貌与属性,而幸福与满足之前不在正常范围,经过干预后提升到正常范围了。

此外,由于这是一个社工团队共同工作,因而其他社会工作者的反馈也很重要。虽然其他社会工作者并不关注小悦自我意识的发展,但他们发现,小悦的性格开朗活泼了很多,脸上的笑容多了,与同伴的关系和谐了,在各种活动中的表现都比较积极。她的学习态度变化尤其让他们印象深刻:一开始做作业时字迹潦草,遇到不会做的题目也不问同学或者社会工作者,就自己乱写,现在不仅字体工整,遇到问题还会主动举手向社会工作者寻求帮助。更重要的是,小悦对自己的未来有了明确的目标,知道自己现在要好好学习,这样长大以后才可以上大学。这个目标使小悦的精神状态发生了明显的变化。

(六)案例反思

1. 理论的性别敏感度

从实践来看,可能自我理论在提升贫困女童的自我意识上具有较好的成效。但是从小悦的"儿童自我意识量表"前后测的得分来看,小悦的自我意识虽然得到了明显的增强,但各个方面的分数变化并不均衡,有的方面变化并不明显。这与个案介入的时期与时长存在着一定的关系。就案例开展的时期来看,由于个案开展过程是在暑假期间,因而社会工作者与案主家庭有较多的沟通,但是由于学校已经放假,与教师之间的沟通难以进行。尽管参与社会工作活动的有案主的多名同学，但她们无法替代学校的作用，因而对于作为学生的小悦来说，这一不足可能会使其自我意识的增强面对来自学校的挑战。就案例开展的时长来看，尽管个案介入持续了一个多月，但时长有限，而其自我意识的增强并不是一个一蹴而就的过程，这也可能导致介入成效未能充分体现。

而从社会性别的视角来看，可能自我理论被运用于贫困儿童自我意识的提升是较为适合的，但它本身并不具有性别敏感度。由于社会工作者的介入是与课题研究同步进行的，而课题在分析妇女的反贫困实践时较好地运用了社会性别视角，因而在对小悦及其个案的问题分析与社会工作介入中都不自觉地带入了性别视角，因而在一定程度上弥补了实务介入方案的局限。但如果能够在一开始就更有意识地将可能自我理论与社会性别视角相结合来制订服务方案，个案介入不仅会更有针对性，而且在培养贫困女童的自我发展意识上会更具有研究与实践价值。

2. 早期干预的价值

从生命周期来看，女童的反贫困干预属于早期干预。为了更好地开展早期干预，其干预对象不能仅限于已经陷入贫困的女童。依据女童的情况不同，我们可以将其细分为一般女童、极易陷入贫困的女童和已经处于贫困中的女童三类。三者的贫困风险不同，因此实务干预的重点也不同。

具体来说，借鉴其他领域的风险干预，可依据三类对象的贫困风险等级来开展反贫困社会工作。第一级是提前干预。广义上可针对所有家庭，主要开展社会教育及倡议工作，普及知识及改变观念，并倡导环境、措施及政策的改变，让女童不致因为家庭和社会的不良环境而出现发展困境。第二级是临界干预。其主要工作任务是辨识出具有贫困高危风险的女童家庭,提前进行介入,避免贫困问题的出现及其对女童的不利影响。第三级为矫正干预。它主要针对正处于贫困中的女童,要求给予有针对性的服务跟进、帮扶,依据需要提供心理辅导、家庭辅导等相关治疗,帮助其提升反贫困能力,摆脱贫困并避免再次陷入贫困。由此,我们可将全体女童都纳入反贫困体系中,通过科学设计整体方案,使早期干预的时间起点提前到儿童出生甚至出生前,使干预的范围扩展到全社会。这不仅可以最大限度地保障包括女童在内的所有儿童的健康发展,而且能够最大限度地阻断贫困的代际传递。

二、成年妇女反贫困

相对于其他年龄阶段的女性来说,成年妇女反贫困的能力最强,是反贫困的重要力量。在农村社会工作服务开展的过程中,我们发现,贫困地区的妇女、贫困家庭的妇女与贫困妇女之间有一定的差异,但共性较多。对贫困妇女的调查与社会工作实务的探索显示,中青年贫困妇女很难开展同质性的小组工作,更适合开展个案工作和普惠性的社区工作。而贫困妇女个案工作具有较强的独特性,受益对象规模较小,为此,我们选择了一个通过培育妇女组织来促进贫困社区发展从而推动贫困妇女脱贫的案例①。

(一) 个案选取缘由

选择大陈村的妇女组织培育作为典型案例,主要基于以下三个方面的

① 本案例的实务工作在 2015 年至 2017 年间开展。前期主要由华中农业大学社会工作系本科生辛雨佳开展,后期主要由武汉市阳光社会工作服务中心大陈村所在社工站站长陈春云等跟进。本案例是在辛雨佳本科毕业论文和项目策划书、项目过程记录以及笔者作为督导的观察记录等的基础上进行了改写。

原因。

1. *妇女组织培育在妇女反贫困中具有重要意义*

依据摩塞框架（Morser's Framework，社会性别分析的工具之一。其中心内容包括妇女的三重角色、实用性与战略性社会性别需要、妇女参与发展/社会性别与发展政策路线的归类三个方面），组织培育属于战略性需求。中青年贫困妇女的反贫困能力尽管在贫困妇女中最强，但从整体上来看，其反贫困能力依然是比较低的，仅依靠其自身难以实现摆脱贫困的目标。当跳出贫困妇女这一对象局限之后，在农村社会工作实务开展的过程中，我们将关注点转为如何以中青年妇女为主体，通过培育妇女组织，增进贫困妇女的社会参与从而促进贫困社区发展。我们在实践中发现，在农业女性化的背景下，这一问题具有特别重要的意义。对于妇女反贫困来说，虽然当前的精准扶贫相对于传统的扶贫开发已经实现以户为单位来进行帮扶，但就女性而言，这一更为精准的帮扶举措，受制于农村的社会性别文化和社会管理模式，性别不平等被掩盖了。由于户主一般为男性，女性参与社会治理比例很低。在扶贫实践中，无论是政策的制定还是政策的实施及政策的成效评估，都呈现出以男性为中心的特点。而组织是政治参与的平台，促进女性的政治参与，培育妇女组织至关重要。

2. *以妇女组织培育为妇女反贫困的切入点成效显著*

尽管贫困妇女在大陈村留守妇女中占有一定比例，但以贫困妇女尤其是中青年贫困妇女为主体开展小组工作介入非常困难：一是村中农户本身居住比较分散，贫困户居住更为分散，在统一时间到统一地点开展活动客观上存在困难；二是中青年贫困妇女或为了家庭生计外出打工，或留守家中承担着整个家庭的农活儿，也承担着照顾老人、孩子的重任，劳动任务繁重，主观上不太愿意参与集中统一的活动；三是尽管贫困家庭有一些共性的特征，但是贫困妇女个体面对的问题和她们的脱贫需求差异性很大，难以形成一个统一的小组。个案社会工作介入中青年贫困妇女的案例已经比较丰富，而且个案工作具有较强的独特性，因此我们期望选择一个受益人更多、更具有推广价值的案例。大陈村作为一个贫困村，留守妇女较多，社区自组织发展不够好，妇女群体对组建妇女广场舞队具有强烈的需求。回应妇女群体的迫切需求，将组织培育作为妇女反贫困的切入点，在大陈村的实践中取得了良好的成效。

3. 妇女组织培育过程较为典型

武汉市阳光社会工作服务中心历经近十年的探索，在妇女组织培育方面已经积累了较为丰富的经验。团队在武汉市黄陂区王家河街道和蔡家榨街道、江夏区舒安街道、黄石市黄州区陈策楼镇以及蕲春县刘河镇等地的社工站点都围绕着“三留守”人群开展了形式多样的社会工作服务。由于留守妇女是当前农村社会建设的主体，因而我们在各个点都开展了妇女组织培育工作。我们选择将大陈村作为典型案例，并非因为其培育工作做得最有特色或者最为成功，而是因为它较为突出地呈现了妇女组织培育中常见的问题。

（二）需求评估

大陈村位于湖北省黄冈市 C 镇，是一个贫困村。为了更好地分析其妇女组织培育需求，我们首先将其置于整个乡镇的组织发展状况这一社会环境中来考察，以期获得一种更为全面的认识。

1. 组织培育的社会环境

C 镇隶属于湖北省黄冈市。黄冈市地处湖北省东部、大别山南麓、长江中游北岸，是中国共产党早期建党活动的重要驻地和鄂豫皖革命根据地的中心。C 镇辖 26 个行政村，以水稻、水果、水产为主要产业。

整体来看，C 镇的社区社会组织发展具有以下几个特点：

第一，类型单一、层次较低。与大多数农村地区相似，由于受当地政府考核指标导向或由于农民自身局限性的影响，C 镇的社区社会组织以文体类组织为主，公益类、教育类、互助类组织较少。村民参与文体类组织主要是出于个人兴趣，这类组织虽然数量较多，但规模都不大。组织的类型有广场舞队、腰鼓队、肚皮舞队、合唱团等，其中广场舞队数量最多，几乎每个村的塆子里，在稍微宽敞一点儿的活动场所，到了傍晚都可以看到跳广场舞的村民。另外，一些乐队、广场舞团体还外出参加婚丧喜事营利。大部分社区社会组织停留在简单地参与兴趣活动局面，组织层次低。

第二，组织建设不健全。C 镇的社区社会组织普遍存在组织凝聚力不强、规范性程度低、组织领导者能力不足等问题。调查发现，绝大多数组织开展活动时都没有具体成文的安排与计划；组织对成员欠缺必要的约束力，结构松散，难以使成员形成归属感；组织成员极少参与组织管理，需求难以表达和获得满足。

第三，组织绩效欠佳。村庄领导者对社区社会组织缺乏信任，不能积极主动搭建平台，社区社会组织难以参与社区治理。受到当地经济条件的影响，这些社区社会组织基本上没有得到政府的任何资金支持，开展活动的经费非常有限，经费主要来源于自身与创收，因此组织也无法在社区内开展有影响力的活动,组织的生存和发展也受到较大影响。

第四,组织成员参与度低。受市场经济的影响,C 镇的社区社会组织发展呈现较强的利益导向性。如 L 村的妇女广场舞队,是全镇发展最早也是发展最快的一支广场舞队,由该村妇女主任王姐发起组织的。王姐从 2009 年开始就带领村里的几个妇女学习广场舞,后来就一个塆子一个塆子地教,培养了一些年轻的广场舞队骨干成员。她们自编自演的《东方红》大型歌舞节目在 C 镇以及市电视台都进行过表演,反响热烈。后来王姐自己组建了一个婚庆班子,承揽了婚庆大大小小的事宜,利用她的人脉关系还能请到当地市电视台的主持人作为婚礼司仪,而婚礼最热闹的就是舞蹈表演了。她会带领一些舞蹈基础好、形象气质佳的年轻妇女在婚礼上跳舞。一场婚礼下来,她们每人也能拿到几百块,最高的上千块钱。妇女们都热衷于这样的商演,而对于社区表演就没有什么兴趣,即使参加,她们也会在服装、活动规格等方面有要求。但是,并不是所有人都能够有参加商演赚钱的机会,其他广场舞队的成员只能羡慕,觉得自己比不了那些时常“被邀请”的妇女。这样以利益为导向的发展在一定程度上满足了成员的物质需求,甚至妇女们还能因此提高在家庭中的经济地位。但是,这种发展实际上并不符合社区社会组织本来的目标,没有实现挖掘和培养妇女群众的优势与潜力,更没有促进妇女参与社区治理进而促进社区发展。

第五,组织间缺乏横向联系。C 镇大大小小的文体队伍有 60 多支,每当镇里组织文艺表演,都会通知各村妇女主任推送节目。各村推选的节目类型以广场舞居多,重复率很高,而且妇女主任普遍反映组织成本高、难度大。这主要是因为组织之间缺乏横向交流,无法有效沟通协调。

2. 组织培育的现实需求

大陈村是一个贫困村。全村共有 7 个村民小组，190 余户，700 余人，大约三分之一的劳动力常年在外务工，以男性为多。全村耕地面积为 760 亩，水面面积为 385 亩，林地面积为 416 亩。该村的主要农产品为粮、棉、油、鱼、藕等。2015 年，村人均纯收入约 4 500 元，贫困人口有 108 人，涉及 32 户。

相较于 C 镇的其他村庄，大陈村的发展特点主要表现在：

第一，经济发展较为落后。C 镇村庄之间的经济发展状况差距较大。发展最好的 F 村，被称为 C 镇的“上海”，不论是在区位条件、经济实力还是政府扶持力度上都是其他村庄所不能及的。F 村是一个多产业综合发展的村庄，通过产业调整、品种改良、科技推广和能人带动等措施，大力发展特色水产养殖、优质林果和湘莲种植项目。另外，F 村在第二产业方面，有棉纺、建材等 5 家企业落户；2015 年又引进返乡创业能人，开办了古筝、古琴 2 家生产企业。发展较好的 L 村是革命烈士的故乡，经济实力虽比不上 F 村，但作为省级旅游名村，已经发展成为 C 镇的一张文化名片。村干部将旅游与当地特色农产品结合起来，形成了产业链。L 村还拥有 3 家村办产业、5 家民有企业以及多家小型农副产品加工企业。相比之下，大陈村的经济发展在 C 镇属于较为落后的，村里只有 1 家规模较小的村办企业，农民收入来源还是以传统农业为主。

第二，开放性较强。大陈村所在的 C 镇以劳动力输出为主，每年的经济收入除了依靠红色旅游，还将项目建设和招商引资作为抓手，着重发展工业经济，通过大力开展招商引资，近几年整个乡镇的经济处于蓬勃发展之中。大陈村虽然还是以传统农业生产为主，但是在人、物、资金、技术和信息等方面都与外界保持着紧密的联系。由于地处连接乡镇与市区的主干道旁,因而大陈村的交通非常方便,一些妇女每到周末都会到乡镇或者市区逛街购物和娱乐。除了在外务工的村民,村里剩下的其他青壮年基本上都在本村或者镇上的工厂里工作。村里的一些老年人会将自己种植的蔬菜挑到镇中心的集市上进行售卖,空闲时也会到邻镇去看戏。

第三,村庄内部差异性较大。大陈村有四分之一的村民在外地打工,有外出务工人员的家庭一般都较为富裕。而留守村中的家庭依赖农业生产,经济收入明显偏低。以水稻为例,农民一季水稻亩平均收入 300 元左右,遇到自然灾害还会减产,收入更少,因此当地土地撂荒现象比较严重。

第四,家族势力比较强大。大陈村依然还留存着较强的家族观念,在村党支部委员会、村委会班子换届或者村民之间发生争端时,不同家族之间的分界就会明显呈现。汪、周和李是大陈村的大姓,三个家族之间最容易发生争端。

大陈村的发展特点显示,村庄的产业基础和社会组织发展都较为薄弱,传统家族力量还比较强大,想要依托贫困妇女来进行农民合作经济组织之类的组织培育比较困难。进一步的调查显示,大陈村的在村人口以留守妇女居多。在农闲期,妇女们的闲暇生活基本上以看电视、聊天或打麻将为主,文化娱乐生活贫乏。早在几年前,C 镇各村就相继建立了妇女广场舞队伍。周围村子广场舞的盛行,让大陈村的一些妇女也非常希望组建一支自己的广场舞队伍。她们向村委会提议,希望由村委会来组织并出钱聘请老师来教舞,但没有得到村委会的回应。面对妇女们的要求,村干部表示很无奈。整个村委会就只有三个人,每天忙于处理大量的行政任务,没有精力也没有能力去管村里的文化建设。另外，大陈村集体经济薄弱，入不敷出，村里没有资金支持文体队伍的发展。由于没有成形的参赛队伍，村里在镇上举行的多次文体比赛活动中都排在后面，更加打击了妇女们的积极性，对村庄的文化建设事业丧失了信心且抱怨较多。在对大陈村妇女主任C姐访谈后我们发现，她在两年前曾尝试在村里教妇女跳广场舞，但是持续时间较短，如果社会工作者能够协助村里组织广场舞队，那么她表示一定会全力支持。

3. 组织培育的需求分析

为了更好地认识大陈村妇女广场舞队的组织培育需求，我们借鉴布拉德肖(Bradshaw)的分析框架①，从感觉性需求、表达性需求、规范性需求、比较性需求四个方面对大陈村的妇女广场舞队培育需求进行了分析，具体如表5-3所示。

表5-3　大陈村妇女广场舞队培育需求分析

需求类型	需求有无	需求程度	具体表现
感觉性需求	有	强	较多妇女抱怨文化生活太单调，希望组织广场舞队
表达性需求	有	中	妇女曾向村委会提议组建广场舞队，妇女主任C姐曾组织过广场舞队，目前有自发零散的妇女广场舞队
规范性需求	有	强	社会工作者督导分析提出可以从培育妇女广场舞队入手，通过培育妇女组织来开展妇女反贫困工作
比较性需求	有	强	相邻的几个村都有妇女广场舞队，全县都在发展妇女广场舞队

① Bradshaw J., "The taxonomy of social need," *New Society*, 1972, 496 (13): 640-643.

由表5－3可见，大陈村妇女广场舞队的培育需求较为强烈。那么，这一需求缘何一直没有转化为现实呢？

从社会性别的视角来看，尽管妇女留守村中的很多，但村庄的管理还是以男性为主，除了妇女主任，村党支部委员会和村民委员会的成员都是男性。妇女主任虽然关注到了这一需求并曾采取一些行动，但并没有得到村党支部委员会和村民委员会的支持。通过访谈我们了解到，大陈村的性别文化总体上较为传统，大多数村民认为妇女的主要任务是照顾好家庭，因而妇女自身的需求并没有受到重视。更为重要的是，所有的组织都有成本，而对于大多数妇女来说，尽管自己想要参加妇女广场舞队，但没有人愿意挑头，不想花费时间精力来组织。受传统文化的影响，她们也觉得组织广场舞队是官方的事情，如果一般人来做，是一件“出风头”的事情。此外，大多妇女也缺乏相应的自信，不相信自己具有发起和组建组织的能力。因此，除了妇女主任C姐基于自己的村干部身份做了一些努力，又因此项活动遇到了困难而放弃了以外，其他妇女基本上都处于观望等待状态。

（三）理论依据与介入目标

1. 理论依据

第一，优势视角。社会工作的优势视角关注人的内在力量和优势资源，反对将服务对象问题化，认为人天生具有利用自身资源来有效应对生活中的挑战的能力，强调社区发展应该重视资产建立和能力建设。优势视角的基本信念包括赋权、成员资格、抗逆力、对话与合作。①

① 张和清、杨锡聪、古学斌：《优势视角下的农村社会工作——以能力建设和资产建立为核心的农村社会工作实践模式》，《社会学研究》2008年第6期，第174—193、246页。

第二，增能理论。增能理论认为，个人需求不足和问题的出现是由于环境对个人的压迫造成的，因此社会工作者应重视增强受助者的权能以对抗外在环境和优势群体的压迫。增能理论的基本假设如下：（1）环境的排挤和压迫是个人的无力感产生的原因；（2）社会环境中存在着使人能力无法发挥的直接和间接障碍，这种障碍是可以改变的；（3）每个人都不缺少能力，个人能力可通过社会互动不断增强；（4）服务对象是有能力和有价值的；（5）社会工作者与服务对象之间是合作性的伙伴关系。[①]

第三，社会性别视角。社会性别视角要求人们在提出问题、分析问题和拿出解决问题的方案时，应当敏锐地意识到它对于不同性别的影响。

2. 介入目标

总目标：培育农村妇女组织，促进妇女自我改变与互助合作，在丰富社区文化生活、扶贫济困等方面发挥作用，让妇女组织成为一支有自主话语权和影响力的社区力量，以此推动农村妇女参与社区治理，助力脱贫攻坚，实现社区发展。

具体目标：第一，在个人层面上，为妇女提供一种健康的娱乐方式，提高妇女的身体素质，缓解劳动与精神压力；通过对妇女骨干成员的培训，促进妇女能力建设，激发妇女参与社区事务的热情。第二，在团体层面上，促进妇女之间的交流，形成合作互助关系；引导妇女组织规范化发展，提升组织凝聚力与行动力。第三，在社区层面上，丰富村庄公共文化生活，塑造和谐的氛围；使妇女群体成长为社区建设的重要力量，促进社区发展。

由于组织培育的时间较长，项目同时制定了分阶段的妇女组织培育目

① 刘涛：《社会工作基础与实务》，中国社会出版社，2012，第57—58页。

标。第一个阶段的目标是，通过培育妇女广场舞核心骨干，组建妇女广场舞队，培育形成妇女文艺组织。第二个阶段的目标是，建立健全妇女广场舞队的组织规章制度，实现组织的自我管理、自我成长。第三个阶段的目标是，有针对性地进行培训，增强妇女组织的凝聚力和参与社区治理的能力，同时拓展组织功能，帮扶贫困妇女。第四个阶段的目标是，引导妇女组织的综合化发展，促进社区发展。

(四) 实务过程

1. 培育前的准备：构建组织交流平台

大陈村社工站建站后，社会工作者并没有马上着手进行组织孵化，而是经过与村民一个月的接触，了解当地人的生活习惯和文化氛围，逐渐融入他们的生活和交流圈子。关系建立非常重要，良好的关系能够为后期工作的开展提供极大的便利。

在前期了解社区的过程中，社会工作者发现，像 C 镇上的其他村庄一样，大陈村的居民点有好几个，彼此相隔有一定的距离，这就使村民日常交往的范围多限于自己塆子。而一个塆子里的村民平时的聚集区只有自家门口或者房前屋后的空旷地带，没有一个固定的公共活动场地。这不利于广泛动员居民，开展一些社区活动。在进行村庄资源调查时，社会工作者发现大陈村委会前面的广场是一个非常好的开展活动的地方。广场前面有一个池塘，已经用栏杆围起来了。池塘前面就是马路，视野开阔，开展活动时很容易吸引对面的村民前来参加。广场上有篮球和乒乓球设施，为开展体育活动提供了便利，但是平常很少有村民到广场上来。社会工作者决定利用这个广场将村民聚集起来，构建村民日常交流的平台。为此，社会工作者利用广场空间，一方面定期放映电影，另一方面组织开展了一系列的活动，如环保卫生公益活动、青少年文体比赛等，通过各种类型公共活动的开展，将村民逐渐聚集起来。

2. 培育初期：推动形成组织雏形

为了吸引村民的注意力，为妇女广场舞队的招募工作做好准备，在培育初期，社会工作者一到晚上就在广场上播放动感的广场舞音乐，自己先跳起来。第一天就有四五个居住在附近的村民围观，广场舞结束的时候有两三个妇女询问社会工作者能不能教她们一起跳舞。社会工作者就趁机向她们展开宣传，邀请她们加入广场舞队伍。接下来几天，晚上到广场上来的居民越来越多，一些积极的妇女开始跟着社会工作者一起学习跳广场舞。社会工作者看到时机比较成熟了，就找到妇女主任 C 姐，交流了组建广场舞队的想法，并请她帮忙动员村民。C 姐表示很乐意帮忙，并主动提出加入广场舞队伍。在妇女主任的协助下，广场舞队的组建就正式开始行动了。

起初是由社会工作者教舞，广场舞队活动的时间只能从下班之后开始。一段时间后，有妇女提出开始时间太晚了，询问能不能由妇女自己来组织，这样她们可以多跳一会儿。在社会工作者的引导下，妇女们就此问题展开了讨论，主要涉及由谁来保管音响器材、谁来教舞、开始时间与结束时间等。经过讨论，大家初步达成了共识：由住在广场附近的 W 姐负责管理音响器材，每天晚上六点半准时放音乐、八点结束。Y 姐、X 姐和妇女主任 C 姐三人舞跳得比较好，由她们三个一起教大家跳舞。这次讨论对于妇女组织发展来说是一个重要的契机，标志着妇女们萌发了自我组织和自我管理的意识。趁此机会，社会工作者提议组建一支正式的广场舞队，获得了妇女们的支持，当天就有8名妇女报名参加。大家经过民主协商，选出了广场舞队的队长和副队长，并商定了队伍的名字。因为是在阳光社工站的倡议下建立的组织，所以名字就定为大陈村阳光广场舞队。由此，大陈村妇女组织的雏形初现。

3. 培育中期：开展组织内部建设

组织成立之后，要想长久发展，规范化是必经之路。这既需要提升领导者的管理能力，也需要提高成员参与的积极性。随着妇女广场舞队的发展，社会工作者开始寻找合适的契机，由组织成员自发提出这个问题，自主设计规则，开展组织内部建设。这样才能保证成员对组织规范的认同和遵守，进一步增强组织成员自我管理、自我协调的能力。

广场舞队建立之后，一系列需要共同解决的问题开始出现了。第一，为了保证学习舞蹈的进度，广场舞队成员需要定期学习新舞蹈，学习的时间、地点和方式需要商讨确定。第二，许多妇女尤其是年龄大一些的无法跟上广场舞学习的进度，大家对目前的教学方式提出了意见。第三，每天晚上来到广场上活动的村民越来越多，常常留下很多垃圾。第四，很多学龄前儿童被妇女带过来之后没有得到看护，经常在村委会里面或者妇女跳舞的时候走动，存在安全隐患。

社会工作者将这些问题集中反馈给了广场舞队队长C姐，希望她能够和其他骨干成员一起商讨解决的办法。当天晚上，C姐就在广场舞开始前跟村民强调了孩子的安全问题，要求家长看管好自己的孩子。许多村民意识到这个问题之后，都加强了对孩子的看管，广场上秩序井然。在跳舞结束之后，C姐召集队员开会，讨论如何解决广场舞队的教学问题。其中，关于学习舞蹈的时间问题，C姐提出可以放在每周一、三、五的下午，想学的妇女集中在村委会大厅里，社会工作者帮助妇女下载学习视频，然后利用村委会大厅中的显示屏集中学习。这个提议获得妇女们的一致赞同。对于进度问题，妇女们的意见出现了分歧。有的妇女认为大家学习能力有差异，不能保证所有人的进度一致，“如果每天都教一个舞，那么会跳的都不愿意再跳了。不能总让会跳的人配合不会跳的人吧”。也有妇女认为：“好多人就算有人教，她自己不好好学，但又想学。一些人隔三差五地参加，影响整体学习进度，但是我们也不好说。”由于意见不一致，社会工作者引导大家进一步展开讨论：其一，是否可以在每天晚上教学时间安排上做一些改变，例如广场舞是六点半开始，那个时候人来的还不是很多，广场舞队的成员就可以练习新舞，到了其他村民都聚集过来的时候，就将学过的舞蹈循环跳一遍；其二，是否可以每天晚上固定一段时间专门用来复习旧舞，规范动作；其三，对于教学方式的问题，负责教学的队员是否可以去向其他村的广场舞老师“取取经”，或者尝试一些新的教学方法，通过学习效果来决定哪种方式最好。经过民主讨论，大家一起确定了广场舞队日常活动安排，同时也形成了一致约定：一是没有特殊情况，广场舞队的队员都要来参加学舞和练习活动；二是每晚活动结束后，队员们一起留下来进行交流、分享。虽然这些约定没有以书面的形式被确定下来，但是在讨论中都逐一进行了说明。从后期的学习效果来看，由于是成员们自己讨论确定的，因此大家都能自觉遵守，积极地参与组织的管理，保证了后期妇女广场舞队的稳定发展。

这一时期，为了提高组织管理者的个人素质和工作能力，社会工作者经常与队长C姐进行交流：一方面，及时了解她在工作中遇到的困难、对于队伍发展的规划、对领导者角色的看法等;另一方面,针对存在的一些问题与不足,给出一些具体的建议,并有意识地通过多种方式帮助她学习谈话的技巧和工作方法,以适应组织发展的要求。

4. 过渡阶段:协调组织内外关系

组织仅在社区内开展活动时,成员并没有意识到它是一个团体。只有组织跟外界发生联系之后,大家的"成员"意识才能得到激发,成员们才会采取集体行动维护共同利益。大陈村阳光广场舞队成立后,不时地有附近村庄的妇女前来交流切磋。有一次,队长C姐请L村的妇女舞蹈队成员来交流,下午的时候大陈村委会前面的广场上聚集了很多妇女。一开始是大陈村的妇女在前面跳舞,L村的妇女在后面看了一会儿后,就不耐烦地直接换了她们的U盘,展示新的舞蹈,并且越跳越起劲,一连跳了十几支广场舞还没有停下来的意思。大陈村的妇女有的跟在后面学,有的则在场地被占后,干脆站在旁边看。这种团队之间的较劲使大陈村妇女们的自信心受到了打击,L村妇女反客为主的态度让她们愤愤不平。更让她们难以接受的是,L村的妇女竟然要求妇女主任给她们买水喝。妇女主任作为队长当时也很生气。面对这一情况,正好在现场的社会工作者及时与队长C姐进行了沟通,指出L村的妇女是被邀请过来一起交流的,所以她们要求买水是可以理解的。如果觉得她们的行为与提出的要求过分了,也要好好沟通,应该用某种方式表达己方的感谢。与其他村广场舞队进行交流是一件好事,本村的广场舞队也需要学习其他村广场舞队的经验才能更好地发展。当然,我们也要意识到自己与他人的差距,这也是一次激发队员们斗志的机会。现在的问题是,因为没有提前协商,所以L村的妇女长时间地占用场地,妨碍了我们村妇女练舞，这是接下来需要商量的问题。C姐很快冷静下来，主动跟L村的妇女交流，希望双方能够互相学习，合理使用场地。与此同时，社会工作者协助C姐为妇女们提供了茶水，对她们的帮助表示感谢。后来，其他村的广场舞队也经常来到大陈村交流经验，大家建立了良好的关系。这种对外互动不仅提高了广场舞队的舞蹈水平，还以此为平台，结识了很多有共同兴趣爱好的朋友。

妇女组织在发展的过程中，对内部矛盾冲突的处理至关重要。如果处理不当，就会引发危机。广场舞队在发展的过程中，也出现了不少组织内部的冲突。以队长C姐与文艺骨干Z姐的矛盾为例：Z姐是一名小学教师，30多岁，高中毕业，有两个女儿，丈夫在外打工，家里条件不错。她本身爱好文艺，经常在小学里举办一些表演活动，在广场舞刚刚兴起的时候，她就开始自学跳舞。后来她在镇上教妇女跳舞，还参加过区里的广场舞比赛，获得了第一名。她在空闲的时候，还受邀在婚礼上跳舞，出场费最高的时候有2 000元。在前期社会工作者发掘村内的文艺骨干时，很多妇女都推荐了Z姐。C姐，今年27岁，初中文化水平，有一个女儿，丈夫在镇上工厂上班。由于年龄不大，所以平时好玩，爱打麻将，负责妇女工作有两年了，但在工作上并不出彩。在广场舞队成立之初，社会工作者曾通过Z姐的孩子邀请Z姐来跳舞，Z姐应邀来了，但并没有马上跳舞，而是在一旁观看。后来在其他妇女的邀请下，她才教大家跳了一支舞，引得村民们啧啧称赞。但是C姐却悄悄告诉社会工作者，村民们都觉得Z姐跳的舞蹈太妖娆了，有伤风化，并且舞蹈难度大，大家都学不来。社会工作者当时敏感地意识到两个人之间的关系可能不好，后来从其他妇女的口中得知，两人之间确实存在矛盾。原来,C 姐和 Z 姐之前曾一起竞选过村里的妇女主任,本来不论是从工作能力还是从个人在村中的声望来看,Z 姐当选妇女主任的概率更大,但是由于一些原因,她却落选了。虽然两个人之间并没有直接交集,但 C 姐始终放不下,总觉得 Z 姐会因为这件事情记恨自己。本来这是她们之间的事情,但是广场舞队成立后,妇女们希望能得到更加专业的指导,所以就想邀请 Z 姐加入,这个时候 Z 姐和 C 姐的矛盾就呈现出来了。

在一次会议上,个别队员提出邀请 Z 姐来教舞的想法,社会工作者明显看到 C 姐不高兴了,但是其他队员都很坚持,并希望由社会工作者出面去邀请。这个时候 C 姐表示,如果 Z 姐过来的话,她就不来跳舞了。这时候,一些队员提出:“如果你不来,我们怎么办呢?你是队长,又是妇女主任,现在是你带着我们跳舞,后面换了 Z 姐来教,你要不来的话,大家都弄得不愉快,那我们也只好都不来了。”为了避免冲突,社会工作者与 C 姐私下进行了交流。C 姐说出了自己的顾虑,她觉得 Z 姐练习舞蹈的时间长,而她们才刚刚开始,Z 姐肯定会嘲笑她们。此外,她与 Z 姐已经两年没有打交道了,她也担心 Z 姐会与自己起冲突。对此,社会工作者提出:“这些只是你的猜测。你确定 Z 姐来了就一定会嘲笑你们,一定会跟你起冲突吗?”她说自己也不确定,但是她觉得会这样。为了打消她的疑虑,社会工作者邀请支持 C 姐的队员一起来做工作。广场舞队的几个队员一起鼓励她,希望她能够尝试跟 Z 姐相处,并分析说如果广场舞队弄好了,就说明她的妇女工作做得好,她脸上有光,是整个村里的好事情。经过交流,C 姐勉强同意了。

为了真正解开 C 姐的心结,社会工作者分别与 Z 姐和 C 姐进行了交谈,了解她们对彼此的看法。社会工作者转达了妇女们的想法后,Z 姐说:“我自己也没什么，反正我也不是没事干，就是好玩嘛，锻炼身体。大家欢迎我过来教舞的话，我当然也愿意。”社会工作者又把C姐的顾虑讲出来，Z姐笑着说：“我都教了十多年了，怎么会嫌她们学得慢呢？谁都是从不会开始的。对于C姐，我是没有什么的，她能选上妇女主任是她的运气好。我们之间也没争吵，没有什么化解不了的矛盾，只要她欢迎我过来教舞，我肯定乐意。”社会工作者将Z姐的回答向C姐复述了一遍，C姐开始觉得两个人的关系或许可以通过广场舞队得到改善，但是她表示，迈出第一步实在是不容易。队员们也意识到，如果两个人的矛盾化解不了，大家就无法愉快地跳舞，所以都配合社会工作者从中劝说。在社会工作者跟她们谈完的第二天晚上，Z姐应约来到广场上教妇女们跳舞。C姐本来有事来不了，但是顾及社会工作者和其他队员的期望还是过来了，但是与Z姐的互动不多。后来的几天晚上，两个人从打招呼开始，交流逐渐多了起来，加上其他妇女的鼓励，C姐逐渐解开了心结。队员们十分高兴，跳舞的劲头更足了。通过这件事，C姐知道了作为一个组织的领导者应具备的能力和品德，自身获得了成长。而队员们也学习和掌握了交往互动的方法与策略，提高了参与组织内部建设的积极性。

5. 培育后期：参与社区文化建设

社区发展是社区自组织的目标，因此社区自组织不能局限于自娱自乐，还要积极参与社区建设。社区自组织通过发动居民参与社区建设，增强居民的社区认同，对内满足居民精神文化生活的需要，对外激发社区活力，有利于整合社区资源，提高服务水平。

为了丰富社区居民的文化生活，社工站协调各方资源，举办了“舞动新春，阳光同行”社区春晚活动，社会工作者希望借此机会也让大陈村妇女广场舞队展示组织风采。但是，前期的动员过程十分困难：一方面，有些妇女觉得现在的舞蹈水平还没有办法上台表演，并且也没有时间筹备节目；另一方面，队长C姐虽然是妇女主任，但是从来没有组织过类似的活动，所以产生了畏难情绪。社会工作者通过深入交流，了解了她们的顾虑，也发现其实妇女们很想有一个展示自己风采的机会，但是她们怕自己村的节目被其他村的人嘲笑，也担心村里不会给予她们支持。

了解到这些情况后，社会工作者就在她们训练临近结束时，将大家聚在一次，询问她们对社区春晚的看法。针对她们的担忧，社会工作者一方面分析她们的优势，列出解决目前困难的方法以及可以争取的资源等；另一方面，增强她们的信心，打消她们的顾虑。此外，社会工作者还与广场舞队的队长和副队长分别进行面谈，了解她们的意愿。队长C姐表示，自己不会策划节目，作为妇女主任时间和精力也有限。副队长Y姐表示，她之前在外打工，不在村里，现在回来了，在外面看到大家生活丰富多彩，也希望本村的文化生活能搞起来，所以她很乐意和队员们一起上台表演节目，主要是看队长的意愿。现在最大的困难就是缺少一个能为队伍筹划节目的人。这个时候与妇女主任和解了的Z姐主动表示，她可以为大陈村排练节目，节目形式也想好了，现在就是需要C姐同意，换言之就是将节目排练的主导权交给她。Z姐的积极主动让队长感到压力，这个时候要是队长依旧不作为，她就无法获得队员的信任了。因此，C姐的态度也转变了，开始跟社会工作者积极交流节目的事情，在社会工作者的提议下，Z姐和C姐合作，由C姐将人员选好，Z姐来负责排练，两人都同意了。

为社区春晚筹备节目，不仅是广场舞队的事情，也变成了整个村庄的公共活动。妇女们排练节目的热情高涨，感染和带动了其他村民参与村庄活动的积极性。因为排练需要场地，那些不参加演出的妇女就主动让出场地，到健身室去跳舞，这让广场舞队的成员们深受感动。她们觉得不能辜负村民们的期望，广场舞队有责任为村庄增光。除此之外，这次活动也将村庄内的资源整合了起来。节目需要妇女和孩子们共同表演，一听说消息，村民们都积极推荐自己的孩子参加演出，很快就挑好了小演员。Z姐从学校借来了表演用的扇子，其他妇女都将自己出嫁时的花束贡献出来作为道具。社会工作者还发掘了村里的一位经济能人W老板。W老板不仅热爱家乡文艺事业，思想也很开放。在了解到社工站想要筹备社区春晚的事情后，W老板不仅爽快地答应给活动提供资金支持，还主动义务帮助妇女们维修音响，平时也积极地指导妇女们开展排练，主动参与节目筹备事宜。当妇女们认真对待这次演出时，一些之前被忽略的问题也逐步呈现。服装和化妆的问题是她们讨论比较多的，社会工作者有自己的职业伦理，不能直接资助她们的节目，但主动协助她们与村干部交流，还联系了镇上有关部门的领导，在取得他们的支持后，服装和化妆的问题也迎刃而解。

村民们第一次自主组织开展活动，遇到阻力和困难是正常的事情。社会工作者不但每天晚上陪着她们排练，提供后勤服务，还在排练结束之后为她们疏解不良情绪。在中间阶段，社会工作者组织大家一起回顾之前付出的努力，发现自身的改变，鼓励她们继续坚持。队长C姐抱怨，每天排练很辛苦，有些年纪大的妇女体力跟不上，表演团队里不断有人退出，导致排练进度减慢。社会工作者帮助她进一步澄清问题，探讨导致成员退出的原因是什么？是因为排练强度太大，时间占用太多，还是因为灰心丧气，或是对于村庄的事情没有积极性？参演妇女之一的X姐说："连住在其他塆子里的妇女都大老远过来排练，她们都住在附近还觉得累吗？"社会工作者开导她们说："并不是所有妇女都是这样，大多数人都还在坚持，并且大家确实练得越来越好了。只有几个人可能因为白天上班晚上还要排练，所以她们觉得太累了。我们年纪轻，自己有时候跳一会儿也会觉得累，更何况是年纪大的婆婆呢？"通过交流，社会工作者引导队员体谅他人、换位思考，促进广场舞队形成互相支持、互相鼓励的氛围。

在当天表演开始之前，参加表演的妇女一起吃了一顿饭，队长C姐感谢大家都能够坚持下来，希望晚上的演出成功。妇女们都很激动，彼此加油鼓劲。终于，妇女们的努力得到了回报，在社区春晚的舞台上，作为开场舞，大陈村阳光舞蹈队的扇子舞表演获得了镇上领导和村民们的一致认可。大陈村的村干部和村民们观看了演出，他们为村庄感到骄傲。市电视台还专门对队长C姐进行了采访，C姐说："感谢社会工作者，要是没有他们，我们村的这个广场舞还发展不起来呢，我们也没有机会站在舞台上表演。"

通过这次社区活动，队员们获得了极大的成长，她们学会了承担责任、寻求资源、团结协作和共同行动。表演的成功使广场舞队在社区中获得认可，队员们也从中体验到自身的价值。村民们对社区的认同感显著提高，大陈村的文化建设也有了新突破。这样一次成功的经历，激发了广场舞队为社区开展服务的热情，广场舞队的培育进入了一个新的发展阶段。

6．成熟期：自主发展与功能拓展

参加社区春晚后，广场舞队的建设进入了成熟期，不仅实现了良好的自我管理，而且组织规模不断壮大，功能也不断拓展。

首先，随着广场舞队的发展，以广场舞队正式成员为核心，吸引了越来越多的其他村民的加入：既有不定时参加活动，主要想借此进行锻炼和相互交流的人，也有由于某些舞蹈形式需要而受邀加入进来的人。人员不仅在年龄上覆盖更广，而且还新增了一些男性成员。

其次，随着广场舞队的发展，其在村庄中的影响也越来越大。因为有了这一组织，很多活动甚至是一些工作的宣传和通知，都会通过每天开展的广场舞来进行。广场舞队的发展不仅使妇女们能够互相支持、互相帮助，而且广场舞队也成为妇女们参与村庄建设的一个平台。通过这个平台，人们可以参与对村庄公共事务的管理，在促进社区发展方面有了一定的话语权。

最后，在这一阶段，由于广场舞队不断成熟，资源也日益增加，组织的功能不再局限于文化娱乐，也扩展到心理支持、经济互助与信息沟通等方面，由此整个社区的凝聚力和组织力都得到了显著增强。而伴随着组织功能的拓展，村庄发展进入了一个全新的阶段，经济、社会、文化各方面都迅速发展，反贫困工作进展顺利。社区的发展使村庄中的所有贫困妇女在能力提升、文化娱乐、产业发展等各个方面都或多或少有所改善。从调查的情况来看，绝大多数村民都认可自己从村庄的发展中受益。

（五）项目评估

由于项目持续的时间长，参与的社会工作者多，涉及的农村妇女广，因而对项目的评估主要从个体和社区两个层面来展开。

1. 个体层面

组织培育对农村妇女个体层面发挥的功能主要有：

第一，丰富生活，愉悦身心。在满足个人需求方面，广场舞组织最直接的作用就是为妇女们提供了一种健康的娱乐方式，丰富了她们的生活，在这个过程中，她们的身体素质得到了提高。跳舞的形式还疏解了妇女们在生活与精神上的压力。贫困户J姐说："我之前患了乳腺癌，手都伸不直，整天在家里只会瞎想。后来参加了广场舞，我的心情和身体都变好了。"社区春晚的表演者之一W姐说："参加广场舞真的很开心。我之前去就是为了锻炼身体，因为原先身体有病，干不了重活儿，整天吃药打针。后来有了广场舞，我就跟着她们一起跳舞，心情好多了。"广场舞队成员C婆婆是队伍里年龄最大的一个。在广场舞队尚未成立之前，她日常的娱乐就是打麻将，常常一坐就是一天，烟抽得也很凶。广场舞队成立后，一开始她只是感到好玩才加入了队伍，渐渐地就成了队伍中的积极分子，虽然年龄大了，但她还是每天晚上坚持跳舞。在筹备社区春晚节目的时候，她也是唯一一个坚持训练到最后的婆婆。其他妇女向社会工作者反映说，现在C婆婆打麻将的次数少了，烟也不怎么抽了，整天在家里练舞，爱说爱笑的，像变了个人似的。因此，妇女广场舞队这样的文体组织在个体层面上发挥的最突出成效就是丰富居民生活、愉悦居民身心。

第二，建构紧密关系，增加情感支持。在妇女群体中，留守妇女占绝大多数。建立和完善留守妇女情感需求的社会支持网络能够满足她们的情感需求，减缓她们的生活压力。在农村，人与人之间的关系网络主要是亲缘关系网络和地缘关系网络，而通过组织培育，她们新增了业缘关系，从而丰富了社会支持的类型。广场舞队的骨干成员之一X姐，今年37岁，她的丈夫在哈萨克斯坦打工，已经两年多没有回来了。她有两个孩子，女儿上初中，儿子上小学。她前些年在广东潮州打工，这几年为了照顾孩子回到村里，因为家里没有田地，自己也不擅长农业生产，所以就整天待在家里带孩子，没事的时候只能看电视。广场舞队成立之后，她成为初期的几个骨干分子之一。刚开始时，她因为身体较胖，比较自卑，就一直在后面跟着别人跳舞。其他队员发现后，就叫她到前面来跳，鼓励她说："怕什么，大家都一样，谁还笑我们不成？你跳得很好看，到前面来跳。"X姐从队友那里获得了信心，学舞比谁都积极，后来可以直接在前面领舞。W姐是广场舞的爱好者，跟X姐不同，她的丈夫就在C镇工作。她有两个女儿，大女儿上初中，小女儿上小学。她跟公公婆婆住在一起，平时忙于家务和农活儿，不喜欢打麻将，所以闲着的时候就爱出来跳广场舞。她性格比较内向，不怎么爱说话，因为家就住在附近，所以大家就推选她负责管理音响，跳舞时还常常要跑上跑下换曲子，但是她从来没有抱怨过。W姐的肢体不太协调，跳舞的时候动作比较僵硬，虽然她自己很努力，但是一直没有明显改善，可她从来没有因此而灰心丧气，反而乐在其中。她的小女儿说，在家里她的妈妈因为老实总受欺负，又不会为自己说话，所以她总是站在妈妈这边。社会工作者刚开始担心队员们会因为W姐跳舞动作不协调而排斥她，但是后来社会工作者发现，队员们不但没有这样做，而且还积极给W姐创造表现的机会。比如，晚上跳广场舞之前，大家通常会跳一段健身操，妇女们就让W姐在前面带着大家一起做，这时候W姐的小女儿也会主动跑过来站在妈妈旁边，跟她一起带领队员做操。另外，队员们发现，W姐虽然肢体动作不协调，但是记忆力很好，所以学习新舞的时候，队长和副队长就叫W姐一起站在前面，请她帮助大家熟悉动作。跟X姐一样，W姐通过广场舞得到了队友以及子女的情感支持，精神面貌焕然一新。筹备社区春晚节目的时候，她没有办法与大家一起上台表演广场舞，可是她主动找到社会工作者，希望能够上台唱歌，这让社会工作者感到惊讶的同时也很高兴。经过专门练习，W姐在社区春晚中的表现得到了大家的一致赞赏。通过广场舞组织的活动，成员们在密集的互动中强化了彼此之间的关系，并且因为同质性较高，她们很容易在情感上产生共鸣。广场舞队成了一个纽带，拉近了妇女间的距离，促进了彼此间的支持。

第三，激发个人潜能，重塑自我认知。提高妇女自身的能力素质，增强其参与社会活动的能力是本项目的重要目标之一。在大陈村妇女广场舞队的发展过程当中，队长C姐和副队长Y姐作为组织领导者，她们两人在领导能力和个人素质上都有很大提高。副队长Y姐是初中文化水平，今年33岁。她和自己的妈妈住在一起，父亲已过世，丈夫是上门女婿。她有两个孩子，都在上小学。之前她和丈夫都在外面打工，带着孩子东奔西跑，2015年7月才回到家乡。现在丈夫在邻县工作，经常回家。她平时没事喜欢打牌，自从广场舞跳起来后，她经常来村委会广场上跳舞，因为比较年轻，身材也不错，还有一定的舞蹈基础，很快就被大家选为副队长。Y姐曾经在外打工几年，积累了很多社会经验，也具有较强的组织沟通能力和一定的组织管理能力。在解决妇女主任C姐与Z姐的矛盾时，她从中做了很多协调工作，也给社会工作者提出了不少建议。社会工作者发现，Y姐分析事情很透彻，并且能够站在他人的角度思考分析问题；思想开放，乐于接受新事物。这些品质，正是优秀的组织领袖所应该具备的素质。因此，社会工作者时常在日常实践中与其进行交流，有意培养她在活动策划、日常管理以及处理矛盾冲突方面的能力。Y姐在筹备社区春晚以及解决其他事情方面的表现也充分显示了她的组织管理能力。C姐作为妇女主任担任广场舞队队长，有其优势，但同样也存在着局限。之前有妇女反映C姐总跳她之前学过的舞蹈，这样她就比别人跳得好。这些Y姐其实都知道，但是她顾及C姐的感受没有说出来。Y姐也向社会工作者反映，就算是一起教舞，C姐也不会让别人站在她前面，而要体现自己作为妇女主任的权威。Y姐明白这个道理，所以就很自觉地退到一旁去。有时队员们指出C姐的动作不标准，C姐就会不高兴，渐渐地大家也不愿意给她提出问题了。其实C姐虽然有些爱面子，但在日常生活中还是比较容易相处的。只是其妇女主任的身份有时会使她有意无意地远离队员，不利于组织内部的团结。社会工作者在与C姐交流时，多次指出她的问题，引导她进行反思，帮助她重塑自我认知。后来，C姐也坦陈，自己好像不太能接受别人的意见，并在反思中不断地改变自己、提高自己。广场舞队为成员营造了一个学习、生活的场域，组织成员通过跳广场舞，不仅锻炼了身体，而且在组织成长中提升了综合素质，在与他人的互动中不断重塑自我。

2. 社区层面

第一，发展社区文化，营造和谐氛围。文体组织的发展直接满足了村民的娱乐健身、展示风采的需求。村里的老年人说，自从村里有了广场舞，晚上就不那么安静了。他们也可以出来活动活动，更重要的是大家聚在一起热闹。广场舞活动已经成为整个村庄文化生活中的一部分，带动了村庄的公共生活，营造了良好的乡村文化氛围。

第二，降低公共服务成本，提高服务设施的利用率。由上级政府或者村一级权力组织来提供公共服务存在着高成本、低效率的问题，外界资源输入社区往往得不到合理的利用，无法使居民享受有效和高质量的服务。以往由当地政府主办的文体表演活动群众参与率低，需要依靠行政力量来调动村民的积极性。由于政府人力资源有限，包括舞台、节目和主持等任务基本上都交给婚庆公司来统筹。为此，每年当地政府都尽量压缩大型活动的次数，以减轻财政压力。长期以来，这种自上而下的“被参与”损害了一些文艺团体的主动性和服务意识，他们学会了跟政府工作人员谈“条件”，有利可图才会参加。在公共物品供给方面存在同样的问题，C镇每个村子几乎都配备了文化娱乐设施和场所，但是实际利用率却很低，基本上成了摆设。农家书屋缺少专人管理，几乎没有村民前来借阅书籍。老年人日间照料中心基本上成了“麻将馆”和镇卫生院定期开展健康检查的场所。例如，W村的老年人活动室里有很多健身器材，但是并没有对村民开放，村民们甚至都不知道有这样的活动室。社区社会组织是社区服务社会化的载体，其发展可以降低公共服务成本，提高服务设施利用率。从广场舞队的培育实践中，我们也可以看到这方面的作用。例如，社区春晚活动是由社工站主办、政府部门协助、社区村民自愿参加的社区活动，当天有将近400名村民前来观看演出，表演形式丰富多样，大人和孩子都参与其中，在社区中反响强烈。这是一次自下而上开展社区建设的有益尝试。另外，广场舞队的兴起引发了村民健身的热潮。健身活动室开放之后，几乎每晚都有村民去里面健身、练舞，之前被闲置的健身器材终于得到了有效使用。

第三，重建社区关系网络，培养村民互相关怀的美德。自组织团体的网络结构，牵涉成员的组成、动员的过程、社会网的结构和边界等。这是一个恢复和建立关系的场域，因此它在恢复和发展社区关系、培养人与人之间团结互助的精神方面具有重要作用。妇女主任C姐和文艺分子Z姐的关系因共同参加广场舞而得到改善，骨干队员X姐、W姐也在广场舞队伍中获得了成员及其家人的鼓励和支持，获得改变的力量。组织成员从中体会到互相帮助与群体的力量，这也是一种让成员自愿维持和发展组织的社会资本。村民通过社区活动而相互熟悉，加深了彼此之间的了解，降低了村民之间的疏离感，有助于形成一个相互关怀的和谐社区。

第四，增强村民的社区归属感，提高社区工作满意度。社区社会组织通过开展社区服务，使村民的生活更为丰富多彩，提升了村民的社区参与度，增强了村民的社区归属感。有村民说："其他村都是村里出钱请老师来教广场舞，我们村一直舍不得花这笔钱。"老年健身室有一段时间改为社区医疗室，村干部没有提前告知，村民们误以为村委会舍不得让他们使用，于是关系搞得较为紧张。社区工作的对象是整个社区。因此，社区工作者有责任把村民个人和村民群体以及整个社区的关系拉近。广场舞队建立之后，社会工作者作为中间人，经常就广场舞队的发展问题与村干部进行交流，听取他们的意见。广场舞队的发展给村庄带来的变化也让村干部逐渐转变了观念，他们不但为广场舞队提供各种便利条件，还关心村民的文化生活。社区活动的开展增强了村民的社区认同和归属感，提高了村民对社区工作的满意度。

（六）案例反思

1. 妇女组织类型的选择

从我们在多个社工站点的妇女组织培育来看，其共性的特征主要表现在以下两个方面：一是组织培育的定位基本相同，即总目标是通过组织培育来促进组织参与，从而推进社区发展。这一定位在组织培育的各个阶段也没有变化。二是组织的培育方式基本相同，采用的都是综合的方法，依据组织培育不同阶段的问题，将个案工作、小组工作与社区工作方法相结合。

值得注意的是，在组织培育的过程中，社会工作者们曾探索过不同的组织培育方法。比如，大陈村将妇女组织培育定位为文化组织并非随意选择的，而是经过多个社工站点实践探索后确认的较为合适的方式。多个社工站点的实践显示，从经济组织即农民专业合作社着手开展农村妇女组织的培育在实践层面较为困难，先培育文化组织，再尝试建立综合性的农村妇女组织培育路径更为有效。通过深入分析我们发现，在贫困地区，即使女性是留守人群的主体，但是要想以此来培育妇女经济合作社，却存在一些困难：第一，大多数贫困村缺乏产业基础。这意味着组织培育需从产业培育开始，时间长，投入大。第二，绝大多数农户没有特色产业生产经验，这意味着只能选择一般产业，如果选择新产业，风险大。第三，村内没有企业，也没有可以覆盖村庄的龙头企业。第四，农村妇女自身欠缺强烈需求。

相应地，将文化组织作为农村妇女组织培育切入点更容易成功的主要原因在于：一是群众基础好。对于广场舞队这些文化组织，农民更容易了解和接受，参与更为积极。二是组织成本低。相对于农民专业合作社这类组织，文化组织培育所需资源较少，经济投入较少，风险较低。三是可操作性强。各地在培育文化组织上已经有较为成熟的经验可以借鉴，且这些培育经验是经过实践检验的本土化模式，易于模仿和操作。四是成效快。与经济组织相比，文化组织直接对应于农户的需求，成效更快更直接。五是性别特色鲜明。将文化组织作为切入点，更符合妇女反贫困的需要，凸显了性别特点。

2. 妇女组织培育的关键环节

对各社工站点妇女组织培育的基本过程进行分析，我们可以看出，在进行组织培育的过程中，基本环节是相似的，大体上都经历了“培育或寻找核心骨干—组建核心团队—初现雏形—规范化运作—建章立制—功能凸显—功能扩展、综合发展”这样一个过程。在这个过程中，关键环节在于组建核心团队和建章立制。

培育或寻找核心骨干是妇女组织培育中非常重要的一步。核心骨干不仅是组织培育的起点，而且常常决定着组织培育的质量和所培育组织的未来发展方向。一般来说，组织的核心骨干多来源于村庄的能人，包括政治能人、经济能人和社会能人，但这些能人大多是男性，不适合作为妇女组织的骨干。而妇女广场舞队作为一个自组织，虽然在村庄中并非核心的和重要的组织类型，但它需要组织动员的是村庄中处于弱势的妇女，且因为男婚女嫁的婚姻制度，村庄成年女性多由村外嫁入，相对于男性基于家族、家庭的强社会联结，妇女组织的力量更弱。这对于妇女组织核心骨干的培育来说无疑难度更大，它不仅要求核心骨干具备一定的组织管理能力，还要求她们具有较强的公益心与责任感。

建章立制是妇女组织建设实现规范化的关键一步。许多文体组织的雏形都是以兴趣、爱好为基础组成的小团体，平时活动也没有一个明确的安排与计划，内部管理的状况取决于管理者的个性。这种相对开放性和成员无差别容纳的特点会吸引越来越多的人加入，但由此形成的群体如果不能建立起一个精简的组织管理机构，对组织成员进行有效的管理，提高其凝聚力，就很难开展集体活动，而且将停留在文娱群体层面，难以形成持久的竞争优势。因此，妇女组织建设初期特别需要精英力量或者专业社会工作者来推动开展规范化建设。在本案例中，社会工作人员一方面运用专业的方法与组织成员一起建立相应的组织条例、规范来约束和管理组织成员的行为，提升组织管理的规范性；另一方面，社会工作者还灵活使用小组工作和个案工作方法，进行团队建设，密切成员之间的关系，增强成员的组织认同感和整个组织的凝聚力，促进组织的可持续发展。

3. 妇女组织培育的成效

第一，妇女组织的培育对传统性别文化有所改变。作为战略性需求，其重要的功能就是挑战既有的性别文化，创造更为平等的性别发展环境。在大陈村妇女组织培育中，一个无法回避的问题是传统性别文化的挑战。而从组织培育的过程与结果来看，妇女组织的培育能给女性赋权，改变社区的权力结构，促进两性的平等。例如，组织一向被视为公领域，农村目前大多还遵循着传统的性别分工模式即男主外女主内，女性加入妇女组织意味着她们需要参与组织活动，要"走出家门"，"抛头露面"。成为妇女组织的负责人还要求她与其他组织打交道，需要与男性一样关注社区公共事务，勇于提出自己的观点，发表自己的意见。这些都需要具有挑战传统性别文化的勇气。而大陈村的妇女广场舞队核心骨干的成长与组织的发展，都面临了这些问题，在克服这些困难的同时，也在不断地改变这些传统性别观念。

第二，妇女组织壮大对贫困妇女有所影响。妇女组织的形成并非妇女组织培育的终极目标。在本项目中，依托妇女组织的培育实现贫困妇女的发展是社会工作者介入的初衷，也是组织培育的重要目标之一。从组织培育的过程来看，早期贫困妇女的参与较少，后期随着组织规模的扩大和组织影响力的提升，贫困妇女的参与逐渐增多。而组织功能的拓展使得贫困妇女从中获得更多的社会支持，由此实现了妇女反贫困的目标。

第三，妇女组织发展对单一性别成员有所突破。仅从妇女广场舞队来看，它在发展过程中也需要男性的加入，如一些新的舞蹈形式常常需要两性的参与。而从组织的综合化发展来看，吸纳男性成员更是发展中的一个重要选择。尤其是在村委会等正式组织中仍然以男性为主的背景下，妇女组织想要有更大的发展，迫切需要获得村庄的支持。突破单一性别成员的局限，是组织功能扩展的表现，也是组织力量的体现。

三、老年妇女反贫困

调查研究发现，老年贫困妇女在反贫困过程中的角色不容忽视。首先，老年贫困妇女不仅承担着重要的孙辈照顾任务，而且承担着家务劳动和庭院养殖工作。其次，老年贫困妇女是最为贫困且最难以摆脱贫困的妇女群体，需要社会工作的介入。最后，女性的平均预期寿命更长，她们常常是老年夫妻中的那个照顾者，也是那个孤独的留下来的人。

由于老年贫困妇女的贫困具有较强的累积性，难以通过单一方法解决，因而我们选择了一个因人口外流等导致在村人口老龄化比较突出、老年贫困妇女问题比较严重的农村社区个案[①]，尝试运用综合性方法进行妇女反贫

① 本案例由武汉市阳光社会工作服务中心吴洋、彭丽珊等具体实施，主要依据项目申报书、项目结项报告、项目实施过程记录以及笔者作为督导时的观察等进行写作。

困的社会工作干预。

（一）个案选取的缘由

选择本案例主要基于以下两个方面的原因：

第一，老年贫困妇女是弱势群体中的弱势群体，难以通过同质性群体之间的自助互助摆脱贫困，必须将其纳入社区发展项目中来进行推动。Z街道人口外流情况突出，街道的空心化特征明显，在村人口的老龄化问题严重，老年妇女的贫困问题已经成为当地农村迫切需要解决的重要问题之一。

第二，有专项社会工作项目支持，经综合干预，反贫困成效良好。依托由武汉市阳光社会工作服务中心主持的2016年中央财政资助项目，团队聚焦农村留守人员增能型扶贫，在Z街道开展了反贫困社会工作服务，老年贫困妇女的反贫困服务成效明显。

（二）需求评估

Z街道是武汉市远离主城区的一个街道，以传统农业为主导产业，下辖1个社区和20个行政村。武汉市阳光社会工作服务中心2015年的调查显示，Z街道的空心化程度严重，外出打工的人比较多，常住人口不足5 000人，其中"三留守"人员共有2 690人，占常住人口的一半以上。在"三留守"人员中，留守儿童有226人，留守妇女有716人，留守老年人有1 349人，留守老年人占"三留守"人员的一半以上，其中又以女性留守老年人为多。

调查发现，当地留守老年人的困境主要表现在：一是收入少，生活负担重。留守老年人在子女外出打工后，承担了家中大部分的农活儿、家务和照顾孙辈的任务，很多老年人已经年逾古稀仍在从事繁重的劳动，90%的受访老年人都表示体力上难以支撑。在外打工的子女给老人的赡养费较少，这使得老年人必须继续劳作以赚取自己的生活费用。如果不幸患上重病，大多数老年人都无力承担。二是身体素质差，生活质量低。随着年龄增大，迫于现实或者沿袭早期习惯，老年人大多只求温饱，节俭度日。行动不便的老年人常年冷饭冷菜，生病了更是缺乏照料。三是交往少，社会支持弱。留守老年人的子女常年在外，很多只是过年时才能回家乡，平时也少有电话联络。由于村庄距离乡镇较远，阻隔了同辈老年人之间的来往，不少行动不便的老年人独居在其村塆，相互交流甚少，缺乏感情支持和交流，内心不免孤独。四是能力低，家庭教育难度大。相当一部分留守老年人承担着孙辈的抚养责任，但是年龄大、代际差异大使他们有限的精力仅能照顾孙辈的安全和营养，对于孙辈的学习、心理等问题难以关注。单纯由老年人抚养的留守儿童，由于父母在外务工，因而他们在家庭教育中缺位。留守老年人受制于学识水平、年龄大、体力不足等因素，对孙辈的教育往往采用放任自流的方式，生活上溺爱他们，造成很多留守儿童存在心理问题，影响其健康发展。

（三）理论依据与介入目标

1. 理论依据

增能理论是本项目的主要理论依据。本项目认为，传统单纯提供物质援助的“救济型”农村扶贫模式日渐式微，增加贫困者人力和物力资本的“增能型”扶贫逐渐成为农村扶贫的新趋向。“增能型”扶贫强调向贫困者提供资金、技术、培训，注重提升贫困人群的健康、知识、技能水平。为此，项目服务以“服务对象增能”为主线，以综合的服务方法展开扶贫介入。

项目同时采用了优势视角理论。尽管老年贫困妇女是弱势中的更弱势者，但项目强调任何服务对象都具有其内在的能力和外在的资源，只要为服务对象提供适当的环境和支持条件，就能发挥其自身的功能，实现自助。但对于老年贫困妇女来说，个体的力量较为有限。因此，我们必须充分发挥中国农村社区在文化与制度上的优势，通过整合家庭和社区的力量，组建村民互助合作组织平台，促进代内代际的沟通合作，强化所有村民参与社区活动的意识和能力，提升社区的组织力和凝聚力，以社区整体发展来推动老年贫困妇女脱贫。

2. 介入目标

总体目标：通过接受综合性社会工作服务，老年人尤其是老年贫困妇女能够老有所养、老有所医、老有所乐、老有所为。

具体目标：一是配合精准扶贫战略实施，通过链接资源，改造贫困老年人居住的危房，使老年贫困人口实现住房安全。二是提供情感支持，使包括老年贫困妇女在内的所有留守老年人都能获得情感支持。三是提供育儿方法指导和课业辅导，增强老年人开展家庭教育的能力，减少老年人隔代抚养的压力。四是结合种养难题，引入专家，讲授生产技能，实现老年贫困人口增产增收。五是培育社区组织，建设互助网络，为老年贫困人口提供社会支持。

(四) 介入过程

阳光社工团队分析发现，当前农村因空心化而遭遇公共服务和社会发展的困境。一方面，由于无法提供充分的发展机会与良好的社区服务，农村社区对村民的吸引力减小，而成员逃离又加剧了社区的衰败；另一方面，由于较低的人口密度，公共服务难以呈现规模效应，同样规模的资源所能实现的服务水平远低于城市或其他人口密集区域。舒安街道也陷入了相似的困局，人口不断外流造成社区各类公共服务萎缩，而这又加剧了人口外流和人口结构的失衡。现有社区常住人口多为无力流动的弱势群体，缺少改变社区的能力与动力。

由于留守老年人的贫困占比大、贫困程度高、脱贫能力低，难以通过单一的方法实现目标，因而阳光社工团队尝试整合多个社会工作服务项目，综合运用各种实务方法，通过开展技能扶贫、文化减贫、互助脱贫等系列活动，链接社会资源、挖掘当地资源、调动街道居民、活跃街区氛围，以激发服务对象自立、自强的脱贫信心，改善服务对象经济条件，提高其精神文化生活质量，营造健康、积极向上的社区文化氛围。2015 年至 2018 年，阳光社工团队围绕着老年人健康管理、居家安全、朋辈交往、兴趣爱好、组织孵化、亲子亲职教育等主题，开展了专业性、层次性、持续性的系列服务。

第一，通过开展四点半课堂，以社区托管的方式，解决了儿童学业辅导的问题，减轻了老年人隔代抚养的育儿焦虑，同时这也成为阳光社工团队进入社区、获取居民信任的桥梁。社区儿童托管服务围绕着留守儿童课业辅导、兴趣培养、困境儿童关爱、个案服务等主题开展服务：小组兴趣班有 37 个、个案服务有 24 项、儿童建档有 265 份、四点半课业辅导累计服务达 21 600 人次、家访服务共 1 926 人次；孵化青少年志愿服务队 1 支，青少年志愿服务以服务四点半课堂学生为出发点，为四点半课堂低年级学生提供“课业辅导、图书借阅、秩序维持”三项服务，逐步将服务范围扩大为社区老年人探访慰问、社区困境人员物资派发、节庆演出等，并持续多次参与社区服务。各项儿童青少年服务的开展不仅丰富了孩子们的课余时光，也为家长送去了安心，95%的家长对社区托管服务的满意度较高。

第二，实施Z街道长者健康管理计划。联系大学生志愿者，及时开展结对帮扶：实时监测老年人的身体健康状况，定期上门探望、陪聊、缓解老年人的孤独情绪。志愿者共计开展探访服务64场，累计服务3 210人次。每周三上午为社区及村塆的老年人提供常规血压监测、高血压管理指导，根据长期血压管理的结果，对长期高血压患者提供专题讲座、夏季疾病预防专题讲座、饮食健康讲座等服务，累计服务3 720人次。针对许多老年人患有肩颈、腰椎、四肢酸痛等病症，每周二、周四晚开展长者康娱锻炼服务，集中教授手指操、回春操、五行健康操、八段锦等康复服务，涉及2 450人次，旨在丰富长者闲暇娱乐生活，缓解长者晚年孤独感，带动长者参与运动，促进长者健康状况的改善。

第三，开展心理支持服务。针对老年人获得的情感支持少，社会工作者进村塆开展了朋辈互助支持与长者减压小组、长者生日会、外出参观交流活动、岁月鎏金交流会、为老助老志愿行等服务，共计开展各类服务54场，累计服务1 592人次。心理支持活动较好地回应了长者服务项目心理健康管理中的社交需要和情感支持的需要，极大地带动了老年人的社区参与，丰富了他们的精神生活。

第四，开展产业培训。考虑到老年人受到各种条件的限制，难以开展大规模种养殖，但确实需要借助于庭院经济或家庭种养殖业增加收入，社会工作者联系华中农业大学相关领域的专家学者先后开展了“水产养殖”“畜牧养殖”“蔬菜种植”等方面的专题培训，为老年人解决了生产中遇到的问题与困难，提供了增收的思路和方法。具体如表 5－4 所示。

表 5－4　“技能扶贫”计划、服务内容及产出

序　号	社　区　活　动	总服务人次
1	水域治理及灾后生产恢复讲座	251
2	生产养殖科普讲堂：鸡养殖专场	
3	生产养殖科普讲堂：猪养殖专场	
4	农产品培训讲座：蔬菜种植专场	
5	农产品培训讲座：蔬菜产业的发展现状	
6	阳光社工水产养殖讲座：鱼类养殖专场	
7	阳光社工水产养殖讲座：小龙虾养殖	

第五，开展居家安全改造服务。经过两年的努力，武汉市阳光社工服务中心的社工团队为开展留守老年人综合性服务打下了良好的基础，在 2018 年武汉市公益创投大赛中，该团队申请获批了武汉市社会组织发展基金会的“居家安全改造”专项资金支持。这一项目聚焦困境老年人的现实需要，从老年人居家用电、用火、卫生、房屋墙面、门锁、防摔等六个维度进行全面的调查评估。在实地考察的基础上，该团队设计并实施了长者居家安全改造计划，以改善困境老年人居所环境、消除居家养老的安全隐患、增强长者居家安全防范意识为目标。2017 年至 2018 年间，以 4 个村的常住老年人为调查对象，该团队完成了全面的居家安全排查工作，共筛选出 85 户存在居家安全隐患的社区长者。针对存在的问题，团队对这 85 户困境老年人的家里进行了门锁检修、电线更换、药品分类安置，配备防滑防摔用具，定期入户打

扫卫生与消毒等服务。时值夏季气温炎热、居民用电的高峰期，社会工作者组织社区水电工、修锁匠作为志愿者一起对老年人家里的电路进行检修，共同为老年人的夏季用电安全提供保障；帮助有需要的老年人检修电路、更新门锁、维修墙面和路面，一定程度上规避了因为雨季到来而容易造成的电线被泡坏引发的触电危险、电器受潮漏电危险、墙皮脱落墙体炸裂带来的居住风险、路面湿滑坑洼带来的出行风险。社会工作者与志愿者挨家挨户服务，获得了社区居民的高度评价。

第六，开展家庭教育专题系列讲座。围绕着家庭教育、亲子关系促进、家风与乡风宣传等服务主题，团队开展各种家庭服务主题活动共 15 场，开展小组工作 4 项，累计服务达 345 人次。为了提升家庭教育水平，团队不定期邀请以华中农业大学社会工作系老师为主体的专家开展家庭教育讲座，组织育儿互助小组，以此培养家长们科学的家庭教育观，增强老年妇女的家庭教育能力。与此同时，团队以感恩节、母亲节等节日为契机，开展亲子关系促进服务；利用大型社区活动召集妇女儿童成为志愿者，大力宣传家风、乡风文化，营造良好的社区氛围。

第七，通过带动互助组织参与“青少年积分兑换专业服务”“青助老”“低龄老年人探访高龄困境老年人”“老携幼”“福利院义演慰问”“社区文化营造”等志愿服务活动反哺社区建设，培养村民的主人翁意识，实现社区问题自发现、社区问题共同解决、社区发展共同建设。

（五）项目评估

首先，依据项目服务满意度调查，项目实施成效获得了村民的充分肯定。村民对已参与过的各项社会工作服务内容的满意度均达 90%以上。调查还显示，在硬件设施上，对社工站服务场地满意的达85%；在问题解决上，认为社会工作者能完全解决和部分解决村民问题的达84%；在服务效果上，认为社会工作者的服务很有帮助和有帮助的达82%。由此可见，村民的整体满意度较高，社会工作者开展的各项服务能较好地满足村民的需求和解决村民的问题，对村民有积极的帮助。

其次，从社会工作者和督导的观察来看，服务成效明显。2015年，团队刚进入Z街道时，老年人大多在家枯坐，进门一盏灯，出门一把锁；仅剩的青壮年劳力要么聚众打牌、打麻将，要么抱着手机打发时间；孩子们放学放假后无人监管，安全事故频发。三年多的时间，团队通过“走出去”与“引进来”相结合的方式做好如下工作：一方面，团队秉持扶贫先扶智，治穷先治心，招募211高校的优秀实习生或暑期实践志愿者组建高素质的服务队伍，由他们担任孩子们的梦想导师；引进家庭教育、农技培训、种植养殖的专家为村民提供能力建设；整合其他项目资源，使安老携幼服务具体化、精细化。链接社会资源进驻舒安，使街区的公共服务朝多元化、体系化、层次化方向发展，从而助推了社区内生力的提升，促进了村庄的全面脱贫。另一方面，在服务过程中，团队特别注重对弱势群体的全面增能，使以留守妇女、留守儿童和留守老年人为主体的社区依靠自主互助成为社区建设的主人翁。对老年贫困妇女的回访显示，她们在家庭教育、生产生活、身体健康、居家安全等方面都得到了显著改善。

最后，社会工作者的服务得到了评估专家和有关管理部门的一致肯定。该地在先后实施的中央财政资助项目“农村留守人员增能型扶贫项目”，共青团湖北省委“‘希望伴飞’Z街道困境儿童服务项目”，武汉市社会组织发展基金会“长者居家安全改造项目”、“Z社区老年宜居社区创建项目”等评估中，均获得评估专家的一致好评。项目所在地的各级政府部门也对项目的实施效果给予了充分肯定。与此同时，项目的实施还获得了一系列奖励。“长者居家安全改造项目”作为卓越项目被武汉市社会组织基金会推荐参与武汉市为老创投项目行业交流推广会；“儿童生命教育小组案例”“叙事治疗视角下的单亲家庭儿童个案”“长者康娱锻炼队孵化案例”分别获得2017年湖北省社工实务案例大赛一等奖、2018年湖北省优秀社会工作案例、2017年武汉市优秀社工服务案例。

（六）案例的性别反思

第一，年龄累积中的性别差异。有不少研究指出，老年贫困妇女面临着性别与年龄的双重弱势累积。随着中国老龄化的进一步加剧，老年贫困妇女的问题将会更为突出。老化是一个不可避免且无法逆转的过程，因而对老年贫困妇女群体来说，她们无法依靠自身来实现反贫困。这就要求有关社会保障制度具有更高的性别敏感度，以此来克服因同样的年龄弱势累积中的性别差异。

第二，综合性服务中的性别意识。鉴于老年贫困妇女的贫困所具有的累积性及其所处的生命阶段的特殊性，社会工作者对老年贫困妇女的干预常常需要采用综合性的服务。在地广人稀的农村地区，为了提高服务的效率，综合性的服务更常被采用。但在提供综合性服务时，从项目设计、实施到成效评估，社会工作者都必须强化项目设计者、实施者、评估者的性别意识。只有这样，才能在综合中不忘差异，确保弱势者受益。

第二节　妇女反贫困实践的反思

一、实践特征

（一）救助性与发展性兼顾

就反贫困社会工作的性质而言，它可以被划分为救助性社会工作与发展性社会工作两类。两者之间最主要的区别在于，救助性社会工作的目标主要是助贫，或者更确切地说，是帮助贫困家庭维持或改善生活处境，而发展性社会工作的根本目标是脱贫，即要帮助贫困家庭脱贫致富或自立发展。①

国内的反贫困社会工作总体上是以救助性社会工作为主的。具体到妇女反贫困社会工作上，这一特征比较突出。但受女性主义社会工作发展的影响，近年来发展性的社会工作在不断增加，由此呈现出救助性与发展性兼顾的特点。

救助性的妇女反贫困社会工作，如针对贫困地区女童的教育救助，针对女性重大疾病患者的医疗救助，针对农村老年妇女尤其是失能老年人的护理，开展得都比较多。这些工作多依靠妇联系统及其所辖的各类妇女组织来开展。

本书中呈现的三个案例都属于发展性社会工作。这固然与案例主要依托的是高校社会工作专业学生的实习和社会工作机构获得的政府购买社会

① 蒋国河、平卫英、孙萍：《发展性社会工作视角下的农村反贫困实践——W县Y村妇女互助储金会的案例分析》，《江西财经大学学报》2018年第6期。

工作服务项目有关，但它也体现了专业社会工作的发展方向。事实上，就整体来看，国内针对贫困妇女开展的发展性社会工作主要是由外来的高校社会工作专业的师生以及高校教师领办或者督导的社会工作机构开展的。尽管近年来我国社会工作机构的数量迅速上升，但以农村地区为服务对象的社会工作机构并不多，注重开展妇女反贫困社会工作的机构则更少。

（二）个体与群体层面并进

从反贫困社会工作的实践来看，纯粹以贫困妇女为服务对象开展的社会工作项目相对较少，涵括这一对象的社会工作实务干预则非常多。

贫困既具有共性特征，也具有个性特征。社会工作反贫困项目中仅将贫困妇女作为服务对象的并不多，更多的是一种较为广泛的涵括了贫困妇女的服务。一方面，这是因为对贫困妇女的帮扶与服务并非只针对其贫困特征，可能是由于其留守、老年、残疾、单亲等共性特性而被纳入服务项目中，甚至可能是针对整个社区开展的社会工作服务项目；另一方面，这也是因为仅纳入贫困妇女的社会工作项目并不一定成效会更好。贫困妇女自身的反贫困能力有限，只有将其融入异质性的群体中，才能获得更大的发展助力。

从具体的反贫困实践来看，考虑到贫困问题具有很强的个性，最具有针对性的活动通常是个案工作，而个案工作最大的局限性是其服务对象的规模非常有限。就小组工作来说，理想的反贫困小组无疑是一个直接针对贫困妇女的小组。然而我们在农村开展社会工作服务的过程中发现，贫困地区的妇女、贫困家庭的妇女与贫困妇女是不同的概念。首先，贫困地区的家庭并不都贫困，因而贫困地区的妇女中有更高比例的贫困家庭的妇女与贫困妇女，但其中的妇女并非都是贫困妇女。其次，贫困家庭的妇女通常被直接认定为贫困妇女，这是因为我们一般是以家庭为单位进行贫困的测量，而从多维贫困来看，对个体层面的测量显示，非贫困家庭中也有贫困妇女，而贫困家庭的妇女也不一定都贫困。最重要的是，作为个体的贫困妇女，意味着其必然是弱势和处于困境中的，因此重病的妇女和年老体衰的妇女通常是贫困妇女的主体，但她们已经难以成为反贫困的主力。即使使用传统的界定，以贫困家庭的女性来界定贫困妇女，依据我们对青壮年贫困妇女的调查与社会工作实务的探索，受分散居住的地域限制和劳动与生活耦合在一起的时间限制，要以青壮年贫困妇女为主体来开展小组工作介入是非常困难的。综上所述，妇女反贫困社会工作行动中个案工作方法通常是直接以贫困妇女为服务对象的，而小组和社区工作方法通常是将涵括贫困妇女在内的更广泛的人群作为服务对象的。整体来看，我们的服务呈现出个体层面与群体层面共进的特点。

（三）“助人自助”多于“促境美好”型

孙莹提出，反贫困社会工作开展的服务活动可以依据改变的主要对象分为改变贫困者和改变贫困者周围的社会环境两类，并指出由于中国的城市贫困问题主要是由社会结构变迁导致的，因而反贫困社会工作在城市里的工作以改变贫困者周围的社会环境为主，重点在于推动社会政策制度的建设与完善。[①]

借鉴孙莹的分类，依据主要指向对象的不同，妇女反贫困社会工作开展

① 孙莹：《社会工作者在我国城市反贫困中的使命和角色》，《华东理工大学学报（社会科学版）》2005 年第 1 期。

的服务活动也包括两大类：一是致力于改变贫困妇女个人和群体而开展的服务活动；二是致力于改变贫困妇女周围的社会环境而开展的服务活动。导致妇女贫困的原因是多元的，社会性别文化和社会性别权力结构尽管是其中的主要原因，但当前中国社会仍然是男性主导的社会，对男权的直接挑战仍然面临较大的困难。因此，妇女反贫困社会工作虽然也在改变社会环境上开展了不少活动，不断尝试着改变贫困妇女所处的不利的社会性别文化环境，但总体来说，社会工作服务更多致力于改变贫困妇女自身及其所处的家庭、社区等小环境，在社会制度层面的建设与完善上开展的工作依然有限。

（四）传统工作多于专业干预

开展妇女反贫困工作的主体主要有两类，一是专业社会工作者，二是妇联系统。两者虽然都关注妇女贫困问题，但在工作方法上存在着较大的差别：大体上前者开展的是以社会工作理论与方法为指导的专业干预，从内容上来看，可称之为专业的反贫困社会工作，如果以服务对象来界定，也可称之为专业的妇女社会工作，而后者主要运用更偏行政性的工作方法，可称之为传统的扶贫工作或者说妇女工作。

从社会性别的视角来看，妇女反贫困中专业妇女社会工作与传统妇女工作之间在理念和方法上无疑都有着明显差异。首先，从价值观来看，传统妇女工作更认同中国传统的家庭价值观和社会性别文化，更强调稳定性，因而更倾向于维护家庭的整体性，容易牺牲妇女的利益以成全整个家庭的完整；而专业妇女社会工作更强调妇女的主体性，更强调助人自助、案主自决，更注重维护妇女自身的权益。其次，从方法来看，传统妇女工作主要采用行政方法，专业妇女社会工作则综合采用个案、小组、社区等社会工作专业方法。最后，从与服务对象的关系来看，传统妇女工作主要是各级妇女干部，因此更多扮演着妇女群众的“娘家人”的角色，是妇女群众的组织依靠，与贫困妇女之间更类似于上下级关系，而专业妇女社会工作与贫困妇女之间建立的是专业关系，强调合作，是一种平等关系。

值得注意的是，两类社会工作的划分并非仅存在于提供不同服务的机构之间。即使我们选用的案例是依托社会工作机构开展的，但当审视整个机构开展的与贫困妇女相关的服务工作时，却发现社会工作者开展的很多工作是协助村里的扶贫工作队和各级妇联开展的类行政性的工作，如入户调查、表格填写、政策宣传等等。而从服务对象即贫困妇女的视角来看，她们所接受的服务，无疑是以政府服务为主体的。至于专业性的妇女反贫困社会工作服务，无论是从服务覆盖的妇女群体的比例来看，还是从提供服务的社会工作者人数和提供的服务数量等来看，都还非常有限，受益人群过小，影响力不足。

二、本土化实践的挑战

（一）个体与家庭的张力

贫困妇女是生活在家庭之中的。事实上，即使是不断追求瞄准精度的精准扶贫，也是以家庭为基本单位来识别、帮扶和评估贫困对象的。第一，家庭是人们生活和消费的基本单位，因此贫困更多的是一种家庭特征而非个人特征。第二，家庭是基于血缘关系和姻缘关系而结成的人类生活共同体，重要的资源如住房、土地等基本上都是以家庭为单位分配和共享的。第三，识别个人财产和个人消费是非常困难的，因而精准识别个人贫困并加以帮扶的难度过大。因此，当前我国农村的精准扶贫主要是以家庭为单位进行识别与帮扶的。这种以家庭为单位的扶贫从性别来看无疑是忽略户内差异的，这使得对贫困妇女的干预常常不可避免地会涉及个人与家庭之间的矛盾和冲突。

个体与家庭之间的张力在个体化日益增强的现代社会中，已经成为转型社会的一个重要特点。这也是在妇女反贫困社会工作实践中，在社会工作价值理念上必须关注的中国的一个独特性。在中国，家庭对个人依然具有重要影响，个人很难脱离家庭进行决策与行动。因此，在妇女反贫困社会工作实践中，我们必须注意反思源自西方社会的社会工作的价值观与我国国情的适应性。

（二）传统与现代的挑战

中国正处于社会转型期，农村社区的转型特征也很突出。社区中传统与现代的价值观并存，一些居民还保留着较为传统的文化价值理念，一些居民已经接受了更为现代化的文化价值理念。即使在同一人身上，也常常是传统与现代两种文化价值理念共存。传统与现代价值理念的冲突在农村社区中体现在个体、家庭和社区三个不同的层面上。无论是对于婚姻、生育与死亡这些个人事件，还是对于教育、职业、流动等重要家庭决策，抑或是社区的管理模式选择，都存在着传统观念与现代观念的冲突。这些不同层面的价值冲突在社会工作服务中不可避免地会体现到个案、小组和社区工作方法上。

与此同时，社会工作者自身也面临着传统与现代文化价值的冲突。在社会工作实务开展过程中，这些冲突可能不会呈现出来，但却会潜在地对其社会工作服务产生影响。

（三）公义与私利的冲突

社会工作服务实践中，一个较少被提及的挑战是公义与私利之间的冲突。在服务过程中，社会工作者与贫困妇女建立了良好的专业关系，常常还建立了友谊。与此同时，因为扶贫工作的开展伴随着大量的资源向贫困人群的转移，在分配或者争取这些资源时，社会工作者不仅会涉及如何处理和面对这种情感上的私人关系，而且当贫困妇女为了获取不正当利益如隐瞒资产或者虚报产业规模以获取扶贫补贴时，社会工作者常常因作为知情者而陷入如何选择公义与私利的问题，尽管这种私利并非社会工作者自身的私利。

2019 年，在 M 村里开展的精准扶贫中，因为扶贫工作队的人手有限，驻村的社会工作者在村里工作繁忙时也应邀参与扶贫工作。有一天，社会工作者协助村妇女主任开展入户调查，核实贫困户的产业发展情况。在走进一个贫困家庭时，因女主人不在家，社会工作者与妇女主任询问男主人得知该户养了 15 只小鸡，就进行了登记。但按照县里规定，只有规模达到 20 只才能享受产业扶贫补贴。女主人回到家听说后，非说到家进行调查的村干部听错了，他们家的小鸡数量是 22 只。因为这户人家本来就与入户调查的村妇女主任有些积怨，两人一言不合，吵着吵着就打了起来。周围群众一看打得比较厉害，赶紧报了警。在纠纷的处理过程中，女主人找到社会工作者，请求她帮忙作证，说明当时并没有听清楚究竟是养了多少只小鸡。面对这一问题，社会工作者也很困惑，不知道应如何处理。对此，督导分析指出，因为涉及司法作证，因此社会工作者必须说实话。尽管社会工作存在着不伤害案主、保密等原则，但是司法机关代表着国家的法律部门，面对这些部门，社会工作者决不能说假话作伪证。

公平正义的社会是社会工作追求的目标。当案主个体的私利与社会公正相冲突时，不仅案主本人会面临冲突，服务于案主的社会工作者也常常会面临冲突。由于中国正处于由传统社会向现代社会的转型期，这种冲突因社会价值观存在着一定的混乱和真空而更为突出。

此外，妇女反贫困社会工作不仅面临着一般意义上社会工作服务所面临的价值观冲突，还会因服务对象为女性而面临着更为突出的由于传统性别文化与现代性别文化之间的冲突而带来的价值观冲突。比如，在一个传统的农村社区中，人们认同的可能依然是重男轻女的性别文化，但是社会工作服务者却需要去改变这一文化，重建一种两性平等的新型文化。

第六章　新时代呼唤妇女反贫困社会工作新行动

第一节　新时代妇女反贫困社会工作面临新挑战

一、妇女贫困问题出现新变化

基于各地的调研，本书指出：从个体视角来看，将贫困置于妇女的生命历程中进行考察，女性在不同时点上的贫困的成因与影响是不同的，她们反贫困的具体需求也是不同的；从社会视角出发，将贫困置于社会空间中进行分析，妇女在不同时空的分布是不均衡的，其贫困与社会结构之间具有紧密的联系，因而其反贫困需求仅依靠个体及其家庭的力量难以解决，需要社会环境、社会结构的改变。

妇女反贫困的需求是社会工作介入的主要依据，而这与妇女贫困的特征是紧密相关的。从生命历程视角来看，妇女生命早期的贫困是代际传递的，受制于其原生家庭，其反贫困的主要需求是营养与教育、生命安全。妇女中年时期的贫困虽然一定程度上仍然受到原生家庭的影响，但更大的影响来源于其新生家庭。婚姻与生育是影响妇女贫困的两个关键点，反贫困的主要需求是就业与医疗。妇女老年时期的贫困受子女新生家庭的影响，其自身健康情况与子女发展情况是影响妇女老年贫困的主要因素，反贫困的主要需求是医疗与社会救助。从社会空间视角来看，妇女贫困具有显著的空间差异，表现为城乡差异和东、中、西部差异。由于中国非均衡的城乡发展和东、中、西部发展战略，使得妇女贫困在空间上呈现出农村妇女比城市妇女更贫困、中西部地区妇女比东部地区妇女更贫困的空间分布特征。

时代在不断发展，妇女反贫困的需求也在不断变化。随着2020年我国脱贫攻坚取得全面胜利，妇女反贫困社会工作的发展也将进入新时代。新时代的妇女贫困将以相对贫困、分散插花贫困为主，这意味着妇女反贫困社会工作也面临着贫困特征改变的新挑战，需要进行新的探索。

二、妇女反贫困社会工作亟须本土化

在梳理总结国外妇女反贫困社会工作主要模式的基础上，本书重点介绍了生态系统模式、地区发展模式、女性主义模式、赋权模式四种模式的主要做法。其中，妇女反贫困的生态系统模式强调社会工作实务的干预焦点应将人置于其生活的场域中，重视个人的生活经验、发展时间、生活空间与生态资源分布等有关个人与环境之间的交流与互动，因此干预旨在协助贫困妇女利用他们的优势和资源，引导贫困妇女与其所处的环境（家庭、组织、社区乃至更大的环境）之间积极进行互动，促进个体适应由年幼到年老的发展转变，从而缓解压力，达到积极的成长与发展的目标。妇女反贫困的社区发展模式强调社区层面的资源匮乏、发展不足、互动不畅是妇女贫困的重要原因，国家层面的全面规划与资源配置、社区层面的因地制宜与路径选择十分重要。该模式中社会工作者的资源链接者和协调者角色相对突出。妇女反贫困的女性主义模式强调将妇女贫困问题置于“社会政治的框架”和“社会性别机制”中去分析，聚焦导致妇女贫困的不公正制度安排、教育不平等、性别歧视、性别压迫等问题，寻求从根本上解决问题。该模式反思了社会工作实践本身所蕴含的性别不平等，指出以女性为主的社会工作者因内化了一套基于父权制的性别角色规范，在工作中可能将贫困妇女作为男性的附属品，存在“照顾女性化”的偏见，忽视了女性真实的、独特的需求。妇女反贫困的赋权模式涉及社会性别文化的重塑和现有权力、利益结构的调整，包括自我赋权、个体赋权、团体赋权、组织赋权和社区赋权等多层面的实践活动。赋权视角下的妇女反贫困强调：以妇女为中心，倾听妇女的声音，推动妇女参与扶贫决策；保障妇女对资源的掌握、控制和利用；发挥妇女组织的作用；促进男性在消除妇女贫困项目中的支配位置。

四种模式各有侧重，但都是基于国外反贫困社会工作实践的总结。本书结合团队开展的农村妇女反贫困社会工作服务，依据贫困妇女所处的生命阶段，分类呈现了妇女反贫困社会工作的三个实例。在此基础上，本书总结了国内妇女反贫困社会工作研究与实践的基本特征，即：救助性与发展性兼顾；个体与群体层面并进；“助人自助”型多于“促境美好”型；传统工作多于专业干预；赋权增能明显不足。同时，本书指出，妇女反贫困社会工作在实务方法运用上面临着本土化挑战，主要表现为个体与家庭的张力、传统与现代的挑战、公义与私利的冲突。

近年来,社会工作专业力量深入参与反贫困,在反贫困社会工作实务上积累了较为丰富的经验,探索形成了一些具有中国特色的反贫困社会工作模式。当前,乡村振兴战略对反贫困社会工作的本土化提出了更高的要求。如何回应乡村振兴战略的要求,将反贫困社会工作的服务重点从绝对贫困向相对贫困转变,从贫困救助向贫困风险的监测预警与贫困边缘人群的分类帮扶转变,创造出更适合中国农村妇女的反贫困社会工作本土模式,是当前妇女反贫困社会工作面临的重要挑战。

第二节　新时代对妇女反贫困社会工作提出了新期待

一、提升反贫困政策的性别敏感度

反贫困行动是一项世界性的共同任务,在其行动过程中不可避免地会不断挑战既有的社会政策与社会结构。从性别视角来看,反贫困政策作为具有影响力的工具,其性别敏感度不仅影响着妇女反贫困社会工作的外在环境,也决定了其整体成效。

从社会性别视角来看,首先必须区分妇女社会工作与女性主义社会工作。妇女社会工作是传统的社会工作领域,强调以女性为服务对象,但其服务不一定具有较高的性别敏感度;女性主义社会工作同样关注女性,但注重基于性别立场和视角来开展服务,具有很高的性别敏感度。妇女社会工作更偏向于贫困的共性特征,多使用物资帮扶的方法,而女性主义社会工作更强调性别差异,因而突出对女性的赋权与增能。这一区分有助于认识何为妇女反贫困政策的性别敏感度，清晰呈现了并非在扶贫政策中关注或者包含了妇女，就是具有一定的社会性别敏感度的反贫困社会政策。

事实上，对妇女贫困的重视并不是因为现在的妇女比过去的妇女更贫困，妇女经济社会地位的上升是一个不容否认的事实。女性主义的崛起挑战着我们习以为常的两性不平等，使得即使相对缩小但是依然存在的两性不平等的状况得以被重视，从而使妇女贫困能够在以家户为测量单位的传统研究中逐渐显现出来。

提升性别敏感度有助于我们培养更强的洞察力去识别反贫困政策的性别影响。从研究来看，具有一定的性别敏感度的反贫困政策研究思路可以包括两个方面：一是对现有扶贫政策的性别影响的研究；二是基于对贫困问题的性别敏感度的研究，提出提升性别敏感度的政策建议。这里不得不遗憾地说，同妇女反贫困的理论研究一样，妇女反贫困的政策研究是非常不充分的，因此在期望政策制定过程中提升政策制定者的性别敏感度的同时，也应该促进研究人员进行性别敏感度的政策研究。

二、形塑更平等的性别文化

如社会学家鲍曼（Bauman）所指出的，每一个社会对穷人都保持着特有的矛盾心态：一方面是惧怕与讨厌，另一方面是怜悯与同情。两者不安地混在一起。前者容许为了维护秩序而严酷地处置穷人，后者则强调身处贫困线之下者的悲惨命运。① 这一点在贫困妇女身上有着更为复杂的呈现，即贫困妇女身上糅合了人们对穷人和妇女两个身份的矛盾心态，因而既有着轻

① 鲍曼：《工作、消费与新贫困》，王志弘译，巨流图书公司出版社，2006，第 119—120 页。

视与伤害，又有着珍爱与保护。

社会工作除了从业者和受助者中女性占多数之外，还潜藏着“细腻、关爱、包容”等柔性社会治理的意涵①，这要求倡导一种契合本土语境的妇女反贫困社会工作。如果忽略了妇女反贫困社会工作在本土性别文化上所面临的问题与挑战，机械运用西方的理论框架与实务模式来开展中国妇女反贫困的社会工作服务，就不可避免地会遭遇理论与方法技术的陷阱。如何立足本土现实需求，借鉴西方的专业方法，是当前妇女反贫困社会工作实务方面的一个难题，也是理论方面的一个重要议题。因此，追问中国传统性别文化对妇女反贫困社会工作的影响，是女性主义社会工作的贡献，也是对反贫困社会工作的深入研究。

中国贫困研究的女性主义转向不可逆转，原因在于女性在我国减贫工作中扮演着重要的角色、发挥着重要的作用。借助女性主义理论的多样性观点，重新审视女性在中国减贫事业中可能扮演的角色就会发现，中国女性极少会成为一个独立的、个体化的家庭主体，而是同男性一样置身于家庭环境、内卷于家庭生活之中并信仰家庭文化关系的个体。因此，离开家庭与社会环境、剥离男性单独研究女性，无法真正认识和解决妇女贫困问题。

然而，当反贫困社会工作的受助对象只是作为共性和复数的“人”时，女性的需求就很容易被掩盖和忽视。因此，一个性别敏感度更高的妇女反贫困社会工作项目，不仅需要协助贫困妇女增强性别意识，激发其潜能，为其争取公平合理的发展机会和资源分配，不断改善其生活境况，而且需要将贫困妇女的问题置于其所生活的家庭和社会情境中进行审视，剖析问题的根

① 卫小将：《妇女与婚姻家庭社会工作检视与建构》，《妇女研究论丛》2018 年第 5 期。

源，致力于构建一个性别平等的社会文化环境。

三、增强女性主体意识

在深入推进精准扶贫的过程中，越来越多的学者认识到，因发展意愿不强引发的内生性贫困将成为脱贫攻坚面临的主要问题，精准扶贫必须坚持扶智与扶志并进。[①] 贫困妇女的主体性问题是其能否持续有效反贫困的关键。尤其是面对多维贫困和相对贫困时，如果没有贫困妇女主体意识的觉醒，就无法真正实现脱贫。从某种意义上说，妇女反贫困问题的提出，本身就是一个强调女性增能的行动，是一个社会性别文化重建和女性主体塑造的过程。

从实践来看，妇女反贫困社会工作面临着一个重要挑战，即女性主体性的缺失。事实上，如赵小华所指出的，妇女问题的本质是妇女主体性的丧失，而妇女主体意识的觉醒，意味着女性能够清楚地认识到自身作为主体的力量，自觉要求在社会地位、个人能力、生活方式、心理健康等方面的提升与完善，并为之努力，其最终目标是实现妇女全面而自由的发展。[②] 从这个意义上来说，尊重妇女的主体性是实现精准扶贫的关键[③]，提升妇女主体性是妇女反贫困社会工作的重要任务。

在传统的扶贫模式下，不论是政府扶贫还是社会扶贫都把自己界定为

① 王立剑、代秀亮：《2020 年后我国农村贫困治理：新形势、新挑战、新战略、新模式》，《社会政策研究》2018 年第 4 期。

② 赵小华：《女性主体性：对马克思主义妇女观的一种新解读》，《妇女研究论丛》2004 年第 7 期。

③ 赵群：《尊重妇女的主体性是实现精准扶贫的关键》，《妇女研究论丛》2016 年第 6 期。

扶贫主体，而把贫困地区和贫困群体界定为扶贫对象。扶贫主体主动输入反贫困资源，拯救扶贫对象；扶贫受体被动接受反贫困资源，接受拯救。它们之间在方式上是输入和被输入、地位上是主导与从属、结果上是拯救和被拯救的关系。将扶贫的受体转变为反贫困的主体，是内生性反贫困行动的重要特征之一。① 当我们将目光聚焦于反贫困社会工作时不难发现，其主体常常被看作社会工作者，因为是他们实施了反贫困社会工作项目，为贫困群体反贫困提供了社会工作服务。但从反贫困的实现来看，贫困者是不可或缺的反贫困行动者。没有贫困者参与的反贫困行动，不可能成为成功的反贫困行动。社会工作的典型特征是助人自助，社会工作介入妇女反贫困的目的是帮助妇女摆脱贫困，即促进贫困妇女成为反贫困的主体，通过自身的努力奋斗，在外在力量的支持与帮助下摆脱贫困。

如何使贫困妇女意识到自己的贫困处境，萌生反贫困的意愿和动力，增强反贫困的能力，从而成长为反贫困的主体，这是妇女反贫困社会工作中一个非常重要的议题。只有成长为反贫困的主体，才会积极搜索和运用反贫困社会资源，因地制宜地实施自救行为。这是内生性反贫困行动的关键。在内生性反贫困行动中，作为贫困者的妇女不再只是单纯的扶贫行动的对象和反贫困资源的接受者，同时也是反贫困的行动者和反贫困资源的积极开发者；反贫困不再只是政府的工作任务，同时也成为贫困地区及贫困群体自身的内在要求。这样，在反贫困社会工作行动中，贫困妇女就不再只是需要社会工作者拯救的对象，而是在社会工作者协助与支持下的自我拯救者。

① 徐静：《社会主义核心价值体系建设的大众行为化模式研究——基于贵州“春晖行动”的实践探索》，社会科学文献出版社，2015，第 61 页。

作为反贫困的主体，她们不应被视为被动地等待与接受的受助者，而是主动根据自身的现实条件和内在需要有目的地选择和实施反贫困行动。

如马克思所指出的，妇女解放的程度是衡量普遍解放的天然标准。只有树立男女平等的观念，具有独立的意志、独立的能力，贫困妇女才能真正摆脱贫困。因此，妇女反贫困社会工作行动研究与实践的最终目的是促进妇女自由而全面的发展，从而实现两性平等。

主要参考文献

[1] 福罗拉. 农村社区资本与农村发展[M]. 肖迎，译. 北京：民族出版社，2011.

[2] DOMINELLI L. 女性主义社会工作：理论与实务[M]. 王瑞鸿，张宇莲，李太斌，译. 上海：华东理工大学出版社，2014.

[3] 罗伯特·亚当斯. 赋权、参与和社会工作[M]. 汪冬冬，译. 上海：华东理工大学出版社，2013.

[4] 程玲. 可行能力视角下农村妇女的反贫困政策调适[J]. 吉林大学社会科学学报，2019(5)：163-169，223.

[5] 程艳敏. 妇女社会工作概论[M]. 哈尔滨：黑龙江人民出版社，2016.

[6] 黄承伟. 与中国农村减贫同行上[M]. 武汉：华中科技大学出版社，2016.

[7] 黄森慰，姜畅，郑逸芳. 妇女多维贫困测量、分解与精准扶贫：基于福建省“巾帼扶贫”五年攻坚计划调研数据[J]. 中国农业大学学报，2019(4)：211－218.

[8] 蒋国河，平卫英，孙萍. 发展性社会工作视角下的农村反贫困实践：W县Y村妇女互助储金会的案例分析[J]. 江西财经大学学报，2018(6)：94－103.

[9] 蒋国河. 社会工作与农村反贫困：本土化实践与理论反思[M]. 北京：中国社会出版社，2017.

[10] 景天魁等. 时空社会学：理论和方法[M]. 北京：北京师范大学出版社，2012.

[11] 李强，许松. 走向增权的妇女发展：西方妇女增权理论研究述评[J]. 南京人口管理干部学院学报，2010(3)：27－31.

[12] 李小云，陈邦炼，宋海燕，等. “妇女贫困”路径的减贫溢出与赋权异化[J]. 妇女研究论丛，2019(2)：5－16.

[13] 林志斌. 中国妇女与反贫困的回顾与展望[J]. 妇女研究论丛，2005(4)：37－41.

[14] 琳达・麦道威尔. 性别、认同与地方：女性主义地理学概说[M]. 徐苔玲，王志弘，译. 台北：群学出版社，2006.

[15] 刘欣. 近40年来国内妇女贫困研究综述[J]. 妇女研究论丛，2015(1)：116－123.

[16] 齐顾波,李小云.扶贫实践中妇女性别需求变化的研究[J].妇女研究论丛,2000(4):25-29.

[17] 卿石松.中国性别收入差距的社会文化根源:基于性别角色观念的经验分析[J].社会学研究,2019(1):106-131.

[18] 王斌.女性社会工作者与情感劳动:一个新议题[J].妇女研究论丛,2014(4):97-103.

[19] 王大建,刘德增.中国经济重心南移原因再探讨[J].文史哲,1999(3):48-55.

[20] 王冬梅,罗汝敏.健康方面的性别不平等与贫困[J].妇女研究论丛,2005(6):17-19.

[21] 王笃强.贫困单亲妇女就业阻碍的产生机制:生命历程、角色与生存心态的诠释模型[J].中国社会工作研究,2015(1):1-40.

[22] 王婧.边缘与困境中的女性:妇女贫困问题的社会与文化分析[J].妇女研究论丛,2003(S1):50-54.

[23] 王立剑,代秀亮.2020年后我国农村贫困治理:新形势、新挑战、新战略、新模式[J].社会政策研究.2018(4):3-14.

[24] 王淑婕,解彩霞.中国贫困女性化的社会制度根源:基于可行能力视角的分析[J].青海师范大学学报(哲学社会科学版),2011(6):35-38.

[25] 王思斌.精准扶贫的社会工作参与:兼论实践型精准扶贫[J].社会工作,2016(6):3-9.

[26] 王晓磊.空间与实践:西方空间观念的历史演变、局限与出路探析

[J]. 华中科技大学学报(社会科学版),2010(3):58-63.

[27] 王永洁. 劳动力市场性别差异与女性赋权[J]. 人口与经济,2019(1):95-109.

[28] 王宇,陶涛. "非收入"多维贫困的识别与影响因素探析:基于CLASS数据对农村老年妇女样本的考察[J]. 云南民族大学学报(哲学社会科学版),2019(6):84-93.

[29] 卫小将. 妇女与婚姻家庭社会工作检视与建构[J]. 妇女研究论丛,2018(5):85-96.

[30] 卫小将. 精准扶贫中群众的主体性塑造:基于赋权理论视角[J]. 中国特色社会主义研究,2017(5):80-85.

[31] 吴世友,朱眉华,苑玮烨. 资产为本的干预项目与社会工作实务研究设计:基于上海市G机构的一项扶贫项目的试验性研究[J]. 社会建设,2016(3):48-57.

[32] 向德平,程玲. 巾帼脱贫:农村贫困妇女扶持政策评估及建议[M]. 北京:社会科学文献出版社,2015.

[33] 肖巍. 女性主义与女性主义伦理学[J]. 现代哲学,1998(3):28-33.

[34] 徐鲜梅. "社会性别、贫困与农村发展"研讨会综述[J]. 妇女研究论丛. 1999(1):52-54.

[35] 闫红红,张和清. 优势视角下农村妇女组织与社区参与的实践探索:以广东省M村妇女社会工作项目为例[J]. 妇女研究论丛,2019(2):44-54.

[36] 姚华松,黄耿志,薛德升. 国内外女性主义地理学研究述评[J]. 人文地

理,2017(2):9-15.

[37] 张广利,杨明光.后现代女权理论与女性发展[M].天津:天津人民出版社,2005.

[38] 张颖莉,游士兵.贫困脆弱性是否更加女性化?:基于 CHNS 九省区 2009 年和 2011 年两轮农村样本数据[J].妇女研究论丛,2018(4):33-45,121.

[39] 赵群,王云仙.社会性别与妇女反贫困[M].北京:社会科学文献出版社,2011.

[40] LEE J A B. The empowerment Approach to Social Work Practice: Building the Beloved Community (2nd edn)[M]. Columbia University press, 2001.

[41] PARDECK J T. An Ecological Approach to practice, Social Work Practice: An Ecological Approach [M]. U.S.A: Greenwood Pubishing Group, Inc., 1996.

后　记

贫困妇女既是脱贫攻坚的重点对象，也是脱贫攻坚的重要力量。妇女反贫困是打赢脱贫攻坚战，确保如期全面建成小康社会的内在要求，也是男女平等基本国策在扶贫开发工作中的重要体现。贫困妇女的脱贫问题，不仅关系着妇女自身的生存与发展，而且关系着贫困代际传递的阻断，关系着两性的平等和家庭的和谐幸福。在中国情境中，如何针对贫困妇女开展反贫困社会工作，使女性与男性一起共建幸福家园、共享扶贫成果，这是本书致力解决的主要问题。

贫困妇女的贫困，既具有性别特色，也是社会分化中弱势累积的结果。因此，本书首先运用生命历程理论与社会空间视角，从纵向与横向两个维度对妇女贫困问题进行了深入探讨，指出了妇女贫困的时间特征与空间特征。在此基础上，以贫困妇女为社会工作介入的对象，梳理了妇女反贫困是社会工作的不同模式，结合团队在妇女反贫困方面开展的实务工作，从方法上对妇女反贫困社会工作的本土实践进行总结与反思。

本书的分工如下：张翠娥主要负责第一章、第二章、第五章和第六章的撰写，杜云素主要负责第三章、第四章的撰写。张翠娥同时负责全书的统稿。需要说明的是，本书中妇女反贫困的实地调查和社会工作实务的开展，都是依托于由华中农业大学社会工作系以及由华中农业大学文法学院支持创办的武汉市阳光社会工作服务中心实施的，因此它实际上是集体智慧的结晶。参与妇女反贫困社会工作实务的社会工作者除武汉市阳光社会工作服务中心的吴洋、李平、陈春云等外，还有华中农业大学社会工作专业的学生方格子、彭丽珊、辛雨佳等，研究生王杰、夏立艳、方雪露、李晨、容蒲莲、莫翠芸、陈子璇等参与了实地调查和文献资料的收集与整理。此外，我们在前期调研过程中还获得了华中农业大学自主创新课题“农村社会组织与社会治理”(2662015PY222)的支持。在此，谨对武汉市阳光社会工作服务中心给予本研究的大力支持表示衷心的感谢，对华中农业大学社会工作系和所有支持调研与实务开展的社会工作者、相关部门的工作人员及服务对象致以诚挚的谢意！

张翠娥

2020年3月12日

于华中农业大学人文社科楼